구미 보통학교 시절 급우들과의 기념사진(세 번째줄 우측 끝이 朴正熙).

막내 박정희를 마흔다섯에 낳은 백남의는
5남 2녀 가족의 실질적인 가장이었다.

아내보다 한 살 위인 박성빈은 장대한
키에 기가 세고 호탕한 성격이었고
농사나 가사에는 별 관심이 없었다.

박정희(朴正熙)가 태어난 생가 옆으로 풀짐을 나르는 큰형 박동희(朴東熙)의 모습. 허리를 굽히고 있어 상대적으로 짐이 크게 보인다. 사진 우측에 살짝 보이는 방문이 박정희가 쓰던 공부방.

언론인 출신이었던 청와대 공보비서관 김종신(金鍾信)이 「박정희 대통령─농민의 아들이 대통령이 되기까지」라는 제목으로 책을 쓰겠다며 박 대통령에게 미주알고주알 캐묻자 박 대통령이 직접 써 준 자신의 어린 시절 이야기, 그 첫장.

구미보통학교는 1920년 개교했고 소년 박정희는 1924년 4월 1일 입학했다.

박정희 집안은 소작하는 농토가 1600평에 불과한 빈농이었다. 당시 조선의 농가당 평균 경작 면적은 약 4000평이었다.

박정희 집안의 기둥감이었던 박상희는 아버지 박성빈(朴成彬)의 성격을 많이 닮아 호탕하고 외향적이며 정치적이었다. 사진은 1930년대 말경의 것으로 추정된다.

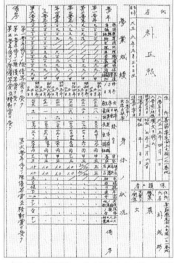

지금 구미초등학교에 보존되어 있는 박정희의 성적표에는 만점(10점)이 많다. 그는 특히 역사, 지리, 산술, 조선어에서 성적이 좋았다.

구미보통학교 시절 소년 박정희가 사용한 책상 (구미 生家에 보존).

7

오른쪽에 선 이가 조귀분(趙貴紛 · 김종필 前 국무총리의 丈母). 민족계몽 운동에 앞장섰던 황태성(黃泰成)과 만나게 된 조귀분은 그를 통해 박상희와 결혼하게 된다. 사진은 신명여학교에 입학한 해에 친구들과 함께 찍은 것으로 교복 차림이다. 왼쪽에 선 이는 조귀분과 절친했던 이숙자(李淑子 · 작고).

박정희가 대구사범 3학년 때 금강산을 여행하면서 쓴 글. 그의 친필 글로는 가장 오래 된 것이다(왼쪽).
박정희는 앞에서 세 번째 줄의 오른쪽에서 네 번째이다.

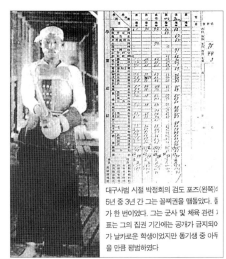

대구사범 시절 박정희의 검도 포즈(왼쪽)S
5년 중 3년 간 그는 꼴찌권을 맴돌았다. 품
가 한 번이었다. 그는 군사 및 체육 관련 J
표는 그의 집권 기간에는 공개가 금지되어
가 날카로운 학생이었지만 동기생 중 아득
을 만큼 평범하였다

대구사범 시절 박정희의 검도 포즈(왼쪽)와 대구사범
성적표. 대구사범 5년 중 3년 간 그는 꼴찌권을 맴돌았
다. 그는 군사 및 체육 관련 과목에서는 뛰어났다. 이 성
적표는 그의 집권 기간에는 공개가 금지되어 있었다.

대구사범의 교련주임 아리카와 중좌는
박정희를 총애하여 훈련 조교와 소대장
으로 임명했다. 그는 박정희가 만주군관
학교 입학 때도 추천서를 써 주었다.

박정희의 첫 아내인 김호남(金浩南)이
60대(代)이던 시절의 사진.

박정희가 대구사범 재학 시절에 어머니 백남의
와 함께 찍은 사진.

1936년 봄 어느 토요일 오후. 당시 6학년이던 정순옥(鄭順玉 · 뒷줄 왼쪽에서 첫번째)과 학생들이 학교 앞 잣밭산 아래에서 박정희 교사와 촬영했다.

문경보통학교 교사 시절 제자들과의 기념사진. 둘째줄 중앙에 朴교사가 보인다.

1940년도 졸업 앨범 사진에 나오는 박정희(한가운데)는 다른 교사들과 마찬가지로 머리를 빡빡 깎았다.

만주군관학교 내무반. 총가에는 38식 소총이 놓여 있고 그 뒤로 총검술용 목총이 거꾸로 걸려 있다.

만주군관학교 졸업식에서 우등상을 받는 박정희의 사진이 1942년 3월 24일자 만주일보에 실렸다.

일본 육사 유학 시절의 박정희(첫줄의 맨 오른쪽). 해방과 함께 그는 일제로부터 받았던 기득권을 상실하였다.

광복군 군의관 엄재완(嚴在玩)과 신부 나상복(羅祥福)의 결혼식에 들러리로 참석한 박정희 중대장(신랑으로부터 왼쪽 두 번째, 신랑 바로 왼쪽은 제3중대장 尹暎九). 결혼식은 1945년 12월 8일 북경의 한 교회에서 치러졌다.

일본 육사 57기 유학생대의 3학년 생도 박정희. 일본에 유학중이던 선산 출신 후배 김익교(金翊敎 · 당시 일본 中央대학 재학 · 사진 왼쪽), 김숙교(金淑敎 · 당시 고교 재학중 · 전 牙浦고교 교장)와 함께 찍은 사진이다.

조선경비사관학교 교장 원용덕(元容德) 육군 부령(副領 · 중령). 만주군의 군의관 출신인 그는 박정희가 재학중이던 시절에 만주군관학교에서도 근무하였다.

朴正熙 1

軍人의 길

부끄럼 타는 한 소박한 超人의 생애

'인간이란 실로 더러운 강물일 뿐이다. 인간이 스스로 더럽히지 않고
이 강물을 삼켜 버리려면 모름지기 바다가 되지 않으면 안 된다.'

박정희를 쓰면서 나는 두 단어를 생각했다. 素朴(소박)과 自主(자주).
소박은 그의 인간됨이고 자주는 그의 정치사상이다. 박정희는 소박했기
때문에 自主魂(자주혼)을 지켜 갈 수 있었다. 1963년 박정희는 《국가와
혁명과 나》의 마지막 쪽에서 유언 같은 다짐을 했다.

〈소박하고 근면하고 정직하고 성실한 서민 사회가 바탕이 된, 자주독
립된 한국의 창건, 그것이 본인의 소망의 전부다. 본인은 한마디로 말해
서 서민 속에서 나고, 자라고, 일하고, 그리하여 그 서민의 인정 속에서
생이 끝나기를 염원한다〉

1979년 11월 3일 國葬(국장). 崔圭夏 대통령 권한대행이 故박정희의
靈前(영전)에 건국훈장을 바칠 때 국립교향악단은 교향시 〈차라투스트
라는 이렇게 말했다〉를 연주했다. 독일의 리하르트 슈트라우스가 작곡
한 이 장엄한 교향시는 니체가 쓴 同名(동명)의 책 서문을 표현한 것이
다. 니체는 이 서문에서 '인간이란 실로 더러운 강물일 뿐이다'고 썼다.

그는 '그러한 인간이 스스로를 더럽히지 않고 이 강물을 삼켜 버리려면 모름지기 바다가 되지 않으면 안 된다' 고 덧붙였다. 박정희는 지옥의 문턱을 넘나들던 질풍노도의 세월로도, 장기집권으로도 오염되지 않았던 혼을 자신이 죽을 때까지 유지했다. 가슴을 관통한 총탄으로 등판에서는 피가 샘솟듯 하고 있을 때도 그는 옆자리에서 시중들던 두 여인에게 "난 괜찮으니 너희들은 피해"란 말을 하려고 했다. 병원에서 그의 屍身을 만진 의사는 "시계는 허름한 세이코이고 넥타이 핀은 도금이 벗겨지고 혁대는 해져 있어 꿈에도 대통령이라고는 생각하지 못했다"고 한다.

소박한 정신의 소유자는 잡념과 위선의 포로가 되지 않으니 사물을 있는 그대로, 실용적으로, 정직하게 본다. 그는 주자학, 민주주의, 시장경제 같은 외래의 先進思潮(선진사조)도 국가의 이익과 민중의 복지를 기준으로 하여 비판적으로 소화하려고 했다. 박정희 주체성의 핵심은 사실에 근거하여 현실을 직시하고 是非(시비)를 국가 이익에 기준하여 가리려는 자세였다. 이것이 바로 實事求是(실사구시)의 정치철학이다. 필자가 박정희를 우리 민족사의 실용—자주 노선을 잇는 인물로 파악하려는 것도 이 때문이다.

金庾信(김유신)의 對唐(대당) 결전의지, 세종대왕의 한글 창제, 광해군의 國益 위주의 외교정책, 실학자들의 實事求是, 李承晩(이승만)의 反共(반공) 건국노선을 잇는 박정희의 조국 근대화 철학은 그의 소박한 인간됨에 뿌리를 두고 있다.

박정희는 파란만장의 시대를 헤쳐 가면서 榮辱(영욕)과 淸濁(청탁)을 함께 들이마셨던 사람이다. 더러운 강물 같은 한 시대를 삼켜 바다와 같은 다른 시대를 빚어낸 사람이다. 그러면서도 자신의 정신을 맑게 유지

했던 超人(초인)이었다. 그는 알렉산더 대왕과 같은 호쾌한 영웅도 아니고 나폴레옹과 같은 電光石火(전광석화)의 천재도 아니었다. 부끄럼 타는 영웅이고 눈물이 많은 超人, 그리고 한 소박한 서민이었다. 그는 한국인의 애환을 느낄 줄 알고 그들의 숨결을 읽을 줄 안 土種(토종) 한국인이었다. 민족의 恨(한)을 자신의 에너지로 승화시켜 근대화로써 그 한을 푼 혁명가였다.

自主人(자주인) 박정희는 실용—자주의 정치 철학을 '한국적 민주주의'라는 그릇에 담으려고 했다. '한국적 민주주의'란, 당시 나이가 30세도 안 되는 어린 한국의 민주주의를 한국의 역사 발전 단계에 맞추려는 시도였다. 국민의 기본권 가운데 정치적인 자유를 제한하는 대신 물질적 자유의 확보를 위해서 國力을 집중적으로 투입한다는 限時的(한시적) 전략이기도 했다.

박정희는 인권 탄압자가 아니라 우리나라 역사상 가장 획기적으로 인권신장에 기여한 사람이다. 인권개념 가운데 적어도 50%는 빈곤으로부터의 해방일 것이고, 박정희는 이 '먹고 사는' 문제를 해결함으로써 다음 단계인 정신적 인권 신장으로 갈 수 있는 길을 열었다. '먹고 사는' 문제를 해결하는 것이 정치의 主題라고 생각했고 이를 성취했다는 점이 그를 역사적 인물로 만든 것이다. 위대한 정치가는 상식을 실천하는 이다.

당대의 대다수 지식인들이 하느님처럼 모시려고 했던 서구식 민주주의를 감히 한국식으로 변형시키려고 했던 점에 박정희의 위대성과 이단성이 있다. 주자학을 받아들여 朱子敎(주자교)로 교조화했던 한국 지식인의 사대성은 미국식 민주주의를 民主敎(민주교)로 만들었고 이를 주체적으로 수정하려는 박정희를 이단으로 몰아붙였다. 물론 미국은 美製

(미제) 이념을 위해서 충성을 다짐하는 기특한 지식인들에게 강력한 지원을 아끼지 않았다. 그러면서도 미국은 냉철하게 박정희에 대해선 외경심 어린 평가를, 민주화 세력에 대해선 경멸적인 평가를 내리고 있었음을, 그의 死後 글라이스틴 대사의 보고 電文에서 확인할 수 있다.

박정희는 1급 사상가였다. 그는 말을 쉽고 적게 하고 행동을 크게 하는 사상가였다. 그는 한국의 자칭 지식인들이 갖지 못한 것들을 두루 갖춘 이였다. 자주적 정신, 실용적 사고방식, 시스템 운영의 鬼才, 정확한 언어감각 등. 1392년 조선조 개국 이후 약 600년간 이 땅의 지식인들은 사대주의를 추종하면서 자주국방 의지를 잃었고, 그러다 보니 전쟁의 의미를 직시하고 군대의 중요성을 계산할 수 있는 능력을 거세당하고 말았다. 제대로 된 나라의 지도층은 文武兼全(문무겸전)일 수밖에 없는데 우리의 지도층은 문약한 반쪽 지식인들이었다. 그런 2, 3류 지식인들이 취할 길은 위선적 명분론과 무조건적인 평화론뿐이었다. 그들은 자신들과는 차원을 달리하는 선각자가 나타나면 이단이라 몰았고 적어도 그런 모함의 기술에서는 1류였다.

박정희는 日帝의 군사 교육과 한국전쟁의 체험을 통해서 전쟁과 군대의 본질을 체험한 바탕에서 600년 만에 처음으로 우리 사회에 尙武정신과 자주정신과 실용정치의 불씨를 되살렸던 것이다. 全斗煥 대통령이 퇴임한 1988년에 군사정권 시대는 끝났고 그 뒤에 우리 사회는 다시 尙武·자주·실용정신의 불씨를 꺼버리고 조선조의 파당성·문약성·명분론으로 회귀하려는 움직임을 보이고 있다. 이 복고풍이 견제되지 않으면 우리는 자유통일과 일류국가의 꿈을 접어야 할 것이다. 한국은 이승만, 박정희, 전두환, 노태우 네 대통령의 영도 하에서 국민들의 평균 수

준보다는 훨씬 앞서서 一流 국가의 문턱까지 갔으나 3代에 걸친 소위 文民 대통령의 등장으로 성장의 動力과 국가의 기강이 약화되어 제자리 걸음을 하고 있다.

1997년 IMF 관리 체제를 가져온 外換위기는 1988년부터 시작된 민주화 과정의 비싼 代價였다. 1988년에 순채권국 상태, 무역 흑자 세계 제4위, 경제 성장률 세계 제1위의 튼튼한 대한민국을 물려준 歷代 군사정권에 대해서 오늘날 국가 위기의 책임을 묻는다는 것은 세종대왕에게 한글 전용의 폐해 책임을 묻는 것만큼이나 사리에 맞지 않다.

1987년 이후 한국의 민주화는 지역 이익, 개인 이익, 당파 이익을 민주, 자유, 평등, 인권이란 명분으로 위장하여 이것들을 끝없이 추구함으로써 國益과 효율성, 그리고 국가엘리트층을 해체하고 파괴해 간 과정이기도 했다. 박정희의 근대화는 國益 우선의 부국강병책이었다. 한국의 민주화는 사회의 좌경화·저질화를 허용함으로써 박정희의 꿈이었던 강건·실질·소박한 국가건설은 어려워졌다. 한국의 민주화는 조선조적 守舊性을 되살리고 사이비 좌익에 농락됨으로써 국가위기를 불렀다. 싱가포르의 李光耀는 한국의 민주화 속도가 너무 빨라 法治의 기반을 다지지 못했다고 비판했다.

박정희는 자신의 '한국적 민주주의'를 '한국식 민주주의', 더 나아가서 '한국형 민주주의'로 국산화하는 데는 실패했다. 서구 민주주의를 우리 것으로 토착화시켜 우리의 역사적·문화적 생리에 맞는 한국형 제도로 발전시켜 가는 것은 이제 미래 세대의 임무가 되었다. 서구에서 유래한 민주주의와 시장 경제를 우리 것으로 소화하여 한국형 민주주의와 한국식 시장경제로 재창조할 수 있는가, 아니면 民主의 껍데기만 받아들여 우상 숭배의 대상으로 삼으면서 선동가의 놀음판을 만들 것인가, 이것이 박정희가 오늘날의 우리에게 던지는 질문일 것이다.

조선일보와 月刊朝鮮에서 9년간 이어졌던 이 傳記 연재는 月刊朝鮮 전 기자 李東旼 씨의 주야 불문의 충실한 취재 지원이 없었더라면 불가능했을 것이다. 아울러 많은 자료를 보내 주시고 提報를 해주신 여러분들께 감사드린다. 이 책은 박정희와 함께 위대한 시대를 만든 분들의 공동작품이다. 필자에게 한 가지 소망이 있다면, 박정희가 소년기에 나폴레옹 傳記를 읽고서 군인의 길을 갈 결심을 했던 것처럼 누군가가 이 박정희 傳記를 읽고서 지도자의 길을 가기로 결심하는 것이다. 그리하여 그가 21세기형 박정희가 되어 이 나라를 '소박하고 근면한, 자주독립·통일된 선진국'으로 밀어 올리는 날을 기대해 보는 것이다.

2007년 3월
趙甲濟

① 軍人의 길

제2장 대구사범 시절

제3장 山村의 교사

제4장 滿軍장교

제5장 兄의 죽음

제1장

상모리 소년

朴正熙

출생

1979년 10월 27일 새벽 3시 반 청와대 본관. 여기저기서 흐느끼는 소리가 들리는 가운데 한 할머니가 현관으로 들어오자마자 엎어졌다. 할머니는 빈소까지 엉금엉금 기어가면서 통곡을 하고 있었다.

"아이고, 정희야! 니가 이게 우짠 일고!"

박정희보다 네 살 위의 누님 朴在熙(박재희·당시 66세)였다.

"동생은 그때 양복을 입고 넥타이를 맨 정장으로 잠자듯 관 속에 누워 있었습니다. 머리의 총상이 없었다면 금방이라도 일어날 것같이 편안한 표정입디다. 시신을 덮은 태극기가 너무 작아 발이 나와요. 큰것을 가져오라고 시킨 뒤 다리를 만져보니 아직도 굳지 않았더군요. 원통하고…정치는 안 해야지 하고 생각했습니다."

박정희의 출생과 죽음을 다 목격했던 박재희(1996년에 83세로 작고) 할머니는 1987년 10월 6일, 서울시 서대문구 창천동의 2층 주택에서 기자에게 이렇게 이야기했다.

"며느리 둘을 보신 어머님이 동생을 임신하셨을 때는 貴熙(귀희) 언니가 형부 殷龍杓(은용표) 씨와 결혼한 뒤였습니다. 언니는 정희가 태어나던 해에 딸을 낳았지요. 그러므로 마흔다섯에 임신한 어머니는 딸과 함께 아기를 밴 것을 퍽 부끄럽게 생각한 것 같습니다.

그때는 또 집안이 원체 가난하여 식구가 하나 더 느는 것이 큰일이었습니다. 그래서 어머니는 아기를 지우려고 백방으로 애를 쓰셨습니다. 시골사람들이 흔히 쓰는 방식대로 간장을 한 사발이나 마시고 앓아누우시고, 밀기울을 끓여서 마셨다가 까무러치기도 했답니다. 섬돌에서 뛰어내려 보기도 하고, 장작더미 위에서 곤두박질쳐 보기도 했더랍니다. 아무리 해도 안 되니까 수양버들 강아지의 뿌리를 달여 마시고는 정신을 잃어버렸대요. 정신을 다시 차리고 보니 뱃속의 아기가 놀지 않더랍니다. '이제 됐구나' 하고 생각했는데 며칠 지나니까 또 놀더래요. 그 뒤 어머니는 일부러 디딜방아의 머리를 배에다 대고 뒤로 자빠져 버렸어요. 낙태를 시키려고 스스로 방아에 깔려버린 것이지요. 그때 나는 네 살이었는데 그 광경을 보고 어머니가 죽는다고 울고불고 했답니다. 어머니는 허리를 못 쓸 정도로 다치셨는데 뱃속 아기는 여전히 놀고 있더랍니다. 그래서 어머니는 '할 수 없다. 아기가 태어나면 솜이불에 돌돌 싸서 아궁이에 던져버리리라'고 작심하고 아기 지우는 일을 포기했더랍니다."

박재희의 증언에 등장하는, 어머니와 같은 시기에 임신한 딸은 박정희의 큰누님 朴貴熙(박귀희·1974년에 작고)를 가리킨다. 박귀희의 아들 殷熙萬(은희만)이 어머니로부터 들은 이야기는 이러했다.

"한번은 내(귀희)가 친정에 다니러 갔는데 어머니께서 누구한테도 말을 못 하시겠다면서 임신한 사실을 나에게 털어놓으시는 거야. 어머니와 나는 뒷동산에 올라갔단다. 나는 어머니가 다치실 때를 대비하기 위하여 낮은 데 서 있었지. 어머니는 높은 데서 몇 번이나 뛰어내렸어. 한번은 내가 어머니를 부축하다가 함께 엉켜서 뒹굴기도 했단다. 정희가 태어나기 열흘 전에 나는 큰딸 鳳男(봉남·1995년에 작고)이를 낳았다."

다시 박정희의 누님 박재희의 추억은 계속된다.

"동생 정희가 태어나던 날의 기억은 어제 일처럼 생생합니다. 그날 저는 혼자 마당에서 놀고 있었습니다. 갑자기 어머니 생각이 나서 '엄마야 하고 찾아봐도 안 보여요. 방문을 열어보니까 어머니는 이불을 덮어쓴 채 끙끙 앓고 계셨습니다. 나는 어머니가 또 아기 지우는 약을 먹고 그러시는 줄 알고 겁이 나서 아버지를 찾으러 논으로 뛰었습니다. 아버지가 만들어 주신 꽃신을 신고 달렸습니다. 돌밭에 넘어져 발등에서 피가 솟구치는 것도 아랑곳하지 않고 한 오 리는 뛰었을 거예요. 숨이 차서 헐떡거리니 나락을 베고 계시던 아버지가 보시고 얼른 논에서 나오시더니 대님을 풀어서 저의 상처를 동여맨 뒤 나를 업고서 집으로 오셨습니다."

태어날 수 없는 생명이 될 뻔한 아기가 세상의 빛을 본 것은 1917년 11월 14일(음력 9월 30일) 오전 11시경이었다.

"삽작문을 들어서는데 울음소리가 들리더군요. 아버지와 함께 방으로 뛰어들어갔습니다. 어머니는 혼자 아기를 씻어 옆에 뉘어 놓고 당신도 기진맥진해 있었습니다. 아기가 새빨갛고 꼬물꼬물 하던 것이 예쁘게 보였다고 기억이 납니다."

경상북도 善山郡(선산군) 龜尾面(구미면) 上毛里(상모리)의 金烏山(금오산) 자락 맨 끝에 자리한 허름한 초가집 삽작문에는 그 날 붉은 고추와 숯을 끼운 새끼줄이 내걸렸다. 박정희가 배냇생명을 마감하고 태어난 이후에도 난관은 이어졌다.

"어머니는 젖꼭지가 말라붙어서 정희는 모유 맛을 모르고 자라났습니다. 밥물에 곶감을 넣어 끓인 멀건 죽 같은 것을 숟가락으로 떠먹였습니다. 그게 우유 대용이었지요. 변비가 생겨 혼이 난 적도 있었지요."

박재희의 이 말을 뒷받침하는 것은 아들 은희만에게 한 박정희의 큰누님 박귀희의 生前(생전) 술회이다.

"딸을 낳은 뒤에 산후조리를 하고 친정에 갔더니 정희가 태어났더구나. 어머니는 젖이 나오지 않아 내가 정희에게 젖을 물려주었단다. 시집에서 나와 낙동강을 배로 건너서 30분만 걸으면 친정에 도착할 수가 있어 나는 젖을 먹여주려고 자주 상모리에 갔었지."

다시 박재희의 증언.

"정희가 두 살 때, 아직 기어 다닐 적인데 어머니가 정희를 큰형님(장남 東熙·동희의 아내)에게 맡겨 놓고 출타를 하셨어요. 형님은 바느질을 하고 계셨던 것 같은데 정희가 기어 다니다가 문지방 아래로 굴러 떨어졌어요. 그 아래로는 화로가 놓여 있었는데 정희는 벌건 화로에 처박히면서 한 바퀴 굴렀어요.

시뻘건 숯을 온 몸에 뒤집어쓰고 말았지요. 머리카락과 눈썹이 다 탔어요. 형님과 나는 정희의 얼굴에서 숯을 털어내고 입 속에 들어간 숯을 끄집어내는 데 정신이 팔려 양쪽 저고리의 소매에 불이 붙어 타들어가는 것을 뒤늦게 알았어요. 저고리를 찢다시피 하여 불을 껐는데 양쪽 팔뚝에 심한 화상을 입었습니다. 아버지는 황토를 물에 짓이겨 상처에다 바르고는 베 조각으로 감아 놓았어요. 화기가 빠지고 한 달 만에 겨우 딱지가 앉았는데, 그때의 화상 흉터는 정희가 죽을 때까지 남아 있어 소매가 짧은 옷을 잘 입지 않았지요. 이 사건 뒤에 뽀얗던 정희가 까무잡잡하게 되더군요."

아버지 朴成彬

박정희가 태어난 1917년엔 유럽에서 터진 제1차 세계대전이 3년째 계속되고 있었다. 과학 기술의 발달은 戰場(전장)을 하늘과 물 밑으로 확장시켜 영국 상공에서는 공중전이 벌어지고 있었고 대서양은 잠수함작전의 무대가 되고 있었다. 1916년 9월에는 영국이 솜 전투에서 최초로 탱크를 사용해 독일군의 방어선을 돌파했다.

박정희의 생일보다 한 달 빠른 1917년 10월 17일, 조선을 강점한 日帝(일제)는 한강에서 인도교 준공식을 가졌다. 이 다리는 그로부터 43년 7개월 뒤 혁명군을 이끌고 서울로 진격하는 박정희의 주요 기동로가 된다. 박정희가 태어나기 1주일 전인 11월 7일(러시아 력으로 10월 25일)엔 레닌이 볼셰비키 혁명을 성공시켰다. 전쟁과 혁명이 세계를 진동시키는 가운데 어렵게 태어난 한 생명이 한반도와 한민족의 운명을 바꾸는 주인공이 될지를 누가 짐작이나 했겠는가.

박정희가 태어났을 때 이 가난한 가족의 구성원은 부모와 5남 2녀였다. 아버지 朴成彬(박성빈·당시 만 46세), 어머니 白南義(백남의·45세), 장남 朴東熙(박동희·22세), 차남 朴武熙(박무희·19세), 장녀 朴貴熙(박귀희·15세), 3남 朴相熙(박상희·11세), 4남 朴漢生(박한생·7세), 차녀 朴在熙(박재희·5세), 5남 박정희. 동희, 무희 두 형은 장가를 간 뒤였고 귀희(진실 누님 또는 水熙·수희라고 불림)도 강 건너 마을로 시집을 가서 살고 있었다.

박정희는《나의 소년시절》이란 글에서 아버지에 대해서 이렇게 썼다. 이글은, 1970년 4월 26일 청와대 金鍾信(김종신) 공보관에게 대통령이 써준 것이다. 김 씨가 박정희의 전기를 쓰겠다고 미주알고주알 물으니까 자신의 기억을 되살린 것이다.

〈선친께서는 소시에 武科(무과)에 합격하여 效力副尉(효력부위)란 벼슬까지 받은 바 있으나 원래 성격이 호방한데다가 당시 조선조 말엽 세도정치와 부패정치에 환멸을 느끼고 반항도 하여 20대에는 동학혁명에도 가담하였다가 체포되어 처형 직전에 천운으로 사면되어 구명을 하였다고 한다. 어릴 때 어머니께서 가끔 이야기를 하시면서, '그때 아버지께서 처형되었더라면 너는 이 세상에 태어나지도 않았을 것이다' 하는 옛이야기를 하시는 것을 들었으나 그때는 어리고 철이 없어서 그 이야기 내용을 잘못 알아들었고, 또 자세히 물어보지도 못했다. 그 후부터 선친께서는 家事(가사)에도 관심이 적고 好酒(호주)로 소일하면서 이래저래 가산을 거의 탕진하게 되니 가세가 나날이 기울어지고, 하는 수 없이 외가의 先山(선산)인 상모동의 위토를 소작하기로 하고 외가의 양해를 얻어 (칠곡군 약목에서) 선산군 상모동으로 率家(솔가)하여 이사를 하게 되었다. 이 해가 바로 내가 태어나기 전해인 1916년이다〉

박정희의 바로 위 누님 박재희는 이렇게 기억하고 있다.

"아버지는 벼슬을 하시겠다고 田畓(전답)을 팔아서 서울에 자주 올라가셨다고 합니다. 그래서 가산을 많이 날렸다고 들었습니다. 동학군에 가담했다가 살아나오셨는데 워낙 말씀을 잘 하셨기 때문이랍니다. 300명 중 혼자서 살아나셨다는 거예요."

다시 박정희의 증언 《나의 소년시절》.

〈아버지는 쾌활하고 豪膽(호담)하였으며 斗酒不辭(두주불사). 소시에 星州(성주) 어느 산길을 밤에 혼자서 지나다 범을 만나서 길에 앉아 담배를 피우며 부싯돌을 치니 섬광이 튀자 범이 사라지더라는 이야기를 들은 적이 있음. 담대하였다고 느껴진다〉

〈칠곡군 약목에 계시는 외삼촌이 가끔 오신다. 어머니의 바로 아래 남

동생이다. 한학자이며 약목에서 서당을 차려놓고 동리 아이들에게 한문을 가르쳤다. 아버지와는 처남 매부간이라 유달리 다정하면서도 두 분이 다 고집이 센 분이라 옛날이야기를 하다가 때로는 서로 언쟁을 할 때도 있다. 어릴 때 이것을 옆에서 본 나는 저렇게 연세가 많고 점잖은 분들이 저런 문제 가지고 저처럼 서로 고집을 피우는가 하고 우습기도 하고 따분할 때도 있었다〉

1938년에 67세로 작고한 박성빈에 대한 1차적 증언을 모아보면 이 사람의 풍모와 성격이 대강 떠오른다. 박성빈의 차남 무희의 장남인 朴在錫(박재석·75세·전 국제전기 회장)에 비친 할아버지.

"검은 수염을 길게 기르셨던 김병태 어른과는 둘도 없는 친구였습니다. 두 분은 하루가 멀다 하고 아랫마을 '밤마'로 내려가서 밤늦게까지 막걸리에 절어 집으로 돌아오시곤 했지요. 한 손엔 언제나 작대기를 쥐고 다니셨습니다. 제가 일곱 살쯤 되었을 때입니다. 밤이 늦었을 무렵입니다. 전기가 안 들어오는 마을이니 모두 일찍 잠들었을 때입니다.

할아버지가 술에 취해서 비틀거리며 대문 앞에까지 오셨습니다. 제가 오줌 누려고 나갔다가 마주쳤는지 기억이 안 나는데 하여튼 저더러 호롱불 들고 마중 나오지 않았다고 한밤중에 감 따는 긴 작대기를 들고 저를 때리러 쫓아오시는 겁니다. 어린 나이에 도망 다니느라 얼마나 고생을 했는지…."

손자 박재석의 기억에 남아 있는 박성빈은 '늘 두루마기 차림에 지팡이를 짚고 해거름 때면 술에 취해 갈지자로 걸어 올라오는 모습'이었다. 할아버지는 또 '농사일은 할머니에게 맡겨두고 아랫집 친구 김 씨와 매일 주막에 앉아 막걸리를 마시면서 "어~"로 시작되는 시조를 읊고 짓기도 하는 전형적인 몰락한 양반의 모습'이었다.

박정희와 함께 구미공립보통학교를 다녔던 李鎭守(이진수 · 83세)는 구미읍내에 장이 서는 날이면 할아버지 같은 박성빈이 손자 같은 정희를 데리고 가끔 나타났다고 한다.

"그분은 몸집이 아주 컸지요. 술을 많이 자시는데 한 곳에서만 마시지 않고요···. 아버지는 장대한데 정희는 왜 그리도 쪼끄맣던지."

박정희 생가 관리인으로 있는 金載學(김재학 · 전 지산초등학교 교장)은 이 마을에서 태어나 동네아이들과 박성빈을 '선달영감'이라 부르며 자랐다. 박성빈은 그때 처가인 수원 백씨 문중의 位土畓(위토답)과 선산을 지키는 선산지기이기도 했다.

"모두들 그 할아버지를 무섭다고 했지요. 우리가 산에서 나무를 해서 지게를 지고 내려오다가 이 어른에게 걸리는 날이면 지게에 실은 나무를 그 자리에 다 쏟아놓고 가야 했습니다. '이놈들아!' 하고 소리치면서 작대기를 들고 쫓아와서 혼을 내지요. 제가 장난삼아 '선달영감 온다'고만 고함을 지르면 나무를 하던 아이들이 전부 도망갈 정도였습니다."

이러한 증언들에 나타나는 박성빈은 '공은 영변군수에 제수하였으나 시국의 어려움을 관찰하시고 부임하지 않으셨다'(묘비문)라는 주장과는 잘 맞지 않는 이미지를 가진 인물이다. 혹시 '자식이 잘 되면 조상을 붓대로 키운다'는 속담이 이 경우에 적용되는 것은 아닐까.

檢證

박정희의 아버지 박성빈이 동학란을 진압하는 쪽에 섰던가, 동학혁명에 가담했던가 하는 쟁점에 대한 기록과 증언을 따져볼 필요가 있다. 박정희와 누님 재희 등 직계 친족들의 기억에는 박성빈은 '동학혁명에 가담했다가 체포되어 죽을 뻔했다' 라고 적혀 있다. 박정희의 증언을 많이 참고로 하여 쓰였던 김종신(청와대 공보비서관)의 《박정희 대통령》 전기(어린이용)에는 박성빈이 '동학군의 지도자로 참여했고 체포되었다가 고종의 사면령으로 해서 살아났다' 고 되어 있다.

5·16 군사 쿠데타 후 李洛善(이낙선·당시 최고회의 의장 공보비서관) 소령이 정리해둔 《박정희 의장 신상 비망록》에는 '1894년 동학란이 경북에 침입하였을 때 박성빈은 용감히 의병을 일으켜 성공, 그 공이 지대하여 武科(무과). 영월군수' 라고 적혀 있다. 1967년에 한국일보 鄭光謨(정광모) 기자가 쓴 《청와대》에도 박성빈이 동학란을 진압하는 관군 편에 섰던 것으로 되어 있다. 1971년에 세워진 박성빈의 묘비에는 '영변군수로 임명되었으나 시국의 어려움으로 부임하지 않고 동학란을 피해서 선산에 왔다' 는 요지의 설명이 있다.

박성빈이 동학란을 진압하는 쪽에 섰다는 이야기는 그 공으로 해서 영월(또는 영변)군수로 임명되었다는 것으로 연결이 되는 경우가 많아 의도적이란 느낌을 준다. 박성빈과 朝夕(조석)으로 같이 생활했던 친족들의 증언이 더 신빙성이 있어 보인다. 1976년 2월 17일 청와대 공보비서관실에서 정리한 박 대통령의 家系(가계) 기록은 대통령이 읽고 나서 교정까지 본 것이다. 이 문서에는 이렇게 적혀 있다.

〈박 대통령의 선친 성빈公(공)은 무과에 급제하여 고종時(시) 평안도 영변군수에 除授(제수)되어 通訓大夫(통훈대부)란 칭호를 받았다. 그러나 李朝(이조)가 말기에 접어들면서 賣官賣職(매관매직)의 弊風(폐풍)이 생기고 官紀(관기)가 문란해져 성빈공은 전임자가 자리를 내어주지 않아 중앙 정부의 부임명령만 기다리다가 끝내 고향인 경상도 성주에 머물고 말았다. 고향에 있으면서 중앙 정계에 대한 울분으로 세상사에 실망하고 있던 성빈공은 1892년 12월 동학당이 당시의 학정에 못 이겨 혁명을 일으키자 지방 지도자로서 이 운동에 참여하였다가 관군에 체포되어 투옥되었다. 1893년 당시 정부는 국민들 사이에 팽배해 있던 불평불만을 무마하기 위해서 大赦令(대사령)을 내렸다. 이때 성빈공도 자유의 몸이 되었다. 그 후 성빈공은 우울한 마음을 풀 길이 없어 책과 술을 벗삼아 세월을 보냈다. 이때부터 夫君(부군)을 모시고 자녀를 기르는 고된 책임이 白南義(백남의) 여사에게 돌아갔다〉

박정희가 1970년에 이미 자신의 자필수기에서 동학란을 동학혁명이라고 쓴 것은 학계의 일반적인 평가보다도 더 진보적인 역사관을 보여주는 것이다. 동학에 대한 평가가 높아지면서 박성빈이 동학군을 진압하는 편에 섰다는 기록도 사라진다. 실제로도 박성빈은 동학군에 가담했을 가능성이 더 높아 보인다. 지금 상모동 근방에 생존해 있는 박정희와 同年輩(동년배)인 노인들은 '동학혁명'이란 용어를 쓰지 않고 '동학란'이라 한다. 박정희가 동학운동에 대하여 높은 평가를 가지고 있었던 것은 아버지가 거기에 가담했다는 것을 어릴 때부터 알고 자랐기 때문일 가능성이 높다.

박성빈은 그러면 정말 무과에 급제하고 영변(또는 영월)현감으로 임명되었던가? 여기에도 의문이 많다. 우선 기자가 국립중앙도서관 고문서실에서 찾아낸 《高靈朴氏世譜(고령박씨세보) 己未本(기미본·1919년판)》에는 박정희의 조부인 朴永奎(박영규)를 끝으로 하여 그의 세 아들인 성빈, 龍彬(용빈), 一彬(일빈)은 등재되어 있지 않다. 1871년에 태어난 박성빈이 무과에 급제할 수 있었던 기간은 갑오경장으로 과거제도가 폐지된 1894년까지다. 그가 무과에 급제했다면 한 세대 이후에 만든 족보에 그 사실이 기록되어 있지 않을 가능성은 퍽 낮다고 봐야 할 것이다. 박정희가 죽은 뒤에 만들어진 최근의 고령 박씨 족보에는 28세손 박성빈에 대해서 '字和益武科(자화익무과)…通訓大夫寧邊郡守(통훈대부 영변군수)'라고 적혀 있다.

통훈대부는 堂下官(당하관) 정3품의 文官(문관) 品階(품계)다. 박정희의 기억에 따르면 선친은 무과에 급제하여 효력부위라는 계급을 받았다. 이 품계는 西班(서반), 즉 무관의 말단인 종9품이다. 그런데 선친이 임명되었다는 현감은 東班(동반), 즉 문관의 종6품 자리다. 더구나 영변 현감은 조선조의 최고법전인 經國大典(경국대전)에 정3품이 부임하는 자리라고 명시되어 있다. 조선 시대의 무과 급제자 명단을 기록한 《武科榜目(무과방목)》에도 박성빈의 이름은 없다. 물론 이 문서는 缺落(결락)이 없는 온전한 것이 아니므로 결정적인 反證(반증)이 될 수는 없다.

박성빈이 영변(또는 영월)현감으로 임명되었다는 주장은 신빙성이 없다. 무과에 급제했을 가능성은 있으나 그 가능성도 낮은 것으로 파악된다. 조선조 시대의 무과 시험과목은 弓術(궁술)·騎槍(기창)·擊毬(격구) 등 무예와 經書(경서) 및 兵書(병서) 등 학술이었다. 시험은 初試(초시)·覆試(복시)·殿試(전시)의 3중 관문을 통과해야 했다. 초시는 지방에서 치러졌다. 어쩌면 박성빈은 초시에서는 합격되었으나 서울에서 치는 복시에서 탈락했을지도 모른다. 둘째 딸 재희가 말한 "벼슬하시겠다고 서울에 자주 올라가시다가 가산을 탕진했다"는 것이 복시를 보기 위한 서울행을 가리키는 것이 아닌가 하는 추측은 가능하다.

박성빈은 상모리에서는 '박 선달'이라 불렸다. 先達(선달)은 원래는 '문무과에 급제하고도 벼슬을 얻지 못한 사람을 일컫는 말'이었다. 특히 무과 급제자는 벼슬을 얻지 못하는 경우가 많았으므로 선달이 주로 그런 뜻으로 쓰이기도 했다. 무과 초시에만 합격하고 본 시험에서는 낙방한 사람에게도 선달이란 호칭을 붙여주었다. 과거제도의 엄격성을 잃게 되는 조선조 말기에 가면 요사이 박식한 사람한테 붙이는 애칭으로서의 '박사'처럼 씩씩하게 생긴(또는 다소 건달기가 있는) 사람에게 '선달'을 붙여주었다. 박성빈에게 '선달'이란 호칭이 붙었다는 것은 그가 무과의 1차 시험에는 합격했을 가능성은 있지만 급제했을 것 같지는 않다는 판단을 내리게 만든다.

고령 박씨는 모든 박씨와 마찬가지로 신라의 초대왕 朴赫居世(박혁거세)를 시조로 하고 있다. 박씨의 여러 분파 중 고령 박씨는 박혁거세의 29세손이며 신라 54대 왕인 景明王(경명왕)의 둘째 아들 언성을 제 1세로 치는 본관이다. 청와대 공보비서관실의 '박 대통령 가계' 문서는 '대통령가의 중흥조는 이조 중엽의 叔童(숙동) 直講公(직강공)으로서 대통령은 그의 16세손이다'고 했다. '직강'은 성균관에서 유생들을 교육하던 일종의 주임교수와 같은 직책이었다. 고령 박씨로서 유명한 사람은 조선조 민중들의 영웅 어사 朴文秀(박문수)였다. 청와대 문서에는 '대통령家는 이와 같이 문관의 집안이었으나 4, 5대 전에 이르러 무관을 배출하기 시작했다. 이때부터 대대로 무과에 급제하였다'고 되어 있으나 고령 박씨의 기미본 족보를 살펴보면 가까운 윗대에 큰 벼슬을 한 사람이 보이지 않는다.

박정희의 조부 박영규까지 4대는 독자였다. 박영규는 1840년 1월 8일 경북 星州郡(성주군) 沙邑村(사읍촌)에서 朴履燦(박이찬)의 외아들로 태어났다. 성주에는 고령 박씨들이 대대로 많이 살아 자신들을 '星州派(성주파)' 라 부르기도 했다. 박영규는 아들 삼형제를 두었다. 박영규가 솔가하여 칠곡군 약목면으로 이사를 한 까닭은 알려져 있지 않다. 박영규는 1914년 2월 24일 약목에서 만 74세로 죽었다. 그의 묘는 약목면 觀南洞(관남동)의 작은 언덕에 있다. 약목면의 테두리를 이루고 있는 산자락이 바라다보이는 곳이다. 건너편 오른쪽 산 속 골짜기로 들어가면 水原(수원) 白氏(백씨) 사람들이 모여 살던 작은 마을이 있다. 박성빈은 이 문중의 처녀 백남의에게 장가를 들게 된다.

어머니 白南義

慶北(경북) 星州郡(성주군)에서 漆谷郡(칠곡군) 若木面(약목면)으로 옮겨와 살던 박정희의 조부 박영규는 장남 박성빈을 이웃 마을 수원 백씨 문중의 처녀 白南義(백남의)에게 장가를 보낸다. 동학농민봉기, 청일전쟁, 갑오경장으로 나라가 어지럽던 1894년 직전으로 추정된다.

수원 백씨 집안은 임진왜란 이후 이곳으로 들어와서 대대로 살아왔다. 白樂春(백낙춘)의 딸인 백남의는 남편보다 한 살 아래였다. 백남의는 비교적 유복하고 엄격한 가정에서 태어나 시집올 때까지는 큰 고생을 하지 않았다. 그녀는 언문을 다 떼고 〈사씨남정기〉, 〈장화홍련전〉, 〈홍길동전〉 같은 언문소설을 즐겨 읽었다.

박성빈이 결혼할 때 그의 부친인 박영규는 약목에서는 富農(부농)으로 분류될 정도였다. '약목평야'란 말을 들을 만큼 농지가 넓은 이 마을에서 그는 많은 小作農(소작농)을 거느렸다. 朴在錫(박재석)은 그의 아버지 朴武熙(박무희·박정희의 둘째 형)로부터 "너의 증조부댁은 가을철이면 소작농들이 가져다 놓은 쌀가마니가 수북이 쌓여 있었다"는 말을 듣고 자랐다.

박영규는 1914년 2월 24일 74세로 약목에서 세상을 떠났다. 그는 적지 않은 재산을 막내인 朴一彬(박일빈)에게 물려주고 큰아들인 박성빈은 무시했다. 박성빈이 홀대를 받은 이유는 그가 벼슬을 한다고 논밭을 팔아 가산을 탕진했다든지 동학군에 가담했다든지 술을 좋아한다든지 하여 농사나 가사를 돌보지 않았기 때문일 것이다. 박정희와 상모리 주변 사람들 사이에서는 '박성빈이 아버지로부터 쫓겨났다'는 표현도 있을 정도이다.

1962년에 李洛善(이낙선·당시 최고회의 의장 공보비서) 소령이 작성한 비망록에는 '박성빈 공이 칠곡에 거주할 당시 생활에 궁함을 느낀 白氏家(백씨가)에서 현 상모동 뒷산에 위치한 수원 백씨(山陰公波·산음공파)의 先塋墓(선영묘) 아래 位畓(위답) 8두락의 경작권을 주어 6남매를 데리고 이사'라고 적혀 있다. 박성빈이 선산군 상모리로 이사를 한 것은 그의 아버지가 세상을 뜬 2년 뒤였다. 아버지로부터 도움을 받을 수 없게 되고 막내동생한테 신세를 지자니 자존심이 상할 형편인데 처가에서 도움의 손을 뻗친 것이다. 박성빈의 둘째 아들 무희가 아들에게 들려준 이야기를 재생하면 이렇다.

"아버지께서 이래저래 먹고 살 길이 막히고 해서 고민하자 너의 작은 외삼촌이 '우리 집 선산 밑에 땅이 좀 있는데 그것이라도 부쳐먹으면서 살면 안 되겠습니까? 여덟 마지기 되는데 시월에 時祭(시제) 한 번만 지내주면 되니까 식구들이 굶지는 않을 겁니다' 라고 했거든. 그래서 여기로 온 거란다."

상모리에 살면서 박정희의 어머니 백남의는 먹을 양식이 떨어지면 때때로 아이들을 데리고 약 30리를 걸어서 약목의 시동생 박일빈家(가)로 양식을 얻으러 갔다고 한다. "어머니는 아이들의 재롱을 보인 다음 밥이라도 먹여 데려올 심산이었을 것이다"고 박무희는 아들에게 말하곤 했다. 박무희는 특별히 기억에 남는 한 사건을 아들에게 되풀이해서 들려주곤 했다.

박정희가 태어난 지 2년쯤 뒤의 겨울이었다. 백남의는 여섯 살 난 재희를 업고 세 아들 무희, 상희, 한생을 데리고 약목 시동생 집에 갔다. 보리밥 한 그릇씩을 툇마루에서 얻어먹고 있는데 박일빈의 장모가 들어왔다. 박일빈은 장모에게는 '단지밥' (단지같이 큰 밥그릇에 그득 담긴 쌀밥)을 해서 대접하더라는 것이다. 돌아오는 길에는 눈보라가 휘몰아쳤다. 백남의는 겉보리 반 자루를 머리에 이고 재희는 무희에게 업히고 눈이 펑펑 쏟아지는 길을 몇 번이나 미끄러지고 넘어지면서 걸었다.

1926년에 출판된 善山郡誌(선산군지)에는 성씨 현황이 있고 97개 성씨가 모여 살고 있다고 적혀 있다. 이 기록에는 유독 고령 박씨는 나오지도 않는다. 피붙이가 없는 異姓村(이성촌)으로 이사해온 박성빈 일가가 처가의 산지기로 생계를 이어가면서 삶의 뿌리를 내리는 데는 이웃으로부터의 괄시를 각오하지 않으면 안 될 입장이었다. 그런데 수많은 수모를 당했을 백남의에 대해서 상모리 사람들의 한결같은 평은 '자존심이 대단한 여자' 요 '독하면서 자상하고 가냘픈 여자' 였다. 남편에 대해서 불평 한마디를 남긴 흔적이 없고 가난 속에서도 동그란 돋보기를 쓰고서 언문소설을 즐겨 읽곤 했던 인물이다.

백남의는 어린 시절 할아버지 담뱃대에 불을 붙여드리는 심부름을 도맡아 했다고 한다. 긴 長竹(장죽)에 담뱃불을 붙이려면 아주 길게 몇 모금을 빨아야 했다. 어린아이로서는 쉽지 않은 일을 하다 보니 어느새 담배를 배워버렸다. 박성빈은 시집온 아내의 이 기호를 살려주었다. 자신이 먼저 아내에게 담배를 권하기도 했다. 박정희가 태어난 뒤에도 박성빈의 장죽은 방안의 화로에 꽂혀 있고 백남의의 卷煙(궐련·종이로 말아놓은 담배) '마구초'는 그녀의 쌈지 속에 담겨 있곤 했다.

박성빈과 백남의의 사이는 좋았던 것으로 보인다. 남편은 閑良(한량) 기질이 있고 아내는 알뜰한 주부였으니 오히려 그런 다른 성격 때문에 충돌할 이유가 없었으리라.

이런 부모 때문에 박정희는 비록 가난한 몰락 양반 집안에서 태어났지만 마음까지는 가난하지 않게 성장할 수 있었다. 박정희가 乳兒期(유아기) 시절에 나이로 치면 아버지뻘 되는 큰형 박동희는 만주에서 장기간 방랑하고 있었고, 둘째 형 무희는 결혼하여 이웃에서 살고 있었다. 그 아래 큰누님은 시집가서 딸을 낳고는 가끔 와서 젖이 안 나오는 어머니를 대신해서 막내 동생 정희에게 젖꼭지를 물려주고 있었다. 셋째 형 박상희, 넷째 형 박한생, 작은누님 박재희 모두 정희를 귀여워해주었다. 부모와 형제들로부터 사랑과 귀여움을 듬뿍 받고 자란 것이 박정희였다. 유아기의 이런 환경은 건전한 인격의 바탕을 형성하는 데 있어서 결정적인 요인이 된다. 특히 어머니의 어릴 때 사랑은 박정희가 성장하여 숱한 난관을 뚫고 나갈 수 있도록 한 용기와 의지의 원천이었을 것이다.

'영웅을 만드는 것은 훌륭한 어머니이다'는 하나의 법칙은 박정희의 경우에도 예외가 아니었다. 박정희에게 끼친 어머니의 영향은 그의 일기에 자주 등장하는 어머니에 대한 언급을 통해서도 짐작할 수 있다.

〈1978년 8월 13일(금) 비. 어머님 돌아가신 29주째 忌祭日(기제일)이다. 1949년 음력 7월 10일 어머님께서는 구미군 상모면 옛집에서 노환으로 타계하셨다. 어머님 연세 79세. 내 나이 32세. 7남매 중 제일 막둥이로 태어나서 이 세상에서 어머님을 32년간 모실 수 있었다는 것을 큰 행복으로 생각한다. 32년간이라고는 하나 대부분 객지에 있었으므로 직접 집에서 모신 것은 훨씬 짧은 시간이 될 것이다. 서재에 간소한 젯상을 차려 놓고 영정 앞에서 분향하면서 어머님의 명복을 빌다. 조용히 눈을 감고 어머님 생전의 지극하신 사랑을 되새겨본다. 이 세상에서 어머님처럼 나를 사랑해주신 분은 없으리라. 어머님의 사랑은 하늘보다 더 높고 바다보다 더 깊다 하겠다. 어머님 생전에 못 다한 효도, 이제 후회한들 막급이라. 오직 한 가지 방법은 대통령으로서 성심성의를 다해 善政(선정)에 힘써서 보다 부강하고 자랑스러운 조국을 건설하여 후세들에게 물려주는 일. 이것이 어머님 은혜에 보답하는 유일한 길이라고 확신한다. 나날이 발전해가는 조국의 발전상을 천국에 계시는 어머님께서도 보시고 기뻐하시리라. 어머님 길이길이 홍복을 누리옵소서(하략)〉

유아기의 아이들에게 가장 중요한 것은 관심이라고 한다. 울거나 웃을 때 반응을 보여주는 어머니가 옆에 있다는 데서 심리적 안정을 갖게 되고 고난을 헤쳐갈 수 있는 용기를 낼 수 있는 것이다. 사랑이 용기로 전환되는 이 공식이 박정희에게도 정확히 적용되었다. 그는 대통령이 되고 나서도 '善政을 베푸는 것이 어머니의 사랑에 대한 보답'이라고 생각하고 있다. 서양 기독교 문화권의 '공익을 위해서 봉사함으로써 하느님을 기쁘게 해드린다'와 비슷한 신념 구조이다. 한국인에게는 좋은 어머니를 가진다는 것이 가슴속에 神(신)을 품고 다니는 것과 비슷한 든든함을 준다는 이야기이다.

형제들

1916년에 경북 칠곡군 약목면에서 선산군 구미면 상모리로 이사를 온 박성빈 일가는 박정희가 태어난 이듬해를 전후하여서는 식구가 열 명이 되었다. 맏딸 귀희가 시집을 간 대신에 동희, 무희 두 아들이 장가를 가서 며느리 둘이 늘었기 때문이다. 박성빈은 금오산 효자봉의 산자락이 평지로 변하기 직전 끝머리에 집터를 골랐다.

옴폭하게 패인 대지에 동쪽만 제외하고 사방이 대나무와 탱자나무 숲으로 빙 둘러쳐진 곳이어서 담을 쌓을 필요가 거의 없다는 점이 고려되었던 것이다. 여기서 박성빈은 온 가족과 함께 황토흙을 이겨서 흙벽돌을 만들고 나무를 잘라 안채와 사랑채인 두 초가를 지었다. 안채는 북향. 정면에 있는 언덕과 대나무 숲이 바람막이 역할을 하도록 방향을 잡은 것이다.

박정희가 쓴 《나의 소년시절》에 따르면 '이 집은 6·25 동란 당시까지도 옛 모습 그대로였으나 6·25 때 파괴된 것을 사랑채만 옛 모습으로 복구하고, 안채는 초가로 가건물을 伯兄(백형)이 지었다가 5·16 후 지금 있는 안채를 다시 건립했다. 지금 있는 사랑채 큰방은 내가 이 세상에 처음으로 고고의 소리를 내면서 태어난 산실이다'라고 기록되어 있다.

1997년 대통령 선거기간 중에 세 후보가 모두 찾아와서 더 유명해진 박정희의 생가 안채는 L자 모양의 기와집이다. 원래의 안채는 '一'자 모양으로서 부엌과 방 두 개 사이로 마루방이 하나 있었다. 박정희가 태어난 사랑채에도 방이 둘이었다. 그의 산실인 큰방은 2×2.3m 크기로서 부엌으로 통하는 문이 있다. 어머니 백남의가 정희를 낳은 뒤 혼자서 탯줄을 끊고 대충 씻어서 눕힐 수 있었던 것은 이 작은 문을 통해서 부엌으로 갈 수 있었기 때문일 것이다.

　　사랑채의 작은방에는 소년 박정희가 공부할 때 썼던 앉은뱅이책상 하나가 지금도 놓여 있다. 가로 88cm, 세로 53cm 정도인데 서랍이 두 개 달려 있다. 서랍 바닥엔 잉크를 흘린 자국이 남아 있고 책상 위에는 판독하기가 어려운 낙서들이 세월 속에서 바래져 가고 있다. 박정희는 펜으로 잉크를 찍어서 한자이름을 자주 쓴 듯 '朴(박)'이란 글자가 많이 보인다.

　　박정희가 태어난 사랑채에는 외양간과 소여물을 끓이는 큰 가마솥이 걸렸던 부엌이 있다. 이 부엌의 한쪽 벽을 따라서 문제의 디딜방아 복제품이 놓여 있다. 어머니 白(백) 여사가 박정희의 생명을 지우려고 디딜방아의 머리를 쥐고 뒤로 나자빠졌다는 그 방아는 6·25 동란 때 불타고 없어졌다. 5·16 거사 뒤에 생가를 찾은 박정희가 맨 처음 물어본 것이 "여기 있던 방아는 어디 갔어?"였다.

　　그래서 가족들이 똑같이 생긴 것을 만들어 놓았던 것이다. 박성빈 집 안에서는 이 방아를 보리방아로만 사용했다고 한다. 겉보리(도정하지 않은 보리)를 호박(절구통 비슷하게 생긴, 돌을 깎아서 땅에 묻어둔 것) 속에 쏟아 붓고 물을 약간 축인 다음 두서너 시간 방아질을 하면 껍질과

낱알이 분리된다. 이것을 다시 키질하여 보리 껍질을 까불린 다음 밥을 지어먹었던 것이다.

안채와 사랑채 사이에 우물이 있고(지금은 펌프를 달아놓았지만 옛날에는 두레박을 썼다) 그 옆에 '통시'(변소)가 있다. 지금 남아 있는 가구들을 가지고 추정하면 이 집안의 재산목록은 장롱 하나, 놋쇠 화로 하나, 탈곡기 한 대, 가마솥 몇 개, 밥상과 소반 몇 개, 숯불 다리미, 호롱불 등잔 서너 개, 앉은뱅이책상 하나, 식기와 옷가지들, 그리고 언문소설을 읽는 데 썼던 백남의의 돋보기 하나, 가축으로는 닭이 대여섯 마리, 황소 한 마리. 박성빈 일가가 약목에서 이사 올 때 가져온 가구는 황소 한 마리의 등에 다 실을 수 있을 정도였다고 한다.

지금 구미 생가 안채에 보존되어 있는 장롱은 궤짝에 더 가깝다. 나무 상자의 절반을 잘라내고 문을 만들어 열고 닫게 했다. 백남의는 이 장롱을 저금통으로 이용하여 동전과 지폐를 모아두었다가 박정희의 월사금으로 쓰곤 했다. 산자락 끝에 외따로 있는 이 생가를 배경으로 하여 앞을 내려다보면 낙동강이 아련히 흐르고 있는 것이 보인다.

한 500m 아래에는 경부선 철로가 있다. 1920년대에는 증기기관차에 객차 서넛을 연결하고 그 뒤로는 화물칸을 줄지어 달아서 지나가곤 했다. 시계가 없었던 이 집안에서 백남의는 기차 지나가는 소리를 기준으로 하여 아침밥을 지었다고 한다.

박정희가 태어난 1917년 직후로 추정되는 시기에 큰형 동희는 집을 나가서 연락두절이 되어버렸다. 금융조합에서 빌린 돈을 갚지 못하게 되자 도피하게 된 것이라고 가족들은 말하고 있다. 박정희의 큰누나 귀희의 아들 은희만은 "함흥에 돈을 벌러 가서 산판 일 등 안 해 본 일이 없었다"고 말하고 있다. '함흥차사'란 별명이 붙은 동희가 함경도 일대와 만주 등지를 떠돌다가 집으로 돌아온 것은 근 20년이 지난 뒤였다고 한다. 결혼한 직후에 생이별하게 된 그의 아내 金同今(김동금)은 생과부로 세월을 보내다가 남편이 돌아왔을 때는 나이 마흔을 훨씬 넘긴 무렵이었다. 김동금이 출산을 할 수 없게 되자 박동희의 여동생 귀희가 같은 마을에 살던 스물다섯 살 난 礪山(여산) 宋氏(송씨)를 소개하여 둘째 부인으로 맞게 된다.

당시 박동희의 호적에는 그의 조카 朴在錫(박재석)이 아들로 입적되어 있었다. 동희가 외지로 떠난 뒤에 소식이 없자 박성빈은 代(대)가 끊길 것을 염려하여 차남인 무희의 장남 재석을 양자로 삼아 入籍(입적)시킨 것이다. 재석의 실제 출생연도는 1923년생인데 호적에는 1925년생으로 적혀 있다. 유아사망률이 약 30%였던 시절, 사람들은 태어난 아기가 홍역을 치르고도 살아남는지를 확인한 다음 그러니까 한 2~3년 뒤에 호적에 올리곤 했었다.

박동희의 본처 김동금은 6·25 당시 이 집이 폭격을 맞았을 때 失明(실명)했다고 한다. 燒夷彈(소이탄)이 눈앞에서 작렬한 때문에 그렇게 되었다는 것이다.

1961년 5·16 이후에 이 집의 경비를 맡았던 구미경찰서 정보과 형사들은 김동금의 존재조차도 모르고 있었다고 한다. 김 씨는 박정희가 공부방으로 쓰던 사랑채 작은방에서 주로 누워 지내면서 바깥출입을 거의 하지 않기 때문이다. 1962년에 김 씨가 68세로 사망했을 때 한 형사는 그런 사람이 집안에서 살고 있었다는 것을 알고는 깜짝 놀랐다. 그는 이 집을 자주 왕래했으나 박동희와 송 씨 부인, 그리고 딸 박재선만 보아왔던 것이다.

박정희가 자라고 있을 때 농사일을 책임지고 할 수 있는 장정은 박성빈의 둘째 아들 무희뿐이었다. 어머니 백남의 쪽의 성품을 빼닮은 그는 다정다감하면서도 언성을 높이는 일 없이 부지런한 성격이었다. 그는 延安(연안) 車氏(차씨)와 재혼한 뒤에 사랑채 바깥으로 담을 쌓고 초가집을 하나 지어 나갔다. 당시 박성빈 일가의 농토는 처가문중(수원 백씨)의 위토답 여덟 마지기와 칠곡군의 대지주인 張澤相(장택상·전 국무총리)의 부친 소유 다섯 마지기의 논을 빌려 소작하는 것을 포함해서 열세 마지기였다. 이 무렵 구미읍의 대부분 농가는 소작농이었고 그들의 평균 경작 농토가 10여 마지기 정도였다고 한다. 소작료와 시제 때 내는 쌀을 빼면 이 집안에 매년 떨어진 곡식은 스무 가마 정도였던 것으로 추정된다.

당시의 쌀은 화폐로서의 기능을 하고 있었다. 이 쌀을 팔아서 생활필수품을 사고 학비도 대야 했다. 박무희는 집안에서 쌀이 떨어질 때면 밤을 새워 가마니를 짜서 약목시장에 가서 팔곤 했다. 재석도 어린 나이에 아버지를 도와서 가마니를 짜야 했고 수십 장의 가마니를 지고 시장으로 가는 아버지의 뒤를, 서너 장되는 가마니를 둘둘 말아 지고서 낑낑대며 따라가곤 했다.

소년, 학교에 가다

다시 박정희 대통령이 1970년 4월 26일에 쓴 《나의 소년 시절》을 인용해 본다. 맞춤법을 요사이 식으로 고치고 한자를 한글로 바꾸었을 뿐

원문 그대로 싣는다.

〈상모동이란 마을은 1910년대의 우리나라 농촌을 그대로 상징하는 가난한 마을이었다. 이 마을에는 선산 김씨 數戶(수호)가 그래도 부유한 편이었고 기타는 거의가 한량없이 가난한 사람들만이 90여 호가 6개 소부락群(군)으로 나뉘어 옹기종기 모여 살고 있었다. 상모동에 와서는 약 1,600평 정도의 외가 衛土(위토)를 소작하면서 근근이 양식은 유지가 되고 형들이 성장하여 농사를 돕게 되니 생활은 약간씩 나아졌다. 아버지는 거의 가사에 무관심하고 출타하는 일이 대부분이었으므로 집안 살림을 꾸려나가는 데 어머니의 고생이 이만저만이 아니었다. 어머니는 어려서 良家(양가)의 閨秀(규수)로 태어나서 출가 전까지는 고생이라고는 별로 모르고 자랐으나 출가 후는 계속된 고생 속에서도 우리 7형제를 남 못지않게 키우시느라고 모든 것을 바치셨다.

이러한 생활 속에서도 어머니는 셋째 형 상희 씨를 구미보통학교에 입학시켜 공부를 시키셨다. 그 당시 이 마을에서 보통학교를 다니는 학생은 상희형 하나뿐이었다. 내 나이 9세가 되던 해 아버지와 어머니는 나를 구미보통학교에 입학시켰다. 이때 형은 벌써 졸업을 했다. 이 때 우리 洞里(동리)에서는 (세 아이가) 보통학교에 입학을 했다. 다른 두 아이는 나보다도 나이가 몇 살 위이고 입학 전에 교회에 다니면서 新學(신학)을 약간 공부한 실력이 있다고 해서 처음부터 3학년에 입학을 하고 나는 1학년에 입학을 했다.

상모동에서 구미읍까지는 약 8km. 시골서는 20리 길이라고 불렀다. (입학날은) 1926년 4월 1일이라고 기억한다. 오전에 네 시간 수업을 했으니까 학교수업 개시가 8시라고 기억한다. 20리 길을, 새벽에 일어나서 8시까지 지각하지 않고 시간에 닿기는 여간 고생이 아니었다. 시간이 좀 늦다고 생각하면 구보로 20리 길을 거의 뛰어야 했다. 동리에 시계를 가진 사람이 아무도 없으니 시간을 알 도리가 없고 다만 가다가 매일 도중에서 만나는 우편배달부를 오늘은 여기서 만났으니 늦다, 빠르다 하고 짐작으로 판단한다. 또 하나는 경부선을 다니는 기차를 만나는 지점에 따라 시간의 빠르고 늦다는 것을 짐작하기도 한다. 그러나 가끔 기차 시간표가 변경되면 엉뚱한 착오를 낼 때도 있다.

그러나 봄과 가을은 沿道(연도)의 풍경을 구경하면서 상쾌한 마음으로 학교에 다니는 것이 기쁘기만 했다. 여름과 겨울은 고생이 이만저만이 아니다. 여름에 비가 오면 책가방을 허리에 동여매고 삿갓을 쓰고 간다. 아랫도리 바지는 둥둥 걷어 올려야 한다. 학교에 가면 책보의 책이 거의 비에 젖어 있다. 겨울에는 솜바지저고리에 솜버선을 신고 두루마기를 입고 목도리와 귀걸이를 하고 눈만 빠꼼하게 내놓고 간다. 땅바닥이 얼어서 빙판이 되면 열두 번도 더 넘어진다. 눈보라가 휘몰아치면 앞을 볼 수가 없다. 시골 논두렁길은 눈이 많이 오고 눈보라가 치면 길을 분간할 수가 없게 되기도 한다. 사곡동 뒤 솔밭길은 나무가 우거지고 가끔 늑대가 나온다 해서 혼자는 다니지를 못했다. 어느 눈보라가 치는 아침에 이곳을 지나다가 눈 위에서 늑대 두 마리가 서로 희롱하는 것을 보고 겁을 집어먹고 마을 아이 셋이 집으로 되돌아오고 학교에 가지 못했다. 그 이후에도 그곳을 지날 때는 언제든지 늑대가 나오는 것 같은 생각이 들어서 눈이 똥그랗게 되어서 서로 아무 말도 않고 앞만 보고 빨리 빨리 지나가곤 했다. 그런데 이 솔밭이 해방 후에 고향에 돌아와 보니 나무 한 그루 없이 싹 벌목을 해서 뻘건 벌거숭이 산이 되어 있었다〉

박정희의 수기를 읽어보면 시각적인 묘사가 아주 실감나게 전개되고 있음을 알 수 있다. 박정희의 즉석연설에서도 가끔 그런 묘사가 있다. 예컨대 1963년 10월 9일 부산에서 있었던 대통령선거 유세 연설에서 그는 "맑고 푸른 가을하늘, 키 큰 코스모스, 코스모스보다 낮은 주막 집, 두 농부, 막걸리…"라고 가을풍경을 詩的(시적)으로 그리고 있다. 그림을 잘 그린 박정희는 사물의 핵심을 포착하는 능력이 있었다. 工事 현장에서 그가 즉석에서 그려서 지시한 약도들이 많이 남아 있는데 간략하면서도 본질을 표현하고 있다. 그런 점에서 박정희는 눈이 아주 좋았던 사람이라 할 수 있다.

〈학교 다니는 나보다도 더 고생을 하는 분이 어머니다. 시계도 없이 새벽 창살을 보시고 일어나서 새벽밥을 짓고 도시락을 싸고 다음에 나를 깨우신다. 겨울에 추울 때는 세숫대야에 더운 물을 방안에까지 들고 와서 아직 잠도 덜 깬 나를 세수를 시켜주시고 밥을 먹여주신다. 눈도 덜 떨어졌는데 밥이 먹힐 리 없다. 밥을 먹지 않는다고 어머니한테서 꾸지람을 여러 번 들었다. 아침밥을 먹고 있으면 같은 동네의 꼬마 친구들이 삽작 곁에 와서 가자고 부른다. 어머니는 그 애들을 방안으로 불러들여 구들목에 앉히고 손발을 녹이도록 권하신다. 밥을 먹고 채비를 차리고 나면 셋이 같이 새벽길을 떠난다. 아직 이웃집에서는 사람들이 일어나지도 않은 새벽길을, 얼어붙은 시골길을 미끄러지면서 뛰어간다.

망태고 밭두렁 길을 뛰어가다가 뒤를 돌아보면 청녕둑(집 앞에 있는 산 이름) 소나무 사이에 우리들을 보내놓고 애처로워서 지켜보고 서 계시는 어머니의 흰 옷 입은 모습이 희미하게 보인다. 학교에서 돌아오는 시간이 늦어도 어머니께서는 늘 그 장소에 나와 계시거나 더 늦을 때는 동네 어귀 훨씬 밖에까지 형님들과 같이 나오셔서 "정희 오느냐," "정희야"하고 부르시면 "여기 가요"하고 대답하면서 집으로 돌아간다.

"왜 좀 일찍 오지 이렇게 늦느냐" 하며 걱정을 하시면서 어머니는 자기가 두르고 온 목도리를 나에게 또 둘러주신다. 뛰어왔기 때문에 땀이 나서 춥지도 않은데 어머니가 자꾸만 목에다 둘러주시는 것이 귀찮게 여겨질 때도 있었다. 집에 돌아가면 구들목 이불 밑에 나의 밥그릇을 따뜻하게 넣어두었다가 밥을 다 먹을 때까지 어머니는 상머리에 앉아서 지켜보신다. 신고 온 버선을 벗어보면 흙투성이다. 어머니는 밤에 버선을 빨아서 구들목 이불 밑에 넣어서 말린다. 내일 아침에 또 신고 가야 하기 때문이다. 하루 종일 얼었다가 저녁을 먹고 온돌방에 앉으면 갑자기 졸음이 오기 시작한다. 숙제를 하다가 그대로 엎드려 잠이 들어버린다. 어머니가 억지로 나를 깨워서 소변을 보게 하고 옷을 벗겨서 그대로 재우면 곤드레가 되어 떨어져 자 버린다. 나의 나이 9세에서 15세까지 6년 동안을 이렇게 지냈다〉

정희 소년보다 네 살 위인 누나 재희는 학교에 다니지 않고서 동생을 돌보는 입장이었다. 재희는 어머니로부터 한글을 배워서 읽고 쓰고 할 줄은 알았다. 박재희의 생전 증언에 따르면 정희와 함께 학교에 다니던 두 소년은 얼마 지나지 않아서 자퇴해버렸다고 한다.

"부모가 학교에 가서, 선생들이 철봉 같은 체육 종목의 實技(실기)를 아이들에게 시키는 것을 보고는 저러다가는 우리 아이들이 병신되겠다면서 학교에 못 다니게 하고 서당교육을 받게 했지요. 정희는 등교 때는 짚신을 하나 더 차고 갔지요. 돌아올 때 신기 위해서였습니다. 어머니와 내가 마중을 나가 기다리면 저 끝에 쬐끄마한 아이가 촐랑촐랑 걸어오는 거예요. 하루 40리를 걷는다고 지쳐빠진 정희를 업고 오면 등 뒤에서 쌔근쌔근 잠이 들기도 했습니다.

정희는 몸이 약했어요. 새벽밥이라 잘 먹지 못했고 겨울엔 도시락이 꽁꽁 얼어서 먹지 못하고 그대로 가져오기도 했어요. 그래서인지 한때 밤눈이 어두웠어요. 밤만 되면 봉사 비슷하게 되어 변소에도 제대로 못 갔지요. 제가 업어다 변소에 데려다주고 데리고 오곤 했습니다. 소의 지라를 먹였더니 다시 눈이 밝아졌어요."

키 작은 사연

박정희가 대통령 시절에 직접 썼던 《나의 소년시절》은 이렇게 계속 된다.

〈학교에 가지고 간 도시락이 겨울에는 얼어서 찬밥을 먹으면 나는 흔 히 체해서 가끔은 음식을 토하기도 하고 체하면 때로는 아침밥을 먹지 않고 가기도 했다. 이럴 때는 하루 종일 어머니는 걱정을 하신다. 그러 나 그 당시 시골에는 소화제라고는 아무것도 없었다. 며칠 동안 밥을 먹 지 못하면 이웃집의 침장이 할아버지가 있었는데 거기에 가서 침을 맞 았다. 이상하게도 그 침을 맞으면 체증이 낫는 것 같았다. 나의 왼손 엄 지손가락 뿌리에는 지금도 침을 맞은 자국이 남아서 빨갛게 반점이 남 아 있다. 이 반점을 보면 지금도 어머니 생각과 이웃집 침장이 할아버지 가 생각난다〉

어린 박정희의 엄지손가락 뿌리에 침을 놓아 준 침장이 할아버지는 바 로 박정희의 아버지 박성빈의 둘도 없는 술친구 김병태였다. 그는 한학에 조예가 깊어 동네에서는 漢學者(한학자)로 알려져 있었다. 박성빈과 함께 아랫마을 '밤마'의 주막에 앉아 함께 漢詩(한시)를 짓고 唱(창)을 즐겼으며 침술에도 능했다. 선산 김씨인 김병태의 손자뻘 되는 김재학(박정희 생가 보존회 회장)의 증언에 따르면 "동네 사람들은 응급조치를 대부분 김병태의 침으로 해결했다"고 한다. 그의 집은 박정희의 생가 바로 아래에 자리했으나 지금은 어린이 놀이터로 변하고 말았다.

박정희가 말하는 엄지손가락 뿌리의 침 자국은 엄지와 검지가 갈라지는 부분으로 合谷(합곡)이라 말하는 유명한 體針(체침) 자리다. 어린 박정희를 등에 업고 김병태 노인의 침술에 자주 의존했던 어머니 백남의는 그때마다 박정희를 임신했을 때 유산하려 몸부림친 일에 대해 적잖은 가책을 느꼈을 것으로 보인다. 백남의가 막내에 대해서 유달리 사랑을 쏟은 데에는 그런 미안함에 기인하는 바도 적지 않았을 것이다.

〈우리 형제들이 다들 체구가 건장하고 신장도 큰 편인데 나만이 가장 체구가 작은 것은 이 보통학교 시절에 원거리 통학으로 신체발육에 큰 지장을 가져오지 않았나 생각된다〉

아버지 박성빈의 키가 대략 1m70cm 정도였고 셋째 아들 박상희가 그보다 약 10cm가 더 컸다고 하니 박정희의 집안사람들은 기골이 크다고 할 만하다. 박 대통령은 청와대에서 가끔 "내가 그때 하루 40리 길을 걸으면서 얼어붙은 도시락을 먹고 자주 체하곤 했으니 키가 이렇게 될 수밖에…"라고 말하곤 했었다. 박정희의 키가 작은 이유로서는 태아 시절 어머니로부터 맹렬한 공격을 쉴 사이 없이 받았던 점도 들 수 있을 것이다.

〈한없이 평화스럽지만 가난한 나의 고향, 가끔 학교에 가져가야 할 용돈이 필요하면 어머니가 한푼 두푼 모아두신 1전짜리 동전, 5전 10전짜리 주화를 궤짝 구석에서 찾아내어 나에게 주신다. 한 달에 월사금(수업료)이 그 당시 돈으로 60전이었다. 매월 이것을 납부하는 것이 농촌에서는 큰 부담이었다. 특히 우리 집 형편으로서는 큰 부담이었다. 어머니께서는 한 푼이라도 생기면 나의 학비를 위해서 모아 두신다. 때로는 쌀을 몇 되씩 팔아서 모아 두신다. 계란 1개가 1전이었다고 기억이 난다. 형들이 달라면 없다 하시고 알뜰히 알뜰히 모아두신다. 어머니는 담배를 좋아하셨다. 때로 담배가 떨어져도 나의 학비를 위해 모아두신 돈은 쓰실 생각을 아예 안 하신다〉

생가의 원래 모습을 촬영해 둔 사진에는 초가지붕 밑에 가로로 주렁주렁 달려 있는 석 장의 가마니를 볼 수 있다. 어린 시절 이 집을 드나들던 박성빈의 손자 朴在錫(박재석 · 전 국제전기 회장)은 이 가마니를 '닭집'으로 불렀다고 한다. 마당에서 놀던 대여섯 마리의 암탉들이 날개를 퍼덕이며 올라가 가마니 위에서 알을 낳곤 했다는 것이다. 백남의는 매일 달걀을 모았다.

〈때로는 학교에 가져가야 할 돈이 없으면 계란을 몇 개 떨어진 양말짝에 싸서 주신다. 이것을 가지고 가서 학교 앞 문방구점에 가면 일본인 상점 주인이 계란을 이리 저리 흔들어 보고 상한 것 같지 않으면 1개 1전씩 쳐서 연필이나 공책(노트)과 교환하여 준다. 이 계란을 들고 가다가 비 오는 날이나 얼어서 빙판이 된 날 같은 때는 미끄러져 넘어지면 계란이 팍삭 깨어져 버린다. 이런 날은 하루 종일 기분이 언짢다. 집에 돌아와서 어머니에게 말씀드리면 계란을 깨었다는 꾸지람은 한 번도 하시는 법이 없다. "딱하지. 넘어져서 다치지나 않았느냐"고 하실 뿐이다〉

1, 2학년과 5, 6학년 때 우등상을 받았던 박정희가 질병으로 결석한

일수는 1학년 때 18일, 2학년 때 20일, 3학년 때 16일이었다. 4학년 이후에 건강상태는 좋아져 5학년 때 하루, 6학년 때 사흘을 결석했을 뿐이다. 구미공립보통학교 6학년 때인 1931년 박정희 소년의 키는 135.8cm, 몸무게는 30kg, 가슴둘레 66.5cm로 발육상태 평가는 丙(병)이었다. 박정희와 보통학교 동창생인 李鎭守(이진수 · 경북 구미시 송정동 鄕長 · 향장)는 달걀을 사 모으던 문방구를 잘 기억하고 있었다.

"문방구 주인이 일본사람이지요. 배가 불뚝하게 나와 우리는 '배불띠기'라고 부르곤 했습니다. 작은 하꼬방(판잣집) 같은 데서 문구류를 갖다 놓고 팔았는데 연필 저급품이 1전, 고급품은 2전 했지요. 공책이 5전, 운동화는 한 켤레가 50전이나 했습니다. 에노그(그림물감)도 팔았고 크레용도 갖다 놓곤 했는데 공책 살 돈이 없으면 우리들은 하얀 白露紙(백로지)에 줄을 그어 쓰곤 했어요. 정희는 3학년 때부터 급장을 했습니다."

작은 체구의 박정희는 쉬는 시간에 운동장에서 친구들과 땅따먹기 놀이를 자주 했다고 한다. 작은 조약돌을 손가락으로 튕기고 뼘을 크게 벌려 영토를 차지하는 놀이였다. 손이 작은 박정희는 이럴 때마다 키가 컸던 이진수를 불러 대신 뼘을 재어달라고 했다.

〈어느 늦봄날이었다. 보통학교 2~3학년 시절이라고 기억이 난다. 20리 시골길을 왕복하니 배도 고프고 봄날이라 노곤하기 그지없었다. 집에 돌아오니 정오가 훨씬 넘었다. 삽작에 들어서니 부엌에서 어머니께서 혼자서 커다란 바가지에 나물에 밥을 비벼서 드시다가 "이제 오느냐. 배가 얼마나 고프겠느냐"하시며 부엌으로 바로 들어오라고 하시기에 부엌에 책보를 든 채 들어가 보니 어머니께서는 바가지에 비름나물을 비벼서 막 드시려다가 내가 돌아오는 것을 보시고 같이 먹지 않겠느냐고 하시기에 같이 먹었다. 점심때가 훨씬 넘었으니 시장도 하지만 보리가 절반 이상 섞인 밥에 비름나물과 참기름을 넣고 비빈 맛은 잊을 수가 없는 별미다. 나는 요즈음도 가끔 內子(내자)에게 부탁하여 비름나물을 사다가 비빔밥을 만들어 먹어 보곤 한다. 엄동의 추운 겨울에는 저녁을 먹고 나면 가족들이 한 방에 모인다. 세상사 여러 가지 이야기가 시간 가는 줄을 모른다. 아버지와 형들이 한방에 모여 있으니 아버지가 계신고로 형들은 담배를 피우지 못한다. 아버지께서 눈치를 알아차리시고 슬그머니 사랑방으로 내려가신다. 형들에게 담배를 마음대로 피우도록 자리를 비워주시는 셈이다. 밤이 늦어지면 이야기도 한물 가고 모두들 밤참 생각이 난다. 어머니께서 홍시나 곶감을 내어놓으실 때도 있고, 때로는 저녁에 먹다 남은 밥에다가 지하에 묻어둔 배추김치를 가져와서 김치를 손으로 찢어서 밥에 걸쳐서 먹기도 한다. 이것이 시골농촌의 겨울 밤의 간식이다. 가끔은 묵을 내오는 때도 있다〉

박 대통령은 워낙 비름나물을 좋아하였으나 1970년대 후반부터는 시장에서도 비름나물을 구할 수 없었다. 朴鶴奉(박학봉) 부속실장과 李光炯(이광형) 부관은 할 수 없이 씨앗을 사 가지고 와서 청와대 본관 뒷동산에 작은 밭을 일구고 심었다. 이 부관은 미끈미끈한 비름나물이 맛이 없었으나 대통령은 고추장과 참기름을 보리 섞인 쌀밥에 비벼 다른 반찬은 거들떠보지도 않고 맛있게 먹는 것이었다. 대통령은 가난했던 시절을 잊지 않으려고 비름나물 비빔밥을 먹는 것 같았다.

'대추방망이' 급장

박정희가 다닌 구미공립보통학교는 1919년에 설립되어 이듬해인 1920년에 개교했다. 처음 3년 간은 4년제로 운영하면서 學務官(학무관)들이 구미 면내의 가정을 방문해 가며 아이들의 취학을 유도했다. 박정희의 셋째 형 상희도 이 무렵 학교를 다니게 된다. 박정희는 대통령 시절의 수기 《나의 소년시절》에서 〈어려운 생활 속에서도 어머니께서는 상희 형을 학교에 보내셨다〉고 적고 있다. 어머니 백남의가 상희, 정희 두 아들을 교육시키는 데 있어서는 아버지보다도 더 적극적인 역할을 했다는 뜻이다. 구미공립보통학교가 정식으로 6년제 학생들을 배출한 것은 1925년부터였다.

박정희는 구미공립보통학교에 1926년 4월 1일 입학하여 1932년 3월 1일자로 졸업했다. 班(반)을 組(조)라 불렀는데 졸업 때 박정희는 2조였다. 2학년 때까지는 급장을 담임선생이 지명했으나 3학년 때부터는 최우등생을 자동적으로 급장으로 뽑아 박정희가 졸업할 때까지 급장을 했다. 《이낙선 비망록》(1962년 작성)에는 이렇게 적혀 있다.

〈성적은 전 과목이 고루 우수하며 암기력이 좋아 산수, 역사, 지리 등은 언제나 만점. 조리 있는 발표력. 전반적으로 사고가 예민하였으며 학습 시간에는 남보다 먼저 손들고 침착하게 발표. 학급 중 연소하였으나 (연령차가 많았고, 박보다도 5, 6세 위도 있었음) 매학년 1등생. 급장으로서 통솔력이 탁월하여 자습 시간 등에는 학우들을 지도하였으며 체육 시간에 선생이 나오기 전에 준비를 갖추어 기다리도록 지도를 잘함. 학급 운영을 선도적으로 척척 해내다. 아동으로서는 지나칠 정도로 과묵,

냉철, 사색적 성격. 학우간 융화는 보통이나 모두 두려워함. 평소 대담한 성격으로 3학년 학예회 때 갓 쓰고 긴 담뱃대 물고 점잖을 빼는 노인역을 위엄 있게 썩 잘 해내어 모두 놀라고 滿場大笑(만장대소). 의복은 한복. 검은 두루 마기에 짚신을 신고 다니다. 가정은 곤궁했으나 월사금의 체납은 없었다. 실습 등을 잘했다. 혼자 木劍(목검)놀이를 즐겼다. 어머니는, 저 애가 크면 군인이 될 거라고 했다〉

작고한 동기생 張月相(장월상)은 생전에 이런 증언을 남겼다.

"박정희는 어릴 때 몸집이 비록 작았지만 야무진 데가 있어 '대추방망이'라는 별명을 가지고 있었습니다. 체구에 비해 담력이 세고 머리가 비상하여 암기력이 뛰어났습니다. 3학년 때 학예 발표회 연극에서는 노인역을 맡아 학부형들과 선생님들을 놀라게 해 준 적도 있었습니다."

동창생 이진수(경북 구미시 송정동 향장)는 교실에서 선생님이 '누가 나와서 재미있는 이야기 좀 해보라'고 하면 박정희가 자진해서 나와 옛날 이야기를 잘 했다고 말한다.

"박정희가 이야기하면 아이들이 다 재미있어 했어요. 꼭 나이 많은 어른들이 해 주시는 것 같았으니까요. 이렇게 합니다. '옛날에 말이지, 서당 훈장이 꿀을 감춰두고 아이들에게는 이걸 먹으면 죽는다고 했거든. 그라고는 혼자서 조금씩 먹는기라. 하루는 훈장이 밖에 나갔다 오는 사이에 아이들이 꿀단지를 꺼내 실컷 퍼묵은기라. 얼마나 맛있겠노. 손가락으로 꿀을 찍어 쏙쏙 빨아 묵고 하다가 보이 다 묵어뿌릿는기라. 인자 큰일이 날낀데 우야겠노…'라고 말입니다. 그렇게 구수할 수가 없는 겁니다."

이진수는 박정희가 급장을 '야무지게' 했다고 기억한다.

"아침 조례를 할 때면 급장인 박정희가 일어나 '기오츠케(차렷)', '센세이니 게이레이(선생님께 경례)!'라고 구령을 붙이지요. 구령만은 일본 말을 썼지만 그 밖에는 우리말을 썼습니다. 공부도 잘했지만 예쁘게 생겨 선생님들로부터 귀여움을 많이 받았지요. 수업시간에 질문을 하면 대답을 가장 많이 하는 친구가 박정희였습니다."

같은 반에서 동기생 朴升鏞(박승용)도 박정희 소년을 비슷하게 회고한다.

"돌이켜 보면 박정희는 귀엽고 예쁘게 생긴 친구였지요. 그런데도 학교 다닐 때는 그런 생각을 못 했습니다. 성품이 몹시 독한 데가 있었기 때문이지요. 별명이 '악바리' '대추방망이'였지만 함부로 그렇게 부르지도 못했어요. 공부도 잘 했고 해서 아이들이 그를 두려워했던 겁니다. 일본인 교사들도 그를 귀여워했던 것이 사실입니다. 박정희가 급장을 지냈던 3학년 때부터 6학년 때까지 급우들 가운데 그로부터 맞아 보지 않은 아이들이 드물 정도였습니다. 동급생들보다 키가 작았던 박정희는 겁도 없이 말 안 듣는 아이들이 있으면 체구나 나이가 위인데도 뺨을 후려 갈겼어요. 반에서 가장 키가 컸던 권해도는 박정희보다 한 뼘 이상 키 차이가 났고 장가까지 들었는데 교실에서 뺨을 맞아야 했습니다. 고개를 쳐들고 하늘을 보듯이 權(권) 군의 뺨을 때리던 박정희의 모습을 생각하니 지금은 웃음이 나와요. 늘 냉엄한 표정인 정희에 대해서 아이들은 가까이하기를 어려워했어요."

박정희는 자신의 선천적 조건인 가난과 작은 체구의 문제를 극복하고 38명의 급우들을 통솔하는 데 상당한 능력을 발휘한 것 같다. 공부를 열심히 해서 우등생이 되고 교사로부터 인정을 받아 낸 것은 노력을 통해

후천적 조건을 유리하게 만든 경우이다. 동료 급우들에게 차가운 표정을 짓고 있었던 것은 권위를 유지하고 빈틈을 보이지 않겠다는 자세였을지도 모른다. 그는 권력의 속성인 폭력을 동원해 상대를 굴복시키기도 했다.

정치에 사용되는 힘은 강제력(전체주의), 권위력(권위주의), 교환력(민주주의)으로 나눠진다. 박정희의 급장 시절을 살펴보면 권위력과 강제력을 동원하는 경우가 많은 것 같으나 교환력을 사용한 흔적도 있다. 대통령 시절의 수기 《나의 소년 시절》에는 〈급장 시절의 추억〉이란 제목을 달고 쓴 글이 나온다.

〈힘이 세고 말을 잘 들어 먹지 않는 급우가 한 놈 있었음. 그러나 이 자가 수학은 전연 못하고 늘 선생님께 꾸지람을 듣는 것을 보고 내 말을 잘 듣게 하는 방법을 생각하다가 휴식시간에 산술 문제를 가르쳐 주고 숙제 못 해 온 것을 휴식 시간에 몇 번 가르쳐 주었더니 그 다음부터는 내 말이라면 무조건 굴복하던 생각이 남〉

대한민국 국민들이 기억하는 박정희 대통령 시대의 분위기와 구미보통학교 동창생들이 기억하는 급장 시절 박정희의 분위기는 묘하게 겹치고 있다. 박정희 급장의 통솔방식이 대통령 박정희의 통치술로 발전한 것이다.

1926년에 발행된 〈善山郡誌(선산군지)〉에 따르면 1918년 현재 9개 면을 이루고 있던 선산군 전체인구는 6만6,141명이다. 그 중 內地人(내지인·일본인)은 408명, 支那人(지나인·중국인)은 7명. 박정희가 살았던 구미면은 1,650호에 9,152명이었다. 이 무렵 구미면의 의료수준을 짐작하게 하는 일화가 있다. 둘째 누나 박재희는 네 살 아래인 동생을 업고 다니다가 넘어져 오른쪽 종아리를 심하게 다친 일이 있었다. 박재희는 훗날 며느리 鮮于民淑(선우민숙)에게 이런 이야기를 들려주었다.

"부모님들이 나를 데리고는 장에 나가 길바닥에 앉아서 지나가는 사람들을 붙잡고 하소연했었단다. '우리 딸이 이렇게 다쳐 잘 안 낫는데 어떻게 하면 좋은지 좀 가르쳐 달라'고 말이지. 어떤 사람이 가르쳐 주기를 '담배 잎을 구해 상처에 덮은 다음 태우면 담배 연기가 독을 빨아낸다'는 거야. 부모님들이 집에 오셔서 그 말대로 하셨는데 곪은 데서 쌀알 같은 것들이 나오더니 이렇게 나았단다."

박재희(1996년에 83세로 사망)는 손주들이 다칠 때마다 이 경험담을 들려 주면서 담배연기를 상처에 갖다 대곤 했다고 한다.

소년, 주일학교에 나가다

박정희가 3학년이었던 1928년, 구미면에서 유일한 소학교였던 구미 공립보통학교는 연례적인 봄 운동회를 개최했다. 이 운동회에서 박정희의 동기생인 李俊相(이준상)은 달리기를 하다 넘어져 무릎을 다친다. 이준상은 구미면 중앙통에서 5대째 한약방 '永壽藥局(영수약국)'을 경영해 오던 李永壽(이영수)의 셋째 부인의 장남이었다. 지금 경북 구미시에서 살고 있는 이준상의 막내동생 李逸相(이일상)의 증언에 따르면 한약방을 하던 그의 부친은 민간요법을 쓴다며 무리하게 아들의 다리를 치료했다고 한다.

"아버지(이영수)께서는 상처에 뜨겁게 끓인 수은을 부으면 毒(독)한 기운을 빨아낸다는 말을 들은 것 같습니다. 지금 생각하면 말도 안 되는 일이었지만 어른은 그날 저녁에 형(준상)의 무르팍에 뜨거운 수은을 들이부었지요. 아파 죽겠다는 형님의 팔다리를 여러 사람들이 잡고 '수은 찜질'을 했는데 그만 무릎 연골이 녹아내린 겁니다."

이준상은 영원히 오른쪽 무릎을 굽히지 못하는 장애자가 되었다. 그는 지팡이에 의지한 채 학교를 계속 다녔다. 누구나 이준상에게 손가락질을 해댈 수 있었지만 학교에서 그런 일은 좀처럼 일어나지 않았다. 그의 곁엔 항상 '대추방망이'라는 별명을 가진 2조(반) 급장 박정희가 있었기 때문이다. 박정희는 이준상의 둘도 없는 친구가 되어 있었다. 이준상의 집은 학교에서 5분여 거리였다. 박정희가 도시락을 싸오지 않은 날이면 이준상은 정희를 자기 집으로 데려가 함께 밥을 먹여주곤 했다.

박정희의 동기생 박승용은 사각형 양철 도시락인 '벤또'를 싸 갔던 그 시절을 이렇게 회고했다.

"점심시간에 '벤또'를 열면 박정희의 것에는 언제나 '서숙쌀'이라고 불리던 좁쌀에 보리가 절반쯤 섞인 밥이 담겨 있었지요. 보통 아이들은 보리밥에 쌀이 좀 섞이기도 했는데 박정희는 좁쌀이 많아 단번에 가난한 집안임을 알 수 있었습니다. 그나마 이런 도시락도 싸오지 못한 날이 많았어요. 그럴 때면 준상이 집으로 가서 밥을 얻어먹고 오곤 했습니다. 두 소년이 친하다는 사실은 동기생들이라면 모르는 사람이 없을 정도였지요."

박정희는 대통령이 되기 전까지도 고향을 찾으면 이준상과 자주 어울렸다. 그 때마다 곁에 있었던 이준상의 동생 이일상은 두 사람을 이렇게 비교했다.

"우리 형님은 육체적으로 약했지만 돈은 무척 많았고 어려운 사람을 보면 참지 못하는 성격이었지요. 반면 박정희 형님은 남에게 생전 지려고 하지 않았으나 돈이 없었지요. 두 소년은 그런 면에서 共生(공생)하고 있는 게 아닌가 생각될 때도 있었습니다. 두 사람 모두 참 순수했어요. 남이 어려움에 처하면 보고 있지 못하는 성격이었으니까요."

이준상의 집안은 그의 아버지가 작고한 이후 가세가 급속히 기울어져 갔다. 5·16 혁명 이후 이준상은 가난하게 살아야 했다. 1963년 10월 15일 선거에서 제5대 대통령으로 당선되었을 때 박정희는 경주에 있다가 生家(생가)를 찾아 구미역에 도착했다. 환영 인파를 대하자 박정희는 제일 먼저 "상준이(친구들에겐 '준상'이 '상준'으로 불림) 어디 있노. 상준이"하며 그를 찾았다. 박정희 최고회의 의장은 허름한 차림의 이상준을 찾아내 자신의 지프에 태운 뒤 生家로 이동했다. 이 사건 이후 구미에서는 가난한 장애자 이준상을 아무도 업신여기지 못했다. 1972년 이준상은 어릴 때 다친 다리를 또 다시 다쳐서 골반까지 들어내는 수술을 받았다가 이듬해 53세의 나이로 사망했다. 대통령 박정희는 그의 병원치료비를 댔다.

박정희가 구미보통학교를 다닐 무렵 生家에서 남쪽으로 약 200m 떨어진 곳에 '상모교회'가 있었다. 1901년 3월 13일에 선교사 언더우드의 제자가 세운 이 교회는 선산군에서 두 번째로 선 기독교 교회였다. 당시는 개척교회를 세우려던 사람들과 토착 양반들과의 대립이 심했다. 전통을 상징하는 유교와 근대를 상징하는 기독교 사이에 문명의 충돌이 곳곳에서 벌어지고 있었다. 박정희 소년이 6년 동안 이 교회를 다녔다는 사실은 이번 취재에서 처음 밝혀진 사실이다. 鄭基鉉(정기현) 장로는 이렇게 증언했다.

"8촌 조부되는 鄭寅伯(정인백) 씨가 이 교회를 세우셨는데 뒷날 박정희 대통령이 소년시절에 교회에 자주 나왔다고 하셨지요. 삼촌 鄭奎善(정규선·1991년 사망) 씨도 상모교회 옆에 사셨는데 대통령이 우리 교회에 다녔다고 가끔 말했습니다."

박정희와 동갑내기인 韓聖道(한성도) 장로는 현재 생존해 있는, 박정희의 유일한 교회친구다. 그는 박정희가 꾸준히 교회를 다녔다고 말했다.

"구미보통학교를 다니기 시작하면서 교회에도 나가게 되었습니다. 일요일 오전 9시부터 10시까지 하는 주일학교에 열심이었습니다. 소년들이 막 코흘리개의 때를 벗을 무렵 성경책과 찬송가를 들고 한복차림으로 교회에 모여들던 시절입니다. 우리가 제일 먼저 배운 것이 기도하는 법이었지요."

고사리 손을 모으고 당시로서는 기상천외할 수도 있는, 서구 문명의 頂點(정점)에 선 神(신)에 대해 박정희 소년은 외경심을 갖고 기도했을 것이다. 주일학교에서 특별히 한글을 가르치거나 학교 과정을 가르친 적은 없다고 한다. 韓(한) 장로의 증언-.

"주로 성경을 읽고 찬송하는 것이었지요. 학교 교육처럼 가르치고 하는 것은 해방 이후에 많았고, 당시는 주일학교 교사마다 달랐지만 거의 그런 교육은 하지 않았습니다."

그 시절에도 크리스마스와 부활절을 기념하는 행사가 있었다고 한다.

"예수님 생일날이면 교회에서는 새벽기도도 하고 집집마다 돌아다니며 찬송도 불렀지요. 물론 박정희도 저와 함께 성가대를 따라다녔던 게 기억납니다. 워낙 말이 없고 싱긋 웃기만 했지요. 크리스마스 때는 선물로 과자나 빵을 주었어요."

박정희가 다닌 주일학교에는 어린이가 약 20여 명이었다고 한다. 나이가 보통학교 1~2학년쯤 되는 아이들이 대다수였다.

"박정희의 가족들 중 교회에 나온 것은 그가 유일했지요. 꼬박꼬박 잘 다니던 박정희는 대구사범에 진학하면서부터 나오지 않았어요."

한성도 장로는 "대구사범에 다니던 정희가 방학 때 집으로 돌아와 있을 때 '왜 교회에 안 나오냐'고 하면 그는 말없이 싱긋 웃기만 했다"고 기억한다.

그 때 교회건물은 기와집 네 칸을 연결해 만든 예배당이었다. 길 옆으로 작은 초가 한 채를 지어 牧會者(목회자)들의 사무실로 썼고 마당 한 쪽에는 종탑이 세워져 있었다. 박정희는 교회 종소리를 듣고 자랐던 것이다. 새벽마다 뎅그렁뎅그렁 울리는 종 소리는 시계가 없던 마을에 좋은 시간 표준이 되었을 것 같은데 박정희의 이야기에는 경부선 기차 소리만 등장한다.

그 무렵 상모리에서는 박정희 생가 부근의 선산 김씨 집성촌락 쪽으로 양반들이 모여 살고 상모교회가 들어선 곳으로는 머리도 짧게 깎은 비교적 개화된 사람들이 모여 살았다고 한다. 경제적으로는 양반촌이 월등히 나았다. 이들은 '우상숭배'라며 제사를 금기시하는 교회에 불만이 많아 자녀들이 교회에 다니는 것을 극구 반대하곤 했다. 그럼에도 박정희만은 어른들의 반대에 봉착하지 않고 자유롭게 교회를 드나들 수 있었다. 어머니 백남의의 배려나 권유에서 가능했던 것이라 보인다.

朴正熙의 하느님

박정희는 최고회의 의장 시절에 자신이 어릴 때 교회에 다녔다는 사실을 발설한 적이 있다. 서울 강남지구에 있는 광림교회 金宣燾(김선도) 원로목사에 따르면 이화여대 강당에서 열린 기독교 교역자 대회에 참석한 박 의장은 축사를 통해서 "나도 주일학교에 다녔는데 요사이는 다니지 않고 있다. 여러분들이 교육을 잘해주어서 나 같은 사람이 생기지 않도록 해달라"고 당부하더란 것이다.

1962년 6월 초 박정희 최고회의 의장은 최고위원들과 함께 김포로 가서 모심기를 했다. 논두렁에 앉아 쉬고 있을 때 한 사람이 말했다.

"의장님이 오시는 데 맞추었는지 마침 비가 내렸습니다."

이때 옆에 있던 한 기자가 그 말을 받았다.

"의장께서도 이번 기회에 종교를 하나 선택하시지요."

박 의장은 퉁명스럽게 말했다.

"나는 원래가 有神論者(유신론자)입니다. 하늘은 열심히 일하는 사람들에게는 비를 내려주시고 게으르게 앉아서 놀기만 하는 사람들에게는 비를 안 주시는 것입니다."

김선도 목사는 장교 시절에 공군사관학교의 군종실장이었다. 공사 졸업식장에서 祝禱(축도)를 한 적이 있다. 그 요지는 이러했다.

"역사를 주관하시는 하느님! 우리 사관생도들이 이제 할퀴고 찢긴 이 조국을 지키려 나갑니다. 이들을 보호해주시고 국군 통수권자이신 대통령이 외롭지 않도록 살펴주십시오. 솔로몬의 지혜와 다윗의 용기를 대통령께 부어주십시오."

축도를 끝내고 金(김) 목사가 朴 대통령에게 인사를 드리려고 했더니 그는 손수건을 꺼내서 눈물을 닦고 있었다. 할 수 없이 졸업식이 다 끝난 뒤에 인사를 했다. 대통령은 김 목사의 손을 잡더니 "좋은 기도를 해주어 감사합니다"라고 말했다. 김선도 목사는 "감수성이 예민한 소년기에 주일학교에 다닌 것이 그분의 인생관과 神觀(신관)을 형성하는 데 큰 역할을 했다고 생각한다"고 했다.

박정희의 하느님은 공짜가 없는 하느님이고 사랑만의 하느님도 아니다. 1976년 1월 24일 국방부를 연두 순시한 자리에서 그는 보고를 들은 뒤에 미리 준비된 원고를 읽는 식이 아니라 자신의 소감을 솔직하고 담담하게 밝히는 講評(강평)을 했다. 부산의 정부기록보존소에서 찾아낸 녹음 테이프에서 한 대목을 인용해본다.

〈언젠가 그들(북한 공산당)이 무력으로 접어들 때는 결판을 내야 합니다. 기독교의 성경책이나 불경책에서는 살생을 싫어하지만 어떤 불법적이고 강한 자가 약한 자를 침범할 때는 그것을 쳐부수는 것을 정의라고 보고 있습니다. 그리스도교에서는 누가 내 볼을 때리면 이쪽까지 내주고는 때려라고 하면서 적을 사랑하라고 가르치지만 선량한 양떼를 잡아먹으러 들어가는 이리 떼는 이것을 뚜드려 잡아죽이는 것이 기독교 정신이라고 가르치고 있습니다〉

그는 사랑과 정의라는 기독교의 두 사상적 기둥 중 어느 한편만 강조하지 않고 균형을 취하고 있다. 대통령 시절 그는 사랑이란 보편적 가치와 더불어 정의라는 특수한 가치를 조화시킨, 신라의 호국불교와 닮은 호국기독교를 희망했다. 박 대통령은 자신과 비슷한 생각을 가졌다고 본 韓景職(한경직), 金俊坤(김준곤), 金章煥(김장환) 목사를 가까이 했다.

신라의 圓光(원광) 법사는 불교의 자비정신에 위배해 가면서까지, 화랑도의 신조인 世俗五戒(세속오계)를 만들면서 '산 것을 죽임에는 가림이 있어야 한다'(殺生有擇·살생유택)는 항목을 끼워넣었다. 원광은 '나는 중이기 이전에 신라 사람이다'는 생각을 가지고 있었다. 1970년대에 일부 기독교회가 反(반)정부 투쟁에 앞장서자 박정희는 서구적인 가치관을 추종하는 풍조를 개탄하면서 '국적 있는 종교'로서의 신라 불교 정신을 여러 번 강조했다. 이 때문에 박정희를 불교 신도로 생각한 사람도 많았다. 1974년 12월 11일 박정희는 청와대 참모들 앞에서 천주교계에 대해서 불평을 털어놓은 뒤에 이런 농담을 했다.

"교회에서 정치에 간섭하면 우리도 교회에 간섭할까?"

이 무렵 작성된 박정희 대통령의 공무원 인사 기록 카드에는 종교란에 아무것도 기재되어 있지 않다. '무'라고 적지 않은 것은 특정 종교의 신을 믿지는 않지만 그가 나름대로 개념정리해 둔 절대자의 존재는 부인하지 않으려는 심리를 엿보게 한다.

박정희는 1975년 3월 10일자 일기를 이렇게 끝맺고 있다.

〈오 신이여! 북녘 땅에 도사리고 있는 저 무지막지한 공산당들에게 제정신으로 돌아가도록 일깨워 주시고 깨닫게 해 주소서〉

여기서도 문장은 기독교식 기도문인데 '하나님'이라 하지 않고 '신'이라 적고 있다. 기독교의 '하나님', 샤머니즘의 '하느님'도 아닌 자신의 주관에 따라 객관화시킨 절대자를 의미하려고 하는 의지를 엿볼 수 있다.

박정희가 다녔던 상모교회의 건물은 광복 이후 다시 지어졌으나 6·25 때 상당 부분이 파손된 채 1960년대를 맞았다. 1966년 가을에 생가와 선산을 둘러보던 박정희 대통령은 주일학교 시절의 친구 한성도 장로를 만나 교회재건에 필요한 자금을 지원하게 된다.

박성빈의 둘째 아들 박무희의 장남 박재석은 1931년에 6학년이던 박정희와는 1년간 구미보통학교를 함께 다녔다. 박정희를 '아제(아저씨)'라고 부르며 졸졸 따라다니던 박재석은 아홉 살이 되어 바로 2학년에 입학했던 것이다. 그는 쌀밥이 먹고 싶어지면 아침 일찍 박정희가 일어나 밥을 먹던 사랑방으로 슬금슬금 들어갔다.

어느 날 검은 두루마기를 단정하게 차려 입고 밥을 먹고 있던 박정희는 자신의 숟가락질만 뚫어지게 바라보는 박재석에게 갑자기 심술이 났던 모양이다. 아침 공부하다 놓아 둔 펜을 집어 든 박정희는 "이놈아, 공부 좀 열심히 해라"하면서 잉크가 채 마르지도 않은 펜을 박재석의 오른쪽 볼 위에 죽 그어 버렸다.

서럽고 아파 울음을 터뜨리는 박재석. 곁에 앉았던 할머니 백남의가 손자를 다독거리면서 아들 박정희에게 "아이고 야가 와이라노? 그라다 다칠라"하고 나무랐다. 박정희는 아무렇지도 않은 듯 밥을 다 먹은 다음 책보를 챙겼다.

박재석도 달려나가 자신의 책보를 챙겨 사립문 밖으로 나왔다. 고학년이 된 박정희는 책이 많아 두꺼워진 책보를 오른쪽 어깨에 걸친 채 학교로 출발한다. 박재석은 '학교 가는 길'을 이렇게 회고했다.

"나이 어린 우리들은 앞서거니 뒷서거니 하며 장난질하며 걸어갔지요. 그 분은 언제나 말이 없었습니다. 무슨 생각을 하는 것은 분명했지만 우리야 어려서 그게 무엇인지 잘 몰랐지요. 학교에서 돌아오면 방에 박혀서 공부만 하고 학교를 오갈 때는 생각에 잠겨 묵묵히 걸어가던 모습이 눈에 선합니다. 지금 돌이켜 보면 어린 나이에도 참 생각이 많았던 것 같습니다."

李舜臣과의 만남

1970년 4월 26일에 박 대통령이 김종신 공보비서관에게 써준 《나의 소년 시절》에는 그가 군인·혁명가로서 살아가게 될 최초의 계기를 발견하게 된 이야기가 실려 있다.

〈소년 시절에는 군인을 무척 동경했음. 그 시절 대구에 있던 일본군 보병 제80연대가 가끔 구미 지방에 와서 야외 훈련하는 것을 구경하고는 군인이 되었으면 하는 생각을 했음. 보통학교 시절에는 일본인 교육으로 일본 역사에 나오는 위인들을 좋아하다가 5학년 때 춘원이 쓴 '이순신'을 읽고 이순신 장군을 숭배하게 되고 6학년 때 '나폴레옹 전기'를 읽고 나폴레옹을 숭배하였음〉

박정희는 소년 시절 병정놀이를 즐겨 했다. 뒷동산에 올라 나무칼을 휘두르는가 하면 아이들을 불러 모아 대장 노릇을 했다. 어머니 백남의는 "아무래도 저 아이는 군인이 되겠군"이라고 말하곤 했다고 한다. 어린 시절의 병정놀이는 인격 형성에 큰 영향을 끼친다. 사물을 힘과 승패의 관점에서 생각하게 만들기 때문이다. 박정희가 숭배하게 되는 이순신과 나폴레옹도 어린 시절에 병정놀이를 즐겼다. 박정희로 하여금 군인의 길에 흥미를 갖도록 한 계기는 한반도로 진출한 일본의 군사문화였고, 우리 언론에 의해 주도되었던 민족 정신 계몽 운동이었다. 박정희 소년은 구미보통학교에 들어가 글을 배운 뒤에는 사회 속에 노출되어 역사의 潮流(조류)를 타고 있었다.

春園(춘원) 李光洙(이광수)가 〈동아일보〉에 소설 《이순신》을 연재한 것은 1931년 5월 30일부터 이듬해 4월 2일까지였다. 박정희는 1931년엔 6학년이었으므로 수기에서 5학년이라고 한 것은 착각이다. 보통학교 시절에 《이순신》을 읽었다면 책이 아니라 신문을 통해서 연재소설을 읽었다는 얘기가 된다. 박정희의 셋째 형 상희가 구미읍에서 〈조선일보〉 선산지국을 운영하면서 〈조선일보〉, 〈동아일보〉를 같이 팔고 있을 때였다. 아마도 정희 소년은 형으로부터 신문을 얻어서 읽었을 것이다.

일제 시대 민족문화운동의 중심이었던 조선, 동아 두 신문은 1920년대 말부터 문자보급운동과 우리역사 보존운동을 벌이고 있었다.

〈조선일보〉는 1929년부터 '귀향 남녀 학생 문자보급운동'을 해마다 실시하고 있었다. 〈동아일보〉는 전국에서 거둔 성금으로 1932년 6월에 현충사를 충남 아산에 重建(중건)했다. 당시 〈동아일보〉 편집국장이던 이광수가 《이순신》을 연재한 것은 이런 운동의 一環(일환)으로서였다. 이광수는 연재를 시작하면서 쓴 '작가의 말'에서 이렇게 다짐했다.

〈나는 이순신을 철갑선의 발명자로 숭상하는 것도 아니요, 임란의 전공자로 숭앙하는 것도 아닙니다. 그것도 위대한 공적이 아닌 것은 아니겠지마는, 내가 진실로 일생에 이순신을 숭앙하는 것은 그의 자기희생적, 超毀譽的(초훼예적), 그리고 끝없는 충의(애국심)인 것입니다. 群小輩(군소배)들이 자기를 모함하거나 말거나, 일에 成算(성산)이 있거나 말거나, 자기의 의무라고 믿는 바를 위하여 鞠躬盡瘁(국궁진췌)하여 마침내 죽는 순간까지 쉬지 아니하고 변치 아니한 그 충의, 그 인격을 숭앙하는 것입니다〉

그는 1931년 7월호 〈삼천리〉 잡지에서는 이렇게 썼다.

〈나는 조선 사람 중에 두 사람을 숭배합니다. 하나는 옛 사람으로 이순신이요, 하나는 이제 사람으로 安島山(안도산)입니다. (중략) 글이나 그림으로 저 생긴 것 이상으로는 못쓸 법입니다. 내가 이순신을 그리거나 안창호를 그리거나, 결국 내 인격 정도 이상은 넘지 못할 것을 내가 압니다. 그러니 나는 더 이상 할 수는 없기 때문에 다만 내 힘을 다하여서 내 애인을 그릴 뿐입니다〉

이광수는 1932년 4월 2일에 이 연재소설 《이순신》을 이렇게 끝맺었다.

〈그때에 敵(적)을 보면 달아나거나 적에게 항복한 무리들이 다 정권을 잡아 삼백 년 호화로운 꿈을 꾸는 동안에 조선의 산에는 나무 한 포기조차 없어지고 강에는 물이 마르고 백성들은 어리석고 가난해졌다. 그가 돌아간 지 334년 4월 2일에 조선 오백년에 처음이요, 나중인 큰 사람, 이순신의 슬픈 일생을 그리는 붓을 놓는다(나는 충무공이란 말을 싫어한다. 그것은 왕과 그 밑의 썩은 무리들이 준 것이기 때문이다)〉

박정희 소년이 이 대목을 읽으면서 어떤 심정이었는지는 알 수 없다. 《이순신》은 소년기에 자주 접하게 되는 권선징악의 단순명쾌한 줄거리를 가진 위인전이 아니기 때문이다. 이광수의 《이순신》은 그가 말한 대로 '슬픈 이야기'이다. 어리석은 왕(宣祖 · 선조)과 당파싸움에 눈이 먼 선비들 속에서 고군분투하는 이순신의 처절한 최후. 가슴에 총탄을 맞은 이순신이 조카에게 하는 말—"나를 혼자 두고 어서 나아가 싸워라. 적을 하나도 놓아보내지 말아라." 전선의 사령관을 모함하여 고문하고 파직하는 지배층, 白衣從軍(백의종군)길에서 접한 어머니의 죽음, 장례에도 참석하지 못하고 떠나는 길. 이광수는 《亂中日記(난중일기)》를 인용하여 적었다.

〈십육일. 영구를 상여에 올려 본가로 돌아왔다. 고향을 바라보니 아프고 슬픔을 어찌 다 말하랴. 집에 이르러 빈소를 차리니 비가 퍼붓는다. 남쪽으로 갈 기약이 박두하니 우짖고 우짖으며 오직 어서 죽기만 기다릴 뿐이다. 십칠일. 금부서리 이수영이 공주로부터 와서 길을 재촉하였다. 십팔일. 종일 비오다. 마음이 심히 불편하다. 다만 빈소에 곡하고 물러나왔을 뿐이다〉

이광수가 이 소설에서 진정으로 그리고 싶어했던 것은 '왜적과 용감하게 싸우는 이순신'이 아니라 '문약하고 시기심이 많은 선비 정치인들에 의하여 당하고 마는 비극적 군인'이었다. 박정희는 나중에 이순신과 朝鮮朝(조선조) 지배층에 대해서 이광수와 비슷한 생각을 갖게 된다. 1960년대에 현충사를 성역화할 때 그는 자신의 조국 근대화 정책에 반대하는 지식인들과 직업 정치인들을 이순신을 모함했던 조선조의 선비들과 동일시했던 것이다. 박정희는 1962년에 쓴 《우리 민족의 나아갈 길》이란 저서에서 이렇게 말했다.

〈이 충무공 정신은 화랑도의 李朝的(이조적) 중흥이다. 신라 때부터 護國(호국), 민족정신으로 꿋꿋하게 전승되어 온 화랑도가 한때 文弱(문약)에 빠져 시들어 오다가 임진왜란을 맞이하여 그 정신이 다시 한 번 꽃핀 것이다. 花郎國仙(화랑국선)을 이조에서 찾는다면 이 충무공이다〉

박정희는 또 이순신의 救國精神(구국정신)과 신라의 무사도를 '우리 국민 정신의 귀감으로 삼아야 한다'고 했다. 그는 국가 근대화의 이념적 뿌리를 우리 민족사의 이런 尙武(상무) 정신과 實學(실학)의 實事求是(실사구시) 정신에서 구하려고 했던 사람이다. 이런 思考(사고)의 어렴

풋한 첫 실마리를 박정희는 《이순신》을 읽으면서 얻었을 것이다.

이순신을 우리 역사 속에서 재발견한 사람은 실학의 후원자 正祖(정조)였다. 정조는 정부 문서 간행소에 해당하는 敎書館(교서관)에 전담 부서를 두어 이순신의 유고들을 모아 14권 8책의 《李忠武公全書(이충무공전서)》를 간행시켰다. 충무공을 대중화시키는 데 있어서 결정적인 역할을 한 이광수의 《이순신》은 《李忠武公全書》에 근거하고 있다. 정조와 이광수를 이어받아 이순신을 '민족의 태양'으로 추어올린 것이 박정희였다. 김유신(화랑국선)-이순신-정조-박정희로 이어지는 우리 민족정신사의 한 脈(맥)은 상무-실용-자주정신을 대표한다고 볼 수 있다. 이는 사대적 명분론의 문민 정치 전통이 도도하게 흐르는 가운데 징검다리처럼 斷續的(단속적)으로 명맥을 유지해 가고 있는 것이다. 이광수의 《이순신》은 《난중일기》를 많이 참고로 하는 바람에 元均(원균)을 지나치게 卑下(비하)했다. 충무공을 비극적인 영웅으로 만드는 데 원균은 도구로 이용되었다.

황소 몰며 《나폴레옹》을 읽다

대통령 시절에 쓴 박정희의 수기 《나의 소년시절》에 나오는 다음 대목은 여러 각도로 吟味(음미)해 볼 만한 것이다. 이것은 김종신(당시 공보비서관)이 '급장시절에 참고가 될 만한 이야기'를 적어달라는 주문에 답한 글이다.

〈힘이 세고 말을 잘 들어먹지 않는 級友(급우)가 한 놈 있었음. 그러나 이 자가 수학을 전연 못 하고 늘 선생님에게 꾸지람 듣는 것을 보고 그

자를 내 말을 잘 듣도록 하는 방법을 생각하다가 휴식 시간에 산술문제를 가르쳐 주고 숙제 못 해 온 것을 휴식시간에 몇 번 가르쳐주었더니 그 다음부터는 내 말이라면 무조건 굴복하던 생각이 남〉

이 소년은 생각을 하고 있다. 계산을 하고 있다. 완력에서는 당할 수 없는 상대를, 그의 마음을 사로잡는 방법으로 통제하고 있다. 이 소년은 벌써부터 사물을 선과 악이란 기준으로 보지 않고 있다. 이기기 위해서 먼저 져 주는 방법을 알고 있다. 전략적 발상을 하고 있는 것이다. 정권을 잡은 뒤에 박정희는 깊은 사색 끝에 원대한 전략을 만들어 내곤 했다. 그는 '생각한다'는 것의 힘을 안 사람이었다. 구미보통학교의 박정희 학생은 말이 없고 생각은 많은 아이였다. 박정희 소년을 생각에 빠지게 만든 것은 이순신에 이어 나폴레옹이었다.

김종신 청와대 공보비서관은 1970년 9월 15일에 《박정희 대통령—농민의 아들이 대통령이 되기까지》라는 책을 냈다. 김종신은 이 책을 쓰기 위해서 대통령을 여러 번 만나 취재했고 원고를 대통령에게 보여 주어 校閱(교열)까지 받았다. 이 책은 박정희와 나폴레옹의 만남을 이렇게 묘사하고 있다.

〈정희 소년의 마음에 크게 감명을 주었던 나폴레옹 전기를 읽은 것도 이때였습니다. 황소를 몰면서 읽었던 것입니다. 코르시카의 조그마한 섬에서 태어나서 군대에 들어간 이름 없는 시골 청년 나폴레옹이 프랑스의 황제가 되기까지의 이야기는 너무도 흥미로웠습니다. 눈보라치는 알프스 산맥을 백마를 타고 넘을 때의 모습! 정희 소년은 이 세상에 이같이 멋있는 사람이 또 있을까 하고 감탄했습니다. 문득 책에서 눈을 떼니 옆에서 풀을 뜯던 황소는 어디로 갔는지 보이지 않고 어느덧 해는 서산에 잠기고 빨간 노을이 져 있었습니다.

　나폴레옹 전기를 읽고 난 며칠 동안은, 밤에 잘 때도 백만 대군을 호령하는 나폴레옹의 모습이 나타나곤 했습니다. 학교 갈 때에도, 학교에서 돌아올 때도 말을 몰고 적진을 뚫고 다니는 나폴레옹의 모습이 머릿속에 오락가락했습니다. 정희 소년은 달리 읽을 책도 없고 해서, 나폴레옹 전기를 두 번, 세 번 읽었습니다. 이 무렵부터 벌써 그 전의 정희 소년은 아니었습니다. 마음의 창문이 넓은 곳으로 열리고 있었습니다. 전에는 무심코 보이던 마을 사람들의 사는 모양이 새로운 눈으로 바라다보였습니다. 추수가 끝나고 겨울이 오면 마을 사람들이 이 집 저 집에 몰려서, 돈을 걸고 투전을 하고 있었습니다. 투전판에서는 가끔 싸움이 벌어졌습니다.

　'왜, 저런 노름들을 할까. 봄이면 양식이 떨어지고 무서운 가난이 찾아올 텐데, 그것을 막고 이길 생각은 하지 않고 저렇게 놀고만 있을까.'〉

　박정희의 생애에 가장 큰 영향을 끼친 책은 이 나폴레옹 전기였다. 이 전기를 통해서 소년은 권력, 군대, 정복, 지배, 남자다움을 동경하게 된다. 힘에 대한 동경뿐이 아니었다. 식민지에서 태어나 군대의 힘을 등에 업고 본국의 황제가 된 뒤 全(전) 유럽을 석권한 나폴레옹은 "나의 사전에는 불가능이란 단어가 없다"고 하지 않았던가. '비록 조선에서 가난한 농민의 아들로 태어났지만 군인만 된다면….'

　박정희 소년에게 소설 《이순신》은 비장한 애국심을 심어주었지만 꿈 많은 시절의 상상력을 자극하기에는 너무 슬픈 이야기였다. 이순신에 대한 박정희 소년의 관심은 그의 머리에 잠복해 있다가 집권한 뒤에 비슷한 처지에서 同病相憐(동병상련)의 공감을 느끼게 되고 충무공과 時

空(시공)을 넘나드는 역사와의 대화를 하도록 했다. 나폴레옹은 이순신보다 더욱 강하게 소년의 가슴과 감성을 직격했다. 나폴레옹은 그를 흥분시키고 그를 군인과 권력의 길로 내몰았다. 이순신은 그의 뇌리에 남았고 나폴레옹은 그의 심장에 들어갔다. 이순신은 비장함으로, 나폴레옹은 야망으로 박정희 소년을 사로잡았다.

대구사범을 졸업한 박정희가 1930년대 말에 문경보통학교에서 교사로 일하고 있을 때 학생 鄭順玉(정순옥)은 동무들 몇 명과 함께 새로 오신 선생님의 하숙집을 찾아갔다. 《이낙선 비망록》에 실린 정순옥의 수기-.

〈어린 호기심에 선생님의 방을 살펴보았더니 책상 위에 커다란 사진 액자가 걸려 있었는데 배가 불룩 나오고 앞가슴 양편에 단추가 죽 달려 있는 외국사람이었다. "저 사람이 누구냐"고 물었더니 선생님은 "영웅 나폴레옹이다"고 말씀하시며 나폴레옹에 대해서 자세히 이야기해 주셨다〉

대구사범 동기생들은 "박정희가 들고 있던 책은 한두 번인가 히틀러의 《나의 투쟁》인가 《플루타르크 영웅전》인가를 빼고는 번번이 《나폴레옹 전기》였다"고 말하고 있다. 박정희는 여러 사람들이 쓴 나폴레옹 전기를 죄다 읽으려고 했다. 《삼국지》에 빠진 소년들이 처음에는 되풀이하여 읽다가 나중에는 저자를 바꾸어가면서 읽는 것과 같은 열광상태가 박정희에게는 상당 기간 계속되었다. 박정희는 김종신이 교사직을 그만두고 만주군관학교로 간 이유에 대해서 묻자 간단하게 답했다.

"긴 칼 차고 싶어서 갔지."

박정희에게 그러한 권력의지를 항구적으로 심어준 나폴레옹 전기가 그토록 이 소년을 사로잡은 것은 나폴레옹의 소년 시절과 자신의 처지가 비슷한 데서 온 공감대였다. 나폴레옹이 1769년 8월 15일에 지중해의 섬 코르시카에서 태어났을 때 그의 어머니는 박정희의 어머니처럼 임신 중에 건강을 상하여 아기 나폴레옹은 작고 아팠다. 당시 코르시카에서는 프랑스의 지배에 반항하는 독립전쟁이 벌어지고 있었다.

이 섬의 有志로서 독립전쟁에 참여하고 있던 부모는 산속을 헤매고 다니느라고 産母의 건강이 상했던 것이다. 박정희의 어머니처럼 나폴레옹의 어머니도 귀족 출신으로서 아들의 인격형성에 큰 영향을 주었다. 나폴레옹은 세인트 헬레나 섬에서 죽기 전에 어머니에 대해서 이렇게 회고했다(나폴레옹의 어머니는 아들보다 16년 뒤인 86세에 죽었다).

"어머니는 나를 잘 길러주셨다. 나는 어머니에게 큰 은혜를 입었다. 어머니는 나에게 자부심을 심어주셨고 좋은 성품을 가르쳐주셨다."

1815년 나폴레옹이 황제 자리에서 쫓겨나서 엘바 섬에서 귀양살이를 하고 있을 때 아들을 찾아와서 용기를 준 것도 어머니였다. 그녀는 아들에게 말했다.

"애야, 여기를 나가 너의 숙명을 따르도록 해라. 너는 이 섬에서 죽도록 운명지어지지는 않았어."

나폴레옹은 후일 세인트 헬레나에서 어머니의 이 격려가 엘바 섬을 탈출하도록 만든 결정적인 자극이었다고 고백했다.

"나를 자극한 것은 내가 비겁하다는 어머니의 비판이었다. 나는 그런 비난은 견딜 수 없었다."

박정희가 보통학교에 입학했던 나이에 나폴레옹은 프랑스의 브리엔느 幼年(유년)사관학교에 입학했다. 이 학교에서 프랑스 귀족의 아들들과 섞여 5년 간 공부하면서도 나폴레옹 소년은 자신이 코르시카 출신이란 것을 감추려 하지도, 부끄러워하지도 않았다. 그는 악명 높던 코르시카의 복수 문화를 자랑스럽게 생각했고 프랑스의 코르시카 지배는 부당하다는 것을 끊임없이 주장했다. 이는, 박정희가 滿軍(만군)과 日軍(일군)의 군복을 입고도 조선인임을 잊지 않았고 정권을 잡고도 농민 출신임을 잊지 않았던 것과 비슷하다. 위대한 인물들의 이런 土種性(토종성)은 모성애가 모국애로 전환된 때문이 아닐까 생각되기도 한다.

독서습관

박정희와 그의 우상 나폴레옹의 생애를 비교하면 놀라운 유사성을 발견할 수 있다. 박정희가 나폴레옹을 숭배하다가 그의 생애마저 복사하고 만 것이 아닌가 하는 생각이 들 정도이다. 식민지에서 출생했다는 것을 필두로 하여 두 사람의 공통점을 뽑아 보면 10여 가지나 된다. 훌륭한 어머니의 큰 영향력, 어린 시절의 병정놀이, 작은 키(박정희는 1m64cm, 나폴레옹은 1m67cm 정도), 사관학교 교육(나폴레옹은 두 곳의 사관학교를 다녔고, 박정희는 세 곳의 사관학교를 이수), 포병 출신, 쿠데타로 집권.

쿠데타란 말을 만들어 낸 사람이 나폴레옹이다. 1799년 11월 9일 30세 장군이던 그는 군병력을 동원하여 의회(500인회)를 해산하고 제1통령에 취임했다. 그가 1815년에 엘바 섬을 탈출하여 프랑스 왕정을 뒤엎은 것까지 치면 두 번 쿠데타를 한 셈이다. 그의 조카인 나폴레옹3세도 쿠데타를 통해서 대통령에서 황제로 승격했다. 박정희도 유신 선포까지 포함하면 두 번 쿠데타를 했다. 집권 기간도 나폴레옹은 16년, 박정희는 18년. 두 사람은 각기 근대 국가의 초석을 놓았다. 이혼 경력, 비극적 죽음 뒤의 재평가도 공통점이다.

나폴레옹은 프랑스 혁명 뒤에 과격파이던 로베스피에르의 동생과 친했다. 로베스피에르가 실각하여 처형당하자 나폴레옹도 과격파로 몰려 구속되어 조사를 받았다. 그가 친지의 운동에 의해 풀려난 것은 박정희 소령이 여순 14연대 반란사건 이후에 남로당과 연루되어 구속된 다음 무기징역 선고를 받았다가 선배들의 구명 운동에 의해 살아난 경우와 비슷하다.

두 사람의 본질적인 유사성은 그들이 상징하는 시대정신이다. 나폴레옹은 프랑스 대혁명으로 高揚(고양)된 국민의 에너지를 결집시켜 국민군을 조직하고 이를 배경으로 하여 전 유럽에 혁명정신을 전파하는 전쟁을 벌였다. 박정희는 4·19혁명으로 부풀려진 국민들의 기대와 열정을 張勉(장면) 정부가 제대로 관리하지 못하는 것을 기회로 삼아 정권을 탈취, 국가 근대화를 향해서 이 국민적인 에너지를 동원한 사람이다.

이순신과 나폴레옹 전기가 박정희의 생애에 끼친 큰 영향은 소년기에 읽는 위인전의 영향이 평생을 간다는 사실을 입증해 주고 있다. 백지 상태의 어린 마음에 최초로 발자국을 만드는 위인들의 삶은 신선한 충격, 흥분, 상상력을 제공하고 인생 설계의 길잡이가 되기 때문이다. 박정희가 영웅들의 전기에 심취했다는 것은 역사에 관심을 갖게 되었다는 의미이다. 사회과학의 종합인 역사에 대한 관심은 자연히 이 세상을 어떻게 할 것인가 하는 문제, 즉 經世(경세)에 대한 관심으로 발전하게 되어 있다.

초등학교에서 틀을 잡은 이런 관심과 독서 경향이 그의 인격에 크나큰 영향을 끼치고 그가 죽을 때까지 계속되었다는 것을 입증해 주는 것이 청와대 집무실 도서목록이다. '書齋(서재)'라고도 불렸던 이 방에는 약 550권의 책이 꽂혀 있었다. 그의 사후에 청와대 직원들이 서재를 정리하면서 작성한 도서목록을 살펴보니 역사, 戰史(전사), 傳記(전기)와 관련된 책이 거의 전부이다. 특히 傳記가 많았다. 일본에서 나온 金日成(김일성) 전기를 비롯하여 《以堂(이당) 金殷鎬(김은호)》, 《鶴峰(학봉)전집》, 《난중일기》, 《栗谷集(율곡집)》, 《崔水雲(최수운) 연구》, 《安重根(안중근) 의사 자서전》, 《申采浩(신채호) 전집》, 《홍의장군 郭再祐(곽재우)》, 《천추의 얼 尹奉吉(윤봉길)》, 《退溪學(퇴계학) 연구》, 《롬멜 戰史錄(전사록)》, 《포드 대통령》, 《지미 카터 자서전》, 《朴殷植(박은식) 전서》 등등.

박정희는 대통령이 된 뒤에도 알렉산더 대왕 전기 등 위인전을 많이 읽었다. 권력의 정상에 오른 사람만이 알 수 있는 고독과 보람을 그는 전기를 매개로 한 역사적 대인물들과의 대화를 통해서 나누어 가지고 있었던 것이다. 박정희는 나폴레옹 전기, 플루타르크 영웅전, 삼국지를 여러 번 되풀이해서 읽었다. 권력과 인간의 장대한 드라마를 몇 번이고 곱씹어 읽어감으로써 어떤 원리를 뽑아 내려는 독서법이기도 했다.

박정희의 인격과 교양을 만든 지식의 원천은 어린 시절부터 죽을 때까지 이어진 독서습관이었다. 그의 死後(사후) 수습된 청와대 본관 1층 집무실의 도서목록에는 시집과 소설이나 성경이 보이지 않았다. 詩心(시심)이 없고 信心(신심)이 없는 사람이라고 생각하는 것은 속단이다. 2층 침실 앞에도 서재를 겸한 거실이 있었다. 시집, 수필류 같은 부드러운 책들은 주로 여기에 꽂혀 있었다. 겉으로는 차디차게 보이던 박정희였지만 가슴속으로는 시심을 간직한 사람이었다. 그는 '나의 조국' '새마을 노래', '금오산아 잘 있거라' 의 가사를 썼고 작곡도 했다. 국민들을 噴起(분기)시키고 신바람나게 만드는 데 있어서 노래와 시의 힘을 아는 사람이었다. 그의 일기에 실린 시만 모아도 작은 시집이 하나 만들어질 것이다. 먼저 떠나보낸 아내를 그리워하는 시들을 읽어 보면 박정희는 퍽 感傷的(감상적)인 인간이란 느낌까지 받을 정도이다. 아내를 잃은 지 20일 뒤에 쓴 시의 한 구절.

〈당신의 그림자
당신의 손때
당신의 체취
당신이 앉았던 의자
당신이 만지던 물건
당신이 입던 의복
당신이 신던 신발
당신이 걸어오는 발자국 소리.

'이거 보세요' '어디 계세요'
평생을 두고 나에게
'여보' 한 번 부르지 못했던
결혼하던 그날부터 이십사 년 간
하루같이
정숙하고도 상냥한 아내로서
간직하여 온 현모양처의 덕을

어찌 잊으리, 어찌 잊을 수가 있으리〉

〈1974년 9월 30일. 당신이 이 곳에 와서 고이 잠든 지 41일째. 어찌 왔
느냐 하는 말 한마디 없소. 아니야, 인사를 했겠지. 다만 우리가 당신 목
소리를 듣지 못했을 뿐이야. 나는 당신의 목소리를 들을 수 있어. 내 귀
에 생생히 들리는 것 같아. 당신도 잘 있었소. 홀로 얼마나 외로웠겠소.
우리는 언제나 당신의 옆에 있다고 믿고 있어요. 언제까지나 언제까지
나. 고이 잠드오. 또 찾아오고 또 찾아올 테니. 그럼 안녕!〉

그는 시인들과 친했다. 6·25동란 때 정훈장교였던 시인 李容相(이용
상)은 1951년에 《아름다운 생명》이란 제목의 시집을 내려고 했지만 돈이
없었다. 李(이) 시인의 사정을 전해 들은 박정희 대령(당시 육군 정보학
교장)이 '우리 집에 좀 와 달라'는 연락을 해 왔다. 이용상은 정훈부장으
로서 박정희 참모장과 함께 9사단에 근무한 적이 있고 계급 차를 넘어서
친하게 지내고 있었다. 그는 박 대령 부부가 세들어 살던 대구 봉산동
집에 갔다. 육영수가 대문을 열어 주더니 대경실색.

"아이고, 조금 전에 王學洙(왕학수·박정희와 대구사범 동기) 교수가
방바닥에 오줌을 싸고 가셨는데 이 대위님이 또 오셨네요."

이 대위는 아랑곳하지 않고 방으로 들어갔다. 육영수가 풋고추에 소
줏상을 들고 들어왔다. 박 대령은 장롱 속에서 꺼낸 신문지 뭉치 하나를
이용상에게 아무렇지 않게 던져 주는 것이었다. 이 대위가 "이게 뭐지
요?"하고 물었다.

"시집 출판에 보태 쓰시오."

"이 뭉치가 다 돈입니까? 이 돈 어디서 났습니까?"

"세상이 다 도적놈들인데 난들 도적질 말라는 법 있소?"

옆에서 육영수가 거들었다.

"저 분 마음 변하시기 전에 어서 갖다가 좋은 시집 내세요."

박 대령은 대구사범 동기인 인쇄소 사장에게 소개장까지 써 주었다.

《용금옥 시대》의 저자이기도 한 이용상에 따르면 '피비린내 나는 살육의 마당에서 아름다운 생명을 찾느라 애쓴' (趙芝薰·조지훈의 발문) 이 시집은 '전란 중 대한민국에서 출판된 유일한 시집'이란 것이다. 앞으로 이 전기에서 발견하게 될 박정희의 균형감각과 교양, 그리고 여기에 바탕을 둔 결단력과 통찰력은 구미보통학교에서부터 내면화된 독서와 사색의 오랜 축적에서 자연스럽게 우러나온 것이었다.

'日帝교과서'로 배우다

박정희가 구미보통학교에서 배웠던 《보통학교 국사》, 《보통학교 修身書(수신서)》, 《唱歌(창가)》 교과서들(조선총독부 발간)을 三省出版博物館(삼성출판박물관)에서 구해 읽어보았다. '국사', 즉 일본역사 교과서는 戰國(전국)시대에서 명치유신까지의 시대를 이끈 인물들을 중심으로 역사를 기술하고 있다. 플루타르크 영웅전을 읽는 기분을 느끼게 한다. 전국시대의 세 영웅인 오다 노부나가, 도요토미 히데요시, 도쿠가와 이에야스와 많은 무사들, 그리고 학자들이 등장하고 도요토미 히데요시가 일으킨 임진왜란 이야기도 실려 있다.

그 내용은, 도요토미 히데요시가 明(명)을 치기 위해서 길을 빌려 달라고 조선에 요청했더니 조선이 명을 두려워하여 이를 거절함으로써 화를 자초했다는 식이다. 13만의 원정군이 출항하는 장엄한 모습을 나고야

城(성)에서 바라보는 도요토미 히데요시의 그림이 실려있다. 원정군은 석 달 만에 조선을 거의 점령한다. '조선은 당파싸움으로 防備(방비)가 허술하여 日軍(일군)은 싸우면 이기고 공격하면 함락시키면서 善政(선정)을 통해서 백성들의 민심도 얻었다'는 것이다.

明軍(명군)이 개입하여 일단 후퇴하던 일본군이 碧蹄館(벽제관)에서 6, 7배나 되는 명군을 격파한 이야기도 자랑스럽게 쓰여 있다. 水軍(수군)만이 이순신에게 격파되어 육군을 지원하지 못하게 되었다고 기술했으나 조선으로부터의 철군도 안전하게 이루어졌다고 했다. 이 전쟁은 주로 明軍과 日軍 사이의 전쟁이고 조선군은 오직 달아나는 존재였다는 식이다.

이어서 전국시대의 막을 내리게 하는 도쿠가와 이에야스 對(대) 이시다 미쓰나리의 세키가하라 결전의 장면이 장엄하게 묘사되고 있다. 소년 박정희는 이순신과 나폴레옹을 알기 전에 먼저 일본역사의 영웅들 이야기를 읽고 큰 감명을 받았다고 한다. 예컨대 이 '국사' 교과서에 나오는 도쿠가와 幕府(막부)시대의 무사 오이시 요시오 이야기를 읽고서 가슴이 뛰었을 것이다. 오이시 요시오는 억울하게 배를 갈라 자살한 주군의 원수를 갚기 위해서 46명의 동지들을 규합한다. 이들은 눈덮인 심야에 주군을 죽게 했던 봉건영주 요시나카의 집으로 돌입하여 그의 목을 베고 주군의 무덤 앞에 목을 바친 뒤에 자수하여 모두 할복 자살한다.

이 일본 역사의 영웅들 사이에 '李退溪(이퇴계)와 李栗谷(이율곡)', '英祖(영조)와 正祖(정조)', '한국병합' 이야기가 끼여 있다. 이 교과서는 이율곡을 설명하면서 그가 선조 때 金孝元(김효원)과 沈義謙(심의겸) 사이의 당파싸움을 막아 보려고 했으나 실패함으로써 '정권을 잡기 위하여 상대에게 죄를 씌우고 정치를 어지럽히는 폐해가 생겨 지금도 조선인들 사이에는 노·소·남·북의 차별이 존재한다'고 지적했다. 이 교과서는 또 영·정조 시대에 두 賢君(현군)이 당파싸움을 누르려고 노력했으나 후대에 가서는 수포로 돌아갔다고 기술하고 있다.

'조선의 國情(국정)'이란 항목은 '우리나라에서는 征韓論(정한론)까지 대두할 정도인데도 조선은 여전히 鎖國攘夷(쇄국양이)의 방침을 계속하고 있었다'로 시작된다.

〈조선인 가운데는 청국에 의존하려는 사람들과 우리나라에 의존하려는 사람들이 있어 서로 싸우고 있었습니다. 명치 17년, 청국에 의존하려고 하는 세력이 淸國兵(청국병)의 힘을 빌려서 우리나라에 의존하려는 세력을 치고…〉

교과서는 이 章(장)에서 '조선은 자력으로서는 독립을 유지하지 못하고 항상 타국의 압박을 받아 동양의 평화를 파괴하는 불씨가 될 우려가 있었기 때문에 일본이 조선을 보호국으로 삼았다가 이토 히로부미가 凶徒(흉도)에게 암살되었으나 한민족 가운데서도 한·일 합병을 원하는 사람들이 많아져 드디어 합병을 보게 되었고 그 뒤 조선은 크게 발전하고 있다'고 끝맺고 있다.

이 '국사' 교과서를 읽은 소년 박정희의 뇌리에는 아마도 무사의 나라 일본사람들의 의리, 상무정신, 애국심과 양반의 나라 조선지배층의 사대성, 당파성, 문약성이 선명한 대조를 이루면서 깊은 인상을 남겼을 것이다. 그 뒤에 읽은 춘원 이광수의 《이순신》은 그 내용으로 보아 왜적에 대한 적개심보다는 애국적 군인을 모함하는 조선의 양반 정치인들에 대한 경멸감을 더 강화했을 것이다.

박정희의 역사관을 잘 보여주는 책은 최고회의 의장 시절에 쓴 《국가와 혁명과 나》이다. 이 책에서 박정희는 당파싸움을 '세계에서도 드물 만큼 소아병적이고 추잡한 것이었다'고 비판하면서 그 원인은 불교에서 유교로 문물제도가 바뀌어 민족자주의 기개를 좀먹게 된 데서 연유한다고 했다. 그는 이를 민족사의 惡遺傳(악유전)이라 불렀다. '言(언)으로는 首(수)를 가고 行(행)으로는 末(말)을 차지하면서 거기다가 시비와 패거리라면 창자를 움켜쥐고 달려들었던' 조선조 양반정치의 전통을 이어받은 것이 地主(지주)정당인 한민당과 그 雙生兒(쌍생아) 자유당과 민주당, 즉 이른바 舊(구) 정치인들이라는 것이다.

'근대화 혁명가' 박정희의 혁명적 논리, 그 핵심은 李承晩(이승만) 정권과 張勉(장면) 정권을 다 같이 '李朝의 당파정치 전통을 이어받은 봉건적 수구 세력'으로 규정한 점이다. 그는 장면 정부의 민주성까지도 실현 불가능한 서구민주주의를 맹목적으로 추종하는 사대주의라고 평가절하했다. 심지어 '장면 정권은 민주당이란 가면을 쓴 내면상의 자유당 정권'이라 규정하기도 했다. 조선조 양반정치-한민당-자유당-민주당 계열을 당파적 이해관계에 집착하는 봉건정치 세력이라 해석하고 이를 애국적 엘리트로 교체한 것이 바로 5·16이라는 박정희식 혁명 논리, 그 역사관의 씨앗을 우리는 구미보통학교의 교실에서 발견할 수 있다. 그 씨앗이란 소년의 마음속에 뿌려진, 조선조의 양반정치 행태에 대한 경멸과 증오심일 것이다. 가난한 소작농의 아들인 소년에게는 조선조적인 봉건 질서가 이론이 아니라 현실이고 체험이었다.

'修身(수신)'은 요사이의 도덕 과목에 해당한다. 교과서의 제목을 보면 동양적인 미덕과 황국신민으로서의 공덕심을 기리는 목적을 가지고 있음을 알 수 있다. '선생님을 존경하라', '친구들', '황태후 전하', '효행', '형제', '건강', '규율', '예의', '근로', '인내', '저축', '신을 존경하라', '미신에 빠지지 마라', '公正(공정)', '사람의 명예를 중히 여겨라', '진심으로 임하라', '공덕', '공익', '은혜에 보답하라', '忠君愛國(충군애국)'.

'제17ㆍ공덕'을 읽어보면 우리나라 사람들에게 이미 익숙해진 일화가 나온다. 런던의 한 공원에서 한 아이가 울고 있었다. 지나가던 신사가 이유를 물었더니 소년이 하는 말, "바람에 날린 모자가 잔디밭에 들어갔습니다. 잔디를 밟으면 안 되기 때문에 이러고 있습니다."

신사는 지팡이로 모자를 꺼내준다. 그리고는 이런 설명이 따른다.

'이런 소년이 길에서 종이공을 가지고 논다든지 나무를 당겨서 휘게 한다든지 학교의 물건을 상하게 할 리가 있겠습니까?'

"아노네, 보이소"

언론인 출신 청와대 공보비서관 김종신이 쓴 《박정희 대통령—농민의 아들이 대통령이 되기까지》란 책에는 이런 대목이 있다.

〈상모리는 겨울에는 유난히 추웠습니다. 들판이 트인 쪽으로 낙동강 상류가 흐르고 있는데, 그 강바람이 대단했습니다. 모래바람이 불 때는 눈을 뜨기조차 어려웠고, 눈보라는 살점을 에는 듯했습니다. 어머니는 두껍게 솜을 드린 바지저고리에다 목에는 목도리를 감아 얼굴까지 덮게 하고, 귀에는 귀걸이까지 하고 눈만 빠꼼히 나오게 여며 주셨습니다〉

기자는 소년 박정희의 활동공간이었던 통학 길과 상모동 주변을 느껴

보려고 겨울에 맞춰 답사를 했다. 대문을 제외하고는 산자락으로 빙 둘러싸인 박정희 생가는 울타리가 없는 대신 대나무와 탱자나무숲에 포위되어 있었다. 지금도 남아 있는 대나무와 탱자나무들은 박정희의 키를 닮았는지 그다지 크지 않다. 생가 부근에는 큰 나무가 없다. 박정희가 어머니 손길에 눈을 비비고 일어나 새벽밥을 먹고 나서던 삽작문 부근에서 동리를 내려다보면 멀리 낙동강이 아련하게 보인다. 지금은 앞을 가로막는 아파트가 들어서서 잘 볼 수 없지만 1920년대 그 무렵엔 낙동강에서 피어오르던 자욱한 물안개가 흐릿하게 보였다고 한다.

아랫마을에서 이 집으로 도달하는 길은 구불거리는 小路(소로)와 논두렁 밭두렁뿐이었다. 그 나머지 공간은 밭이기도 했고 논이기도 했으며, 혹은 잡풀들이 솟아난 벌판이기도 했다. 겨울이 되면 낙동강에서 불어오는 찬바람은 마치 이 집을 향해 몰려드는 것처럼 매서웠다. 박정희의 집은 낙동강에서 불어오는 바람 방향인 동쪽으로 대문이 나 있었다.

생가로부터 500여m 아래로 철로가 지나가고 있다. 1905년 5월 28일 개통된 경부선이다. 경부선은 1911년 11월 1일 압록강 철교가 준공되자 南滿(남만)철도와 연결되어 중국까지 갈 수 있었다. 경부선은 원래는 구미를 지나지 않았다. 칠곡군 若木(약목)에서 金陵郡(금릉군)의 扶桑(부상)을 거쳐 金泉(김천)으로 빠졌다. 박정희가 태어나기 한 해 전인 1916년에 금오산 우회철도공사가 완공되면서 약목—구미—김천으로 노선이 변경되어 박정희의 집 앞을 지나게 되었다. 이로써 구미역은 선산군 일대의 경제·문화적 關門(관문)이 되었다.

생가에서 박정희의 어머니가 학교에 가는 막내를 뒤따라 나와 배웅하던 '청녕둑'이란 곳까지는 잰 걸음으로 10분 거리. 이 곳은 현재 야트막

한 언덕으로 변해 있지만 당시엔 나무가 많았다. 청녕둑을 지나면 沙谷洞(사곡동)으로 이어진다. 박정희가 《나의 소년 시절》에서 '사곡동 뒤 솔밭길은 나무가 우거지고 가끔 늑대가 나와 혼자서는 다니지 못했던 길'이라고 썼던 이 곳은 현재 아스팔트와 시멘트 포장 도로가 가로지르고 도처에 주택과 건물들이 들어서 있다.

박정희가 새벽같이 학교로 걸어가야 했던 길은 철로변을 따라 구불구불 이어진 논두렁과 소로였다. 소년 박정희는 상모동에서 출발해 사곡동, 廣坪洞(광평동), 松亭洞(송정동)을 가로질러 元坪洞(원평동)의 구미역 부근까지 철로변을 따라 걸어야 했다. 편도 8km라면 어른들의 步速(보속)으로 두 시간 거리다. 어린 소년이 매일 오전 8시에 시작하는 수업에 맞춰 집을 나서야 했으니 새벽 5시가 조금 넘을 때 출발해야 했을 것이다.

집으로 돌아오는 길을 기자가 걸어 보았다. 아침에 어머니가 배웅하던 청녕둑에 다다를 때까지는 산 구릉에 파묻힌 그의 집은 보이지 않는다. 그 대신 밤하늘 아래로 검은 산 그림자가 웅크리고 있다. 박정희가 집으로 돌아오는 시간에 맞추어 청녕둑 근처에서 해질 무렵의 서쪽 하늘을 보면 금성과 수성이 빛을 발하고 있다. 해뜰 때나 해질 무렵이면 우리나라 어디에서나 볼 수 있는 별이지만 청녕둑 근처에서 보는 이 별은 유난히 밝다. 별이 뜨는 방향으로 검은 산 그림자가 드리워져 상대적으로 별이 크게 보이기 때문이다.

학교에서 집으로 돌아오는 길에 기찻길을 따라 약 1km쯤 걸어가면 철길 아래로 흐르는 하천과 만난다. 금오산에서 시작되어 구미공단을 통과해 낙동강으로 이어지는 이 하천은 현재 복개되어 콘크리트 틈 사이로 겨우 바닥을 볼 수 있다. 구미보통학교 아이들은 이 철교 아래 모래사장에서 자주 놀았다고 한다. 김재학(박정희 생가 보존회 회장)은 박정희와 권해도의 씨름사건을 들려주었다.

"그분은 키가 작아 권 군의 가슴에 찰 정도였지요. 그 날도 아이들은 물장구도 치고 모래사장에서 씨름도 하곤 했는데 박정희와 권해도가 한 판 붙게 됐답니다. 권해도가 이겼지요. 그런데 박정희는 자신이 이길 때까지 계속하겠다고 우겨 아이들도 끝까지 심판을 봐야 했다는 겁니다. 씨름은 해가 지고 나서도 계속되는 바람에 권해도가 기권해버렸답니다."

머릿속엔 이순신을, 가슴속엔 나폴레옹을 품고 다니던 말없는 학생 박정희는 승부에 대한 집요함을 벌써부터 키워가고 있었던 듯하다. 소년은 노는 날이면 앞산에 올라 혼자서 목검놀이를 하든가 아니면 동네 아이들을 모아놓고 전쟁놀이에 열중했다고 한다. 유아기의 정희에게 젖을 물려 주었던 큰누나 박귀희는 아들 은희만에게 이런 이야기를 자주 들려 주었다고 한다.

"정희는 산에서 동네 아이들을 불러다 놓고 대장처럼 명령하곤 했단다. 나무칼을 지휘봉처럼 휘두르면서 '저거 때려 부셔!'라고 소리치곤 했지."

박정희가 군인을 동경하게 된 한 계기는 密酒(밀주) 단속을 하던 일본 순사에 대한 반감에서 비롯된 것이라고 해석하는 이도 있다. 김재학은 이런 이야기를 들려 주었다.

"일본 순사들이 밀주 단속하러 온다고 하면 정희네 식구는 집 안에 감춰두었던 술독을 대나무숲 속에 파묻는다고 야단이었지요. 그 시대에 구미면에 일본 순사가 세 명인가 있었는데 모두 무서워했습니다. 그런데 일본 순사가 상모리에 나타났을 때 마침 일본 군인과 시비가 붙은 걸 박정희가 보았답니다. 제 아무리 일본 순사라 해도 군인들에게는 굽신거릴 수밖에 없었는데 그 장면을 목격한 것이지요. 박정희는 이 장면을 유심히 보더니 '나도 크면 군인이 되어야겠다'고 말했답니다."

박정희는 권력을 지향하면서도 남용되는 권력에 대한 반감을 강하게 품고 있었던 사람이다. 대통령이 된 뒤에도 그런 반골 의식을 버리지 못했다. 이런 생각이 싹튼 것이 일본 순사와 관계가 있다는 주장은 그럴듯해 보인다. 박정희가 다니던 구미보통학교 바로 옆에 선산경찰서 주재소(요사이의 파출소)가 있었고, 박정희의 큰형은 금융조합에 돈을 갚지 않는다고 순사들이 잡으러 다니는 것을 피해서 만주로 달아났다. 뒤에 나오지만 셋째 형 상희는 민족운동가로 분류되어 경찰서에 자주 불려가고 예비검속을 당하고 있었다. 소년은 순사의 권력을 가깝게 느끼면서 자랐다.

구미주재소에는 기타하라(北原)라는 순사부장이 있었다. 조선 사람들이 문패를 삐딱하게 달거나 청소를 제대로 하지 않아도 불러서 혼을 내곤 했다. 한 유지가 '잘 봐달라'는 뜻에서 장닭을 선물했다. 일본인 처가 일본식으로 닭을 잡는데 먼저 닭의 털을 뽑기 시작했다. 비명을 지르던 닭이 털이 뽑혀 하얀 살이 드러난 채로 후다닥 달아났다. 기타하라의 처는 이곳저곳 골목을 누비면서 조선 사람들을 보고는 이렇게 하소연했다고 전한다.

"아노네, 보이소. 계라니노 아버지노, 저고리노 벗어하고 도망갔소, 못 봤소?"

초등학교 성적표

구미초등학교가 보관 중인 박정희의 졸업원부에는 '학업성적'과 '신
체상황'이 자세히 기록되어 있다. 1927년 4월 1일부터 1932년 3월 25일
까지 매 학년마다 기록된 성적은 과목당 10점 만점이 기준이다. 박정희
의 성적표엔 8점 미만은 전무하다. 박정희의 동창생 박승용은 보통학교
시절 성적은 항상 박정희, 金章鎬(김장호·사망), 金洪起(김홍기·사망),
박승용 순이었다고 말했다.

박정희 성적표에 기재된 과목은 修身(수신), 國語(국어·일본어), 朝
鮮語(조선어), 算術(산술), 國史(국사·일본역사), 地理(지리), 理科(이
과·생물과 물리), 職業(직업), 圖畵(도화), 唱歌(창가), 體操(체조), 家事
實習(가사실습) 등 12과목에 操行(조행) 평가가 곁들여 있다. 이 중 국
사, 지리, 이과, 직업, 가사실습은 상급학년(4학년 이상)에서만 배웠다.
이들 과목은 일본이 만주사변을 일으키던 1931년부터 내용이 변해 군국
주의적 경향을 강하게 드러내고 조선어 사용규제와 일본어 공용 방침을
엄격하게 적용하기 시작한다. 박정희가 졸업할 무렵부터였다.

박정희가 6년 동안 가장 성적이 나쁜 과목은 체조였다. 3학년 때 8점,
나머지는 9점이었다. 체조 다음으로 저조한 과목은 창가였는데 5학년
때까지 9점만 받다가 6학년에 와서 10점 만점을 받았다. 6학년 때 그의
성적은 13개 과목 중 체조와 가사실습만 9점이었고 나머지는 모두 만점
인 10점이었다. 박정희가 특히 잘한 과목은 국어(일본어)와 조선어 및
역사와 지리였다. 5, 6학년 때는 모두 10점 만점을 기록한 과목들이다.
이때가 이순신과 나폴레옹에 심취한 시기로서 이 소년의 역사에 대한

호기심이 하나의 성격으로서 굳어지고 있었음을 알 수 있게 한다.

6년간 그의 조행 평가는 항상 甲(갑)으로 기록되어 있다. 비고란엔 1, 2, 5, 6학년에 우등상을 받았다고 쓰여 있다. 학년별로 살펴볼 때 가장 성적이 나빴던 해는 3학년 때였다. 3학년(1928년) 때는 10점 만점을 받은 과목이 한 과목도 없고, 9점 과목이 넷, 8점이 셋이었다. 4학년이 되면서 성적은 다시 좋아지기 시작한다.

매년 251일의 출석 일수 중 皆勤(개근)한 해는 한 번도 없었다. 몸이 아파 결석한 날은 1학년 때 18일, 2학년 20일, 3학년 16일, 5학년 1일, 6학년 때 3일이다. 4학년 때는 사고로 9일간 결석했다고 적혀있다. 저학년이던 시절 病缺(병결)로 기록된 날 가운데 어느 하루는 늑대를 보고 집으로 되돌아간 날이 포함되어 있을 것이다. 고학년으로 갈수록 병으로 결석하는 횟수가 줄어든다.

그의 발육상태 기록을 보면 1학년 때 129.9cm이던 키가 6학년 때는 135.8cm로 6년간 겨우 5.9cm가 자랐다고 되어 있다. 체중은 1학년 때 15.4kg이던 것이 6학년에 와서는 30kg이 되었다. 시력과 청력 치아 등 기타 사항은 모두 정상 판정을 받지만 신장, 체중 및 胸圍(흉위)를 합산해 발육상태를 평가하는 槪評(개평)란에는 6년 내내 '丙(병)' 판정을 받고 있다. 체조 점수가 저조한 까닭은 그의 발육부진에 있었던 것이다.

박정희의 성적을 셋째 형 상희와 비교해 보면 재미있는 점이 드러난다. 박상희는 朴周生(박주생)이란 이름으로 만 열다섯 살이던 1920년 4월 1일에 구미보통학교 2학년에 입학하여 4학년을 마치고 1923년 3월 24일에 졸업했다. 당시는 4년제였다. 4학년 성적을 보면 8개 과목 중 10점 만점에 9점을 받은 과목이 수신, 조선어, 산술, 이과, 도화였고 나머지는 8점이었다. 품행을 의미하는 조행은 乙(을)의 평점을 받았다. 3년 간 병으로 결석한 날 수는 7일이고 신체발육상태는 甲(갑)이었다.

박상희는 4학년으로서 졸업하자마자 6년제로 변한 이 학교에 5학년 으로 재입학했다. 1925년에 졸업할 때의 6학년 성적을 보면 11개 과목 중에서 조선어, 지리에서 만점인 10점을 기록했고 체조에서 8점, 나머지 과목은 모두 9점이었다. 조행도 갑을 받아 고학년으로 오를수록 성적이 좋아졌다. 만 20세에 졸업한 박상희는 3년 뒤에 〈동아일보〉 선산지국의 기자가 된다. 그는 向學熱(향학열)을 가슴에 묻고 있다가 나이 24세이던 1929년에 대구사범에 응시하여 낙방한 것으로 보인다.

1970년 무렵에 당시 청와대 공보비서관이던 김종신이 박 대통령에게 "박상희 씨가 대단한 수재였다던데요"라고 하자 대통령은 다소 퉁명스럽게 "형은 대구사범 1회에 입학시험을 쳤다가 떨어졌는데 뭘"이라고 했다고 한다.

박정희의 학적부에는 '입학 전 경력'으로서 '한문을 수학'이라고 적혀 있다. 누님 박재희에 따르면 박정희는 학교에 다니면서도 일요일에는 서당에 가서 한문을 배웠다고 한다. 박정희는 일요일에는 교회에도 갔으니 시간을 상당히 충실하게 보내고 있었다는 얘기이다. 어머니 백남의는 막내에게 사랑채의 한 방을 공부방으로 내어주었다. 어릴 때부터 '나만의 공간'을 갖고 있었다는 것이 박정희로 하여금 '생각을 많이 하는 사람'으로 만드는 한 요인이었을 것이다. '나만의 공간'은 사교성이 약한 인간으로 만들기도 하지만 자립심을 키우기도 한다. 누님의 증언에서 이 소년의 그런 面貌(면모)를 엿볼 수 있다.

"정희가 검정 고무신을 신게 된 것은 5학년 때였습니다. 아버지가 사다주셨어요. 그날 밤 그것을 품에 꼭 안고 자더니 다음날 학교에 갈 때는 짚신을 신고 고무신은 학교에 가서 신는다고 들고 가더군요. 정희는 또 아버지에게 자그마한 갈쿠리와 지게를 만들어 달라고 했어요. 공일에는 뒷산에 올라가 빨간 갈비를 끌어모아 묶음을 만들어 두어요. 그리곤 아무도 손을 못 대게 해요. 이것을 차곡차곡 쌓아두었다가 어머니한테 팔아달라고 해서 돈이 생기면 공책과 연필 따위를 사곤 했습니다."

조선총독부 농림국의 통계를 보면 1910년 우리나라 농가의 평균경작 면적은 1정보, 즉 3,000평이었다. 1936년 조사에서는 이것이 1.61정보로 늘어난다. 박정희家(가)의 경우, 위토답으로 경작하고 있던 외가 쪽 문중 소유인 1,600평이 전부였다. 박정희 집안은 우리나라 평균에도 못 미치는 貧農(빈농)이었다는 이야기이다.

박정희가 5학년이던 1930년의 통계에 따르면 전국의 농가 중 박정희 집 같은 소작농이 약 45%, 自作 겸 소작농이 약 31%, 자작농이 약 18%, 지주가 3.6%였다. 일제의 식민지가 된 이후 지주와 소작농가수는 계속 늘었고 自作농가수는 줄었다. 농촌에서는 貧富(빈부) 차이가 극심해지고 있었다. 일제는 대지주를 보호하는 정책을 썼고 일부 지주들은 친일적인 태도를 보였다. 이런 계급적인 모순 속에 놓인 박정희 집안에서 新學(신학)을 배우게 된 두 사람 중 한 사람은 사회주의 운동가의 길을 걷게 되고 다른 한 사람은 군인의 꿈을 키운다. 박정희 집안은 地主(지주)와 순사로 상징되는 지배체제에 대한 반감을 가질 수밖에 없는 가정환경에 놓여 있었던 것이다.

박정희의 둘째 형 박무희는 칠곡군의 대지주 張承遠(장승원)으로부터 논 다섯 마지기를 빌려 소작하고 있었다. 박무희의 장남 재석은 "할아버지(박성빈)께서 장 觀察(관찰·장승원은 대한제국 시절에 경북 관찰사였다)의 집을 출입하셨는데 그 인연으로 해서 소작을 하게 된 것이 아닌가 한다"고 했다. 당시의 소작료에 대해서 박재석은 "7(지주에게 내는 비율) 대 3으로 기억한다"고 했다. 장승원은 미 군정 시절에 수도경찰청장으로서 공산당 소탕에 앞장섰고 뒤에는 국무총리를 지낸 장택상(작고)의 선친이다. 장승원의 선친은 張錫龍(장석룡)으로서 이조판서를 지냈다. 한강 이남에서는 제일 가는 지주로 불리기도 했는데 연간 7만 5,000석의 소작 수입을 올렸다고 한다. 요사이 금액으로 환산해도 연간 100억 원대 이상의 수입이다.

장택상家와 박정희家

1930년 당시 박성빈의 차남 박무희는 '도롱미골' 천수답 다섯 마지기를 소작하며 살았다. 비가 오지 않으면 아예 농사를 포기해야 했고 그나마 논두렁이 대부분으로 경지면적이 아주 작아 소작인으로서는 상당히 애로를 감수해야 하는 곳이었다. 이 논은 아랫마을 漆谷郡(칠곡군) 北三面(북삼면) 吳太洞(오태동)에 사는 장택상의 선친 장승원 집안의 땅으로서 지주집까지 걸어서 30분 거리에 있었다.

어느 가을 박무희의 큰아들 박재석은 아버지가 지게에 쌀 가마를 싣고 도조(소작료)를 내려 가는 모습을 바라보았다. 아버지의 지게 위에는 닭 한 마리가 새끼줄에 묶여 있었다.

"아부지예, 닭은 와 가져 갑니꺼?"

"그 도조 검사하는 사람한테 줄 거야."

박정희 집안과 장택상 집안은 소작농과 지주 사이라는 데 그치지 않고 우리 현대사의 여러 굴곡점에서 아주 대조적인 모습을 보여주면서 우리 사회의 음영을 그리게 된다.

1917년 11월 9일 저녁 6시 칠곡군 장승원의 집에 '상주군에 사는 孔(공)' 이란 사람(실제인물은 蔡基中·채기중)이 찾아 왔다. 그는 하룻밤을 재워 달라고 했다. 장승원은 아들 張稷相(장직상)의 방에 가서 자도록 허용했다. 이 날 밤 10시 장직상이 아버지 방으로 가서 문안을 드리고 자신의 방에 오자 손님이 와 있었다. 서로 인사한 뒤 두 사람은 이 방에서 같이 잤다. 다음날 아침 장직상은 아버지에게 문안을 드렸다. 장승원은 아들과 함께 아들방으로 건너와서 손님과 인사를 했다. 아침 식사를 끝낸 손님 공 씨는 서울로 간다면서 인사를 하고 집을 나갔다.

공 씨로 위장했던 채기중은 장승원의 집을 나와서 동료 李亨洛(이형락), 姜順必(강순필), 庾昌淳(유창순)과 만나 권총 한 자루씩을 주고 어두워질 때까지 기다렸다. 음력 9월 26일이라 그믐처럼 어두웠다. 암살자들은 일부러 이 날을 받았다. 이윽고 채기중은 강, 이 두 사람을 데리고 장승원의 집으로 갔다. 장승원은 거실에서 막 저녁상을 물리고 있었다. 채기중은 강, 이 두 사람에게 "저 자가 장 관찰이다"고 가르쳐주고 뛰어나와서 담에다가 포고문을 붙였다. 그 때 총성이 들리면서 두 사람이 뛰쳐나왔다. 채기중도 같이 달아났다. 장승원은 대구 자혜 병원에 실려갔다. 왼쪽 무릎에 박힌 총탄은 뽑았으나 목에 박힌 총탄을 뽑지 못하고 이틀 뒤인 11월 12일에 사망했다. 일본 헌병은 장승원이 죽기 전에 사정 청취를 했다.

박정희가 태어나기 나흘 전에 있었던 이 사건은 우리 독립 운동사에

'광복회 사건'으로 알려져 있다. 이 사건의 지휘자인 朴尙鎭(박상진)은 경주사람. 규장각의 副提學(부제학)을 지낸 朴時奎(박시규)의 장남으로서 대대로 고관이 많이 나온 양반 집안 출신이었다. 그는 16세 때까지는 집안에서 한문을 배우다가 선산군 출신인 참정 許蔿(허위) 선생의 문하에 들어갔다. 박상진은 21세 때까지 허위로부터 訓導(훈도)를 받다가 서울 양정의숙으로 옮겼다. 여기서 법률 경제학을 공부하여 판사 등용 시험에 합격했다. 허위 선생이 일제의 통감부 설치에 저항하여 의병을 일으켰으나 체포되어 1908년에 사형을 당하자 박상진은 선생의 시신을 수습했다. 《高等警察要史(고등경찰요사)》에 따르면 그는 중국 혁명 상황을 시찰하러 가서 권총을 10여 정 구해서 갖고 들어왔다. 박상진은 동지들을 糾合(규합)하여 권총을 나누어주면서 광복운동을 위한 군자금 모금전을 벌이기로 한다. 그는 전국의 조선인 부호들에게 취지문을 보내어 호응하지 않으면 처형한다고 알렸다. 이들 부호들 중에는 장승원도 포함되어 있었다.

1917년 10월에 박상진은 金漢鍾(김한종)과 유창순에게 장승원을 암살해야 할 이유에 대해서 이렇게 말했다(항소심 판결문 인용).

〈원래 그 자가 경북의 유력자임으로 그를 살해함으로써 그 소문이 全道(전도)에 전파되면 광복회의 사업을 추진하는 데 편리하기 때문이다〉

광복회 회원들은 장승원을 암살한 3개월 뒤에는 충남 도고면장을 살해한다. 그 사건의 지휘자인 김한종은 부하들에게 朴容夏(박용하) 면장을 살해해야 하는 이유로서 이렇게 설명했다.

〈박용하는 통고문을 받고 이를 헌병에게 보고했을 뿐만 아니라 인간이 악인인데다 광복회를 불찬동하고 의연금을 내지 않으므로 이를 죽여

他(타)에 대한 위협으로 삼아야 한다〉(항소심 판결문)

장승원의 아들 장택상(작고)은 해외에서 항일운동을 했고 그의 형제들도 무장 독립군에 군자금을 대주었다는 기록이 있다. 장택상의 딸들은 몇 년 전 할아버지 장승원을 '친일파'라고 부른 한 학자에 대해서 근거가 없는 모함이라고 항의를 제기한 적이 있다. 그들은 박상진과 그의 동지들이 '일본인은 한 사람도 공격하지 않고 조선 사람만 죽인 것이 과연 독립운동인가'라고 항변했었다.

박정희는 어린 시절에 이 장승원 사건에 대해서 많이 들으면서 성장하였을 것이다. 셋째 형 박상희는 사회주의 쪽으로 기울고 있었기 때문에 자신들의 집안이 소작을 하고 있는 대지주 장승원에 대하여 일정한 의견을 갖고 있었을 것이다.

장승원의 아들 장택상은 미 군정시절에는 수도경찰청장으로서 좌익과의 투쟁에 앞장섰다. 1946년 10월의 대구폭동이 구미로 파급되었을 때 박상희는 이 폭동에 연루되었다가 군정 경찰에 의해 사살된다. 장택상은 지주 정당이라고도 불렸던 한민당의 핵심인사였다. 장택상 국무총리는 1952년에는 이승만 대통령이 계엄령을 펴고 국회를 위협했을 때 대통령 직선제 개헌을 도와 발췌개헌안을 성사시켰다. 이 때 박정희는 육군본부의 작전국 차장으로서 국장이던 李龍文(이용문) 장군과 함께 이승만을 제거하는 모의를 하고 있었다. 5·16 뒤에 박정희는 한민당-자유당-민주당계열의 구 정치인들을 정계에서 배제하려 하는데 장택상은 反朴(반박) 진영의 지도자로 있었다.

이 장택상의 정치적 문하생이었던 사람이 金泳三(김영삼) 전 대통령이고 金大中(김대중) 전 대통령도 1950년대 중반에 잠시 그의 비서 역할을 한 적이 있었다. 한국 현대사라는 캔버스에 그린 장택상과 박정희의 이런 대칭적인 歷程(역정)은 지주와 소작농 출신이라는 환경의 차이를 일정하게 반영하고 있는 것 같다. 이는 사회적 출신 환경이 한 인간에게 던져 주는 어떤 제약을 느끼게 해준다.

'의형제' 金三守 목사

1979년 10월 25일 오전 8시경 청와대 출입문에는 63세 된 노인 한 사람이 발걸음을 돌리고 있었다. 야간 열차로 올라와 대통령을 만나려다 정문에서 제지당해 끝내 돌아서야 했던 길이었다. 이 노인은 소년 박정희와 함께 어린시절을 보내며 의형제를 맺었던 金三守(김삼수·당시 경북 금릉군 송천교회 목사)였다. 김 목사는 대구로 내려온 다음날 밤 두 통의 편지를 썼다. 대통령과 비서실장에게 보내는 편지였다. 10월 27일 아침에 편지를 부치려던 김 목사는 방송을 통해 대통령의 서거소식을 들었다. 그리고 십자가 앞에서 목놓아 울었다.

기자는 1998년 1월 7일 저녁에 대구에서 김 목사를 만나 보았다. 김 목사는 상모리에서 소년 박정희와 함께 상모교회와 보통학교를 다녔던 친구였다.

"교회는 여름 방학 때마다 '하계학교'를 열었습니다. 우리는 여기서 동요, 동화, 율동, 설교, 성경 암송 등을 배웠어요. 그때 칠곡군이나 선산군에서 연합 경연대회를 열었습니다. 일본 경찰도 와서 참관했습니다. 박정희는 노래나 동화 구연을 아주 재치 있게 잘했어요. 상모 교회에서는 나와 정희 그리고 정규만 이렇게 셋이서 출전해 1등을 했지요."

박정희 소년은 다윗이 골리앗에게 돌을 던져 죽이는 구약의 장면을 특히 좋아했다. 박정희가 보통학교 4학년 때였다. 박정희는 자신의 사랑방에서 김삼수와 놀다가 의형제를 맺는 의식을 치른다.

"그때 結義兄弟(결의형제)라는 것이 유행이었습니다. 먹물 먹인 실을 바늘에 달고 팔뚝에 약간 꿰면 평생 지워지지 않는 문신이 되지요. 우리는 서로 오른팔에 문신을 새기고 팔을 걸고 맹세를 했지요."

김 목사가 걷어붙인 오른팔목에는 쌀알 크기의 푸른 문신이 남아 있었다. 김 목사는 어린 시절부터 박정희의 집에 자주 드나들며 박정희의 셋째 형 박상희로부터 상당한 영향을 받았다고 말했다.

"사랑방에 가면 박상희 형님이 우리들에게 그렇게 후덕하고 인자하게 대할 수 없었습니다. 늘 우리들에게 공부하는 데 격려를 해주셨지요. 저는 지금도 그분이 저의 등을 토닥거리면서 해주시던 말씀을 잊을 수 없습니다."

김 목사는 소년시절부터 박정희를 남들과 다른 친구로 기억하여 왔다.

"저와 정희는 둘 다 체구가 작아 유난히 어른들로부터 걱정을 많이 샀는데, 박정희는 나보다 더 작았어요. 둘이 팔씨름을 하면 비슷했지요. 그런데 박정희는 지더라도 끝내 굴복한 적이 없습니다. 이길 때까지 계속하자는 겁니다. 학교에서도 온갖 장난을 다 쳤지요. 그럴 때마다 정희는 매우 기민하고 넘어져도 금방 일어나 다시 시작하는 겁니다."

박정희는 누구와 씨름을 하다 지게 되어 섭섭하고 분할 때면 새끼손가락만을 편 오른주먹을 쑥 내보이며 상대방에게 흔들었다.

"'너희들이 아무리 세다고 해도 내 새끼손가락보다 못하다'는 뜻이었습니다. 야망이 있는 아이였어요. 앞산에 오르면 제게 이순신, 나폴레웅, 링컨… 그는 늘 이런 영웅들의 이야기를 해 주었습니다. 그러나 교과서에서 나오는 일본 영웅들을 숭배하지는 않았어요. 그래서 '너는 앞으로 군인이 되면 위대하고 기개 있는 장군이 되어 성공할 거야' 라고 말해주었습니다."

김삼수는 구미공립보통학교를 9회로 졸업했고 박정희는 11회로 졸업했다. 김삼수는 와세다 중학과정을 통신 강좌로 마친 뒤 과수원을 가꾸다 광복을 맞았다. 목사가 되기로 결심한 그는 신학교를 다니기 위해 서울로 올라왔다. 한국신학대학의 전신인 朝鮮神學校(조선신학교)에 들어간 그가 박정희를 다시 만난 것은 1946년 여름 서울 남대문에서였다. 박정희가 먼저 알아보고 그의 어깨를 잡았다.

"어이, 친구. 여기 어찌 왔노?"

"정희구나. 나는 여기 신학교에 왔네."

"그럼 힘써 하세!"

박정희가 국방경비사관학교 2기생으로 입교하기 위해 서울에 올라 왔던 때로 추정된다.

"우리 세대의 소망은 '힘써 하세' 란 말 속에 다 들어 있었습니다. 그는 언제나 '우리는 성공해야 한다' 고 말하곤 했어요."

1961년 5월 16일에는 김삼수가 신학교를 졸업한 뒤 목사가 되어 대구 聖樂敎會(성락교회)에서 봉직할 때였다.

"신문을 보니 군사혁명이란 글자 아래로 박정희란 이름이 나오는 게 아닙니까. 그때서야 박정희가 새끼손가락을 내밀던 모습이 떠올랐지요."

박정희가 대통령에 당선된 1963년 10월 그는 기쁨에 찬 편지를 통해 박정희 앞으로 이렇게 썼다.

〈당신이나 나나 모두 하나님이 만든 사람입니다. 하나님의 뜻은 민주주의를 실천하는 일일 것입니다. 이 민족을 가난에서 해방시키고 폭압정치에서 구원하는 구원자가 되도록 합시다〉

그는 "설교같이 편지를 썼지요"라고 웃으며 말했다. 김 목사는 그 후 매년 한두 차례씩 장문의 편지를 썼고 그때마다 박 대통령은 답장을 보내왔다. 박 대통령의 감동적인 답장은 1964년경에 있었다고 기억했다. 박정희는 '민주주의의 道'라는 제목의 긴 글을 보내주었다는 것이다.

"너무 겸허하게 답장을 보내 주셨더군요. '친구의 충고를 정말 고맙게 받는다'고 하면서 민주주의에 이르는 길을 생각한 바대로 쓴 글이었습니다. 저는 하나님이 우리를 위해 이런 지도자를 보내주셔서 감사하다고 기도를 했지요."

김 목사는 그때부터 동료 목사나 교인들에게 '이런 대통령이 어디 있냐'며 자랑했다. 쿠데타를 했다고 친구를 비판하는 사람들 사이에서 그는 오해도 많이 받았다고 한다. 젊은 목사가 찾아와 박 대통령을 비판하면 그는 "제대로 모르면서 그런 말 하는 법이 아니다. 네가 진실로 목사가 되려거든 박 대통령의 십분의 일만이라도 되어보라"고 되받았다.

1970년대 초까지 청와대에서는 조찬 기도회를 매년 열었지만 김 목사는 참석만 하고 대통령과의 직접적인 만남은 피했다. 오직 필요할 때 장문의 편지로만 대화를 했다는 것이다.

1978년 추석 무렵 김 목사는 경북 금릉군의 송천교회에 부임하게 된다. 그는 오랜만에 금오산을 오른다. 때마침 박정희 대통령이 가족들과 함께 이곳을 찾았다가 두 사람은 34년 만의 해후를 했다. 그 순간 김 목사는 '人(인)의 장막' 속에 친구가 갇혀 있다고 느꼈다.

"그때부터 안타까운 마음이 들었습니다. 그러다 이듬해 가을에는 부마사태가 터졌지요. 며칠을 기도하며 생각했습니다. 그래서 결심하고 10월 25일에 청와대로 달려갔습니다만…."

김 목사는 "하나님이 주신 종을 우리 민족이 바로 받지 못하고 죄를 지었습니다. 반성해야 합니다"라고 말을 맺었다.

빛과 그림자—朴正熙와 朴漢生

박정희 집안에서 수수께끼로 남아 있는 인물이 있다. 박성빈의 4남 朴漢生(박한생)이다. 호적에는 그가 1911년 8월 6일에 태어나서 1925년 9월 6일에 사망한 것으로 되어 있다. 이 해는 박정희가 여덟 살 때로 한생은 열네 살에 죽은 것으로 된다. 그렇다면 박정희의 기억에 한생에 대한 것이 남아 있을 터인데 한 번도 이 형에 대해서 언급한 자료가 없다. 박정희家(가)의 가족들도 한생에 대해서는 입을 다물고 있다. 상모동 주변의 노인들을 상대로 취재 해보니 거의 일치된 증언이 나왔다. 정신건강에 문제가 있는 사람이었다는 것이다. 한 70대 노인은 익명을 전제로 하여 이렇게 말했다.

"언제나 산이고 들이고 쏘다녔는데 태어날 때부터 이상하다고 했지. 그래서 학교도 안 보낸 걸로 알고 있습니다. 그때는 누가 돌봐 줄 수도 없는 시절이라 혼자서 싸돌아다니다가 밤이 되면 집에 들어오고 그랬지 뭐."

박정희와 함께 상모교회를 다녔던 한성도, 김삼수의 증언도 일치하고 있다. 김 목사는 "박한생은 나무 작대기를 목검삼아 휘두르고 다니다가 부러지면 아무 집이나 들어가서 작대기를 달라고 하곤 했다"고 기억한다. 박한생의 사망시기에 대해서는 호적 기재 일시보다 한 3년이 늦은 1928년경이라 기억하는 사람들이 많았다. 왜 이런 차이가 나는지, 또 박한생의 정확한 死因(사인)이 무엇인지는 확인할 수 없었다. 박한생의 죽음에 대한 수수께끼 때문에 5·16 이후에는 야당 정치인들에 의해서 박정희 의장의 형이 월북하여 북한에 생존해 있다는, 증거도 없는 주장이 제기되기도 했었다. 어머니 백남의에게는 한생이 가슴속의 그늘이었을 것이다.

박정희 집안의 빛은 셋째 형 상희였다. 박정희가 구미보통학교에 다닐 때 상희형은 20대의 건실한 청년으로서 구미면에서는 하나의 '인물'로 기반을 잡아나가고 있었다. 박상희는 키가 크고 가슴은 뜨거운 청년이었다. 학력은 비록 보통학교 졸업에 그쳤지만 그는 타고난 수완과 인간적 매력을 갖고 있었던 것 같다. 박상희의 처 趙貴粉(조귀분·작고)의 조카딸 趙吉守(조길수)는 박, 조 두 사람이 1929년에 김천에서 결혼식을 올릴 때 花童(화동)으로 들러리를 섰다.

"다른 사람들은 고모부 옆에 서면 왜소해지는 것 같았습니다. 인물도 훤칠했지만 사람을 위압하는 힘이 있었습니다. 고모부는 구미역 뒤에 살고 있었는데 놀러가서 마당에서 사람들의 시비를 가리고 있는 것을 몇 번 보았습니다. 고모부는 사람들의 이야기를 다 듣고는 '그건 자네가 잘못 했네' 라고 판결을 내려주는 것이었습니다. 일종의 원님 재판이었는데 희한하게도 사람들이 거기에 따르는 것이었습니다."

구미시 문화원 부원장 申基道(신기도)는 당시 구미 일대에서 이런 말이 유행했다고 기억한다.

"崔觀浩(최관호), 金相鎬(김상호), 박상희 이 세 사람을 두고 一(일)관호, 二(이)상호, 三(삼)상희라고 했습니다. 이들 세 사람이 모이면 그 기세가 대단하여 다른 사람들은 함부로 접근할 수도 없었다고 합니다. 그들은 이 곳 사람들 사이에서는 젊은 영웅들이었지요."

구미의 노인들은 지금도 "그 집안에서 대통령이 나온다면 박상희라고 생각했다"고 말한다. 박상희의 성격은 아버지(박성빈)와 비슷하여 호담하고 외향적이며 정치적이었다. 어머니를 닮아 내향적이면서도 빈틈이 없고 당돌한 동생 정희와는 대조적이었다. 박정희가 구미보통학교에 다니고 있을 때 상희 형은 구미역으로 나가서 지역 언론인으로 자립하고 있었다. 그는 민족 언론을 기반으로 삼아 민족 운동 단체인 新幹會(신간회) 지부와 청년단체를 조직했고 여러 차례 경찰에 구속, 연행, 예비 검속되기도 하면서 사회주의 쪽으로 기울기 시작한다.

이러한 형을 가까이서 보고 자란 소년 박정희도 상당한 영향을 받게 된다. 박상희의 행적을 확인시켜주는 최초의 신문기사는 1927년 10월 14일자 〈조선일보〉 4면에 실린 '신간회 記事一束(기사일속)'이란 제하의 5단 기사였다. 맞춤법을 요즘 식으로 고쳐 요약해 본다.

〈경북 선산 지회 설립대회-경북 선산군 구미에서 전 민족적 단일정당인 신간회 선산 지회 설립을 준비한다는 것은 본보에서 이미 보도했다. 설립대회는 지난 11일 오후 2시에 개최하려 했으나 엄중한 선산경찰의 간섭으로 정각에 개최하지 못했다. 자동차로 시내에 '삐라'를 뿌리고 대회 선전을 하려 했으나 '삐라'만을 뿌렸다. 준비위원 박상희 군이 경찰에 수차 질문을 하고 교섭하였으나 상부의 명이라며 절대 허가치 않으므로 '식민지를 타도하자' 등의 글이 실린 집회 도구는 모두 압수되고 정각보다 늦은 오후 3시 30분에 개회선언을 했다〉

이 기사 아래에 연이어 보도된 내용은 박상희가 소환되었다는 소식을 담고 있다.

〈경찰서에서 박 씨를 소환─신간 선산 지회 설립 대회에 善山(선산) 경찰의 간섭이 심하다 함은 앞서 보도하였거니와 이 대회에 龜山俱樂部(구산구락부)에서 축문을 보냈는데 그 축문 중 불온한 문구가 있다고 축문을 압수하고 구산구락부 위원이요 설립 대회 준비 위원인 박상희군을 대회일인 지난 11일 오후 1시경 현지 주재소에서 소환하여 서장이 취조실로 데리고 가서 장시간 요령부득의 말을 하고 같은 날 2시 반경에 돌려보냈는데 일반의 비난이 많다더라(善山)〉

1927년 1월부터 1931년 5월까지 존속한 신간회는 전국에 150여 개 지회를 두었고 회원 수는 4만여 명에 이르렀다. 일제 치하에서 가장 큰 항일 사회 운동 단체였던 신간회는 1920년대의 조선에서 양대 항일 운동 세력이었던 민족주의 계열과 사회주의 계열이 '민족협동전선론'으로 뭉친 조직이었다.

신간회 창립 때 51명의 간부진 중에서는 조선일보系(계)가 회장 李商在(이상재·조선일보 사장)를 필두로 하여 安在鴻(안재홍·조선일보 주필), 申錫雨(신석우·조선일보 부사장) 등 9명으로 가장 많았다. 기독교계가 曺晩植(조만식) 등 7명, 불교계가 韓龍雲(한용운) 1명, 천도교계가 權東鎭(권동진) 등 3명, 유림계가 金明東(김명동) 등 3명, 학계가 趙炳玉(조병옥) 등 4명, 조선공산당계가 金俊淵(김준연), 洪命熹(홍명희) 등 5명. 〈조선일보〉는 〈신간회의 결성을 적극 지원하여 그 대변지 구실을 하

였다〉(李均永·이균영의《신간회 연구》)

〈조선일보〉는 1926년 12월 16일부터 연 4회에 걸쳐 사설을 통해 신간회의 방향을 제시했다. 타협론자들이 조선자치운동에 동조할 가능성을 경고하면서 민족 해방을 위한 비타협적 투쟁을 강조하는 내용이었다. 신간회 준비 모임도 주로 조선일보사에서 열렸다.

〈조선일보〉가 신간회 선산지회 박상희의 소환사건 등 일제의 탄압을 집요하게 보도한 것도 〈조선일보〉와 신간회의 깊은 관계를 반영한다. 1927년 11월 14일자 〈조선일보〉의 신간회 간부 검거 기사에도 박상희의 이름이 등장한다. 이 기사에는 박상희가 '신간회 선산 지회 조사부 총무'로 기재되어 있다. 〈경북 警察部員(경찰부원)이 돌연 신간회원 검거-내용은 절대 비밀에 부치어-불안에 싸인 龜尾(구미) 일대〉라는 제하의 大邱 發(대구 발) 기사를 읽어보자.

〈경북 경찰부 고등과에서는 돌연히 긴장한 중에 崔錫鉉(최석현) 警部補(경부보)는 형사 세 명을 데리고 龜尾(구미)까지 가서 신간회 선산 지회 조사부 총무 박상희, 구산구락부원 尹在佑(윤재우), 金正述(김정술) 3씨를 검거한 후에 신간지회 사무실과 3씨의 집을 수색한 후에 지난 10일 오후 10시경에 대구로 압송하여 大邱署(대구서) 유치장에다가 유치한 후에 방금 극비리에 취조하는 중인 바 모처로부터 탐문한 바에 의하면 방금 구미에서는 조금만 수상한 사람이 지나가면 즉시 불문곡직하고 검속함으로 인하여 현재 구미 사람들은 매우 공포에 싸여 있는 모양이더라〉

黃泰成과 朴相熙

청소년기의 박정희에게 큰 영향을 끼친 셋째 형 박상희가 기자가 되었다는 것을 확인할 수 있는 자료는 1928년 6월 8일자 〈동아일보〉의 社告(사고)에서다. 여기서 그는 '동아일보 선산지국의 기자'로 발령을 받고 있다. 지국의 위치는 '경부선 구미역전'이라 되어 있다. 그가 24세 때, 박정희가 열한 살로 보통학교 3학년 때였다. 박상희는 동아일보 기자가 된 그해에 또다시 일본 경찰에 끌려간다. 관련기사는 〈조선일보〉 1928년 11월 11일자 5면에 '선산 신간지회의 간부 4씨를 검속—검속한 내용은 절대 비밀'이란 제목으로 보도되었다.

〈경북 선산 경찰서에서는 지난 9일에 동아일보 지국 총무 김수호, 기자 박상희, 김종석 3씨와 밋당디 병원 의사 安重昊(안중호) 씨를 돌연 검속하였는데 이들 모두는 선산 신간지회 간부이더라〉

1929년 4월 19일자로 혼인신고된 박상희의 호적을 보면 그는 경북 김천의 양반 가문 漢陽 趙氏(한양 조씨) 집안의 규수 趙貴紛(조귀분)을 아내로 맞고 있다. 조귀분은 큰딸 朴榮玉(박영옥·전 자민련 총재 김종필의 부인)을 낳고 연이어 朴桂玉(박계옥), 朴和子(박화자), 朴金子(박금자, 작고), 朴雪子(박설자) 등 딸만 다섯을 낳은 뒤인 1947년에 遺腹子(유복자)인 峻弘(준홍)을 보았다. 조귀분의 조카딸 趙吉守(조길수)는 대구 신명여고를 다녔던 고모의 모습을 기억하고 있다.

"고모는 대구 신명학교까지 기차로 통학을 했습니다. 기차칸에서 고모부(박상희)를 만났다나 봅니다. 그 두 사람 사이를 엮어 준 사람은 黃泰成(황태성) 씨였지요. 신명학교 다니던 고모는 김천 청년회관에 자주

나가면서 야학선생을 했고 이때 황태성 씨를 알게 되었답니다."

조귀분의 큰 아버지가 세운 김천 청년회관은 당시 無學者(무학자)들을 불러모아 한글을 가르치고 있었다. 조귀분의 집안은 김천에서 제법 재산을 모았다. 부친이 고무신 가게와 포목상을 했고 두루마기와 조끼를 만들어 파는 '조끼방'도 운영했다. 유지 집안의 딸답게 조귀분은 여장부였다.

"고모는 신여성이었지요. 사람들 앞에 나서면 어디서 그런 힘이 나오는지 모를 정도로 힘차게 연설을 했어요. 연극도 했고요."

당시 김천을 드나들던 박상희는 전국적 민족 운동 단체 신간회의 같은 회원으로서 황태성과 교분을 쌓았다. 박상희는 선산의 핵심 활동가였고 황태성은 김천 지역을 맡고 있었다. 다시 조길수의 회고.

"황태성 씨는 김천 어모면에서 살았던 사람입니다. 부유한 집안이어서 아들과 딸 모두 대구로 유학을 보냈습니다. 황태성은 대구 계성학교를 졸업했는데, 이 학교는 외국인이 세워 항일정신을 강조하기로 유명했습니다. 황태성, 박상희, 임종업, 박희수 같은 분들은 김천경찰서 고등계 형사들로부터 항상 주의를 받았지요."

이때의 황태성과 박상희, 두 청년을 만난 사람이 있다. 在日居留民團(재일거류민단) 단장을 지낸 曺寧柱(조영주)이다. 선산이 고향인 그는 1986년에 기자에게 이런 증언을 남겼다.

"나는 그때 일본에서 교토 대학원에 다니면서 사회주의에 흥미를 느끼고 있었습니다. 방학 때 고향에 와서는 친구인 박상희, 황태성과 자주 어울렸습니다. 사회주의 사상이 주로 화제가 되었는데 박은 정열적이고 의분심이 강했으며 민족주의적인 데 반해서 황은 냉철하고 코스모폴리

탄적이었습니다. 황은 골수 사회주의자가 될 수 있는 인물이었지만 박은 그러기에는 너무 가슴이 뜨겁고 순수한 사람이었습니다.”

가난한 소작농 출신, 신간회 활동, 사회주의자 친구… 박상희의 의식은 자연스럽게 왼쪽으로 기울고 있었다. 이들 두 사람이 결혼한 다음 살림을 차린 곳은 구미 역 뒤편 角山(각산)이란 곳이었다. 버젓한 기와집에 사랑채까지 딸린 건물이었다. 조귀분은 상모리 박정희의 생가에 갔다 와서는 조카딸 조길수에게 이런 말을 했다.

“시집에 가 보니 정지(부엌)문은 가마니를 걸어 둔 것이 전부였고 사과궤짝으로 찬장을 하고 있지 뭐야. 시어머니(백남의)가 ‘신식 며느리가 왔는데 부엌엔 들어올 필요없다’ 며 자꾸 방에 들어가라기에 이상했는데 알고 보니 쌀도 없고 간장도 없더라고. 시집이 그렇게 없는 집인 줄 누가 알았겠노.”

박정희가 대통령시절에 쓴 수필 《나의 소년시절》에는 이 시절의 이야기가 나온다.

〈국민학교 3학년 하계 방학 때였다. 상희 형님이 처가인 김천을 가면서 나를 데리고 갔다. 산골에서 자라서 촌뜨기이기 때문에 김천을 구경시켜주겠다는 형님의 선심이었다고 본다. 형님의 처가댁은 김천시 황금정이었다. 하루는 형님과 같이 시내를 걸어가는데 아이스크림 장수가 있어 형님이 그것을 사먹으라고 돈을 주었다. 고깔같이 생긴 용기에 아이스크림을 담아 주는 것을 조그마한 목제 스푼으로 먹었다. 생전 처음 먹어보는 아이스크림 맛이다. 먹다가 보니 형님은 자꾸만 걸어가고 있었다. 빨리 먹고 형님을 따라 가려고 빨리빨리 먹다가 아이스크림 용기가 깨어졌다. 나는 그릇은 주인에게 돌려주는 줄만 알고 있었기에 깜짝 놀라 저기 걸어가고 있는 형님을 "형님"하고 큰 소리로 불렀다. "형님, 이것이 깨졌어요. 물어줘야겠어요"하고 울상을 하고 당황하고 있으니 아이스크림 주인이 그 그릇도 같이 먹는 것이니 걱정할 것 없다고 하기에 그때서야 아이스크림을 든 채 형님을 쫓아 따라갔다. 그날 저녁에 형님과 형수씨가 촌놈이라고 놀려댔다〉

결혼한 뒤 박상희의 언론을 통한 민족운동은 계속된다. 1933년 1월 14일자 〈조선일보〉 6면을 보면 박상희가 당시 조선일보 선산 지국을 경영하면서 기사를 쓰고 있음을 알 수 있다. 그는 '地方時論(지방시론)' 이란 고정란에 '선산지국 박상희' 란 이름을 내걸고 〈의료기관 설립을 促(촉)함〉이란 주장을 싣는다.

〈우리 선산의 의료 기관이라고는 韓醫(한의)가 다소 있으나 新醫(신의)라고는 선산읍에 조선인의 公醫(공의)가 하나 개업하고 있을 뿐이다. 그 외에 長川(장천), 구미에 限地醫(한지의)가 둘이 있으나 여러 가지 설비가 불완전하야 주민의 불만이 不少(불소)하다. 그러면 限地醫(한지의)까지 합하면 全郡(전군) 8만여 민중이 주거하는 지방에 의료 기관이라고는 3개소뿐이니 약 2만 7,000人(인)에 의사 한 사람이 평균이다. 특히 구미로 말하면 경부선이 통한 小文化都市(소문화도시)일 뿐 아니라 600여 戶(호)란 주민이 살고 있는 지방에 50세가 넘은 일본 사람의 한지의가 있는 것도 여러 가지 설비 불완전으로 주민의 적지 아니한 불평의 원인이 되어 있다. 위중한 병에 걸리면 안심하고 약 한 첩 사서 먹을 수도 없고 위급할 때는 김천이나 대구로 가지 않으면 救命(구명)할 수 없으니 문화가 발달된 금일에 있어서 전군민의 수치라 아니할 수 없다. 수치일 뿐 아니라 人道上(인도상) 중대 문제이라 할 수 있으니 하루바삐 의료

기관 증설을 절감하는 바이다(하략)〉

志士 같은 記者

박정희의 셋째 형 박상희와 김천 규수 조귀분의 연을 맺게 해준 황태성은 광복 뒤 월북하여 고관을 지내다가 5·16 직후에 金日成(김일성)에 의해 밀사로 남파됐다. 그는 박정희 최고회의 의장을 만나기 위해 당시 金鍾必(김종필) 정보부장의 장모이던 조 여사에게 연락을 취하려다가 체포된다. 그는 결국 친구의 동생에 의하여 사형에 처해지는 운명을 맞게 된다. 이 황태성에 관한 기록을 찾아보았다.

1928년 2월 26일자 〈조선일보〉. 황태성과의 인터뷰 기사가 나온다. 당시 경북 내 유지들은 私財(사재)를 털어 無産(무산) 아동을 위한 교육사업을 해왔는데, 경상북도 당국이 그 중의 하나인 금릉군의 금릉학원을 폐쇄조치한 데 대해서 황태성은 항변하고 있다.

〈김천 청년동맹위원 황태성 씨 談(담): "금번 금릉학원 폐쇄 처단은 경북도 당국의 독단적 처사가 아니고 김천에만 한한 국부적 문제가 아니요, 전 조선적 문제로 생각합니다. 그러므로 우리는 일면으로 김천 각 사회 단체 및 김천 주민과 合力(합력) 항쟁하는 동시에 전 조선민중에 호소하여 정당한 해결을 얻고자 합니다."〉

조귀분의 조카딸 조길수는 황태성이 며칠 뒤 경찰서에 끌려가 모진 고문 끝에 초죽음이 되어 실려 나왔다고 기억한다. 박상희, 황태성, 박정희, 이 세 사람은 사상대결의 시대에서 서로 꼬이는 인연을 맺게 된다. 박상희가 1928년에 동아일보 선산 지국 기자가 되었다가 조선일보로 옮겨 선산 지국을 운영하면서 기자역할도 하기 시작한 것은 1930년 전후부터로 추정된다. 이 기간에 그는 지역 청년회를 조직하고 신간회 활동에도 앞장서고 있었다. 언론을 이용한 전형적인 민족 운동가였다. 그는 사업수완도 좋았다. 구미면에서 기와공장을 운영했고 19정보 가량의 산판을 사들여 목재를 부산 등지로 내다 팔아 돈도 제법 벌었다. 언론과 理財(이재), 사회 활동에 두루 능숙한 그는 일본 경찰도 무시할 수 없는 존재였다. 성격이 괄괄한 박상희는 그를 미행하던 고등계 순사에게 세숫대야 물을 뒤집어씌운 적도 있었다.

1929년 11월 3일에 발생한 광주학생사건은 신간회 운동의 기회이자 위기였다. 광주학생운동은 194개 학교 5만 4,000여명의 학생들이 참가한 전국적인 규모로 번졌다. 일본 경찰들이 일본인 학생들만을 옹호하자 전국에서 150여 지회를 이끌던 신간회는 청년학생들을 상대로 주요 도시마다 강연회를 열고 여론을 자극하여 제2의 만세운동으로 유도해 나갈 계획을 추진했다. 조병옥(1932~1933년 조선일보 전무 역임)을 비롯한 신간회의 중앙 간부진들은 대규모 시위를 계획했는데, 이 계획서를 입수한 일제 경찰은 간부진들을 대거 검거한다.

한편 1928년 7월 1일부터 9월 1일까지 모스크바에서 있었던 제6회 코민테른 대회에서 채택된 '식민지-半(반)식민지 제국에 있어서의 혁명운동에 관한 테제' 중 조선 문제에 대한 언급에서 코민테른은 신간회의 정당적 조직형태를 부정하고 '협의체적 공동전선'으로의 개편을 요구한다. 이 '테제'에 따라 조선 공산당 계열의 신간회 간부진은 기존의 연합체적 성격을 탈피해 계급 투쟁적 조직으로 改變(개변)시킬 것을 주장했다. 이들은 사실상 신간회의 파괴를 의미하는 '解消(해소)운동'을 벌인다.

이 해소운동은 분열만 심화시켜 1931년 5월 16일자로 신간회는 해체됨으로써 민족 운동 역량의 커다란 손실을 빚게 되었다.

박상희는 박정희가 구미보통학교 6학년에 다닐 때 있었던 이 신간회 해산 이후에도 언론·민족 운동을 계속했다.

대구 〈영남일보〉의 金鎭和(김진화)가 1978년 10월에 간행한 《일제하 대구의 언론연구》에도 박상희의 이름이 등장한다. 〈조선일보〉, 〈동아일보〉의 대구 지국 기자를 지낸 李善長(이선장)은 신간회 대구지부의 핵심 인물이었다. 그는 신간회가 해산한 뒤에도 〈대구청년동맹을 李活(이활·시인 李陸史·이육사의 본명), 南萬熙(남만희) 등과 함께 재조직하였고 1931년 가을에는 경상북도內(내) 각 군에서 신문지국을 경영하거나 또는 통신을 맡은 사람들을 망라하여 보도 협조망을 만들었다〉는 것이다. 이 보도 협조망은 〈특히 정치적인 면에서 서로가 연락을 긴밀하게 가지도록 하여 독립 운동가들의 구속사건을 신속히 알림으로써 그 대책을 재빨리 강구하는 데 많은 성과를 얻었다〉고 한다. 이 보도협조망은 慶山(경산), 安東(안동) 등 21개 지역의 기자들로 구성되어 있었는데 선산지역엔 '박상희, 최관호'가 들어 있다. 《일제하 대구의 언론연구》에는 박상희가 독립 운동 자금을 모으는 데도 관여했다고 적혀 있다.

〈박상희는 1934년 유정락 씨가 경영하던 조선중앙일보 대구 지국 기자로 就任(취임)하여 활동하던 중 1935년 북경에서 입국한 윤명혁 씨와 손을 잡고 조선일보 대구 지국의 허병률 씨와 함께 독립 운동의 자금을 모금했다. 그는 선산출신으로 대구에서 장사를 하던 김 모 씨에게서 3,000원의 자금을 얻어 윤 씨에게 제공한 일이 있다. 이 사실은 이선장 씨의 증언이다〉

1992년에 작고한 박상희의 부인 조귀분이 생전에 조카딸 조길수에게 남긴 이야기는 구체적이다. 조귀분은 남편의 옷을 수시로 만들어야 했는데 그때마다 비밀 편지를 넣었다고 한다. 검문이 심해지면 양복 바지단을 꿰맬 때 실에다가 일정한 간격으로 매듭을 지어 모스 부호로 이용했다. 조길수의 남편 李瑞龍(이서용·작고)은 평생을 철도국에서 근무해 지방 역장도 역임했다. 이서용이 모스 부호를 이용해 전보치는 법을 박상희에게 알려주었다. 이 씨의 부인 조길수는 이렇게 기억한다.

"고모부(박상희)는 남편에게 '이 서방, 이거 봉천에서 박○○가 나오는데 전해 주게. 이 서방, 이건 북경역에서 김○○가 나올 건데 전해 주게'라고 하면서 편지를 건네주곤 했습니다. 당시 철도청에 근무하는 공무원들끼리는 친했어요. 그들은 기차를 매개로 하는 가장 빠른 우편방법을 암암리에 사용하고 있었거든요. 고모부는 상해 임시정부 요인들에게까지 선이 닿았던 것으로 압니다."

박상희의 행동반경은 대단히 넓었던 것으로 보인다. 유족들의 말에 따르면 그는 일본과 북경뿐 아니라 상해까지 다녀왔다고 한다. 취재 도중 입수한 사진이 있다. 1935년 4월 20일 인천 月尾島(월미도)에서 찍은 것이다. 박상희가 맨 앞줄에 나오는 이 사진 속의 한 인물이 들고 있는 깃발에는 '滿蒙日報社(만몽일보사)'라는 글자가 쓰여 있다. 1933년 8월 25일 일제는 '국책적 견지에서' 한글신문인 만몽일보(사장 李庚在·이경재)를 신경에서 창간했다.

박상희가 만주국 유일의 한글 친일신문이던 만몽일보와 어떤 관계에 있었는지 확실치 않으나 주 활동 무대였던 경북에서 인천까지 올라와 함께 기념촬영한 점이나 그가 중앙에 앉은 모습을 보아 이 신문사 기자들과도 친밀한 관계를 맺고 있었던 것으로 보인다. 박정희의 둘째 형 박무희의 장남인 박재석은 상희 삼촌의 신문지국 일을 한동안 돕고 있었다. 1938년부터 광복 직후까지 구미역전 중앙통에 있었던 지국사무실에서 일했던 박재석은 이렇게 증언한다.

"상희 삼촌은 외부활동을 하신다고 사무실에는 잘 계시지 않았습니다. 제가 배달, 수금도 하고 총무 노릇을 다 했지요. 일제 말기에는 조선일보, 동아일보, 매일신문 등을 다 합쳐 운영했고 구미면에 나가는 부수도 100∼200부 수준이었던 걸로 기억합니다."

언론학자 鄭晉錫(정진석) 前 한국외국어대학교 교수가 소장하고 있는 자료 가운데《매일신보사 사원명부》를 보면 박상희의 이름이 등장한다. 1939년 10월 1일 현재 박상희는 매일신보 선산지국 구미분국의 分局長(분국장)으로 기록 되어 있다. 민족지〈조선일보〉,〈동아일보〉에서 일하던 박상희가 일제말기에 가서 왜 총독부 기관지〈毎日新報(매일신보)〉의 기자가 되었는지는 앞으로 밝혀야 할 과제이다.

제2장

대구사범 시절

朴正熙

대구사범 합격

박정희가 보통학교 6학년으로 열네 살 되던 해, 막내 누님인 박재희는 열아홉의 나이로 尙州(상주)의 韓禎鳳(한정봉)에게 시집을 갔다. 韓(한) 씨는 소년 시절에 일본에 건너가서 토목공사로 재산도 꽤 모은 사람이었다. 박재희는 훗날 며느리 鮮于民淑(선우민숙)에게 이런 이야기를 들려주었다.

"상희 오빠가 한정봉 씨를 소개시켜 주었단다. '정희 공부를 시키기 위해서라도 네가 희생 좀 해야겠다'고 말했지. 그렇게 해서 시집을 갔는데 오빠가 시집까지 따라왔다가 돌아가면서 눈물을 훔치던 모습이 평생 잊혀지지 않는구나."

당시 나이 마흔이었던 한정봉은 재력이 있어 그 뒤로 수십 년간 가난한 박정희를 뒷바라지해주게 된다. 박상희는 구미보통학교에 자주 들렀다. 교장 이시카와 고이치(石川好—)도 무던한 사람이었지만 박상희는 동년배였던 대구사범 출신의 朴尙萬(박상만·1972년 작고) 교사와 특히 친하게 지냈다.

박 교사는 박정희가 2학년 때 부임해 잠시 담임을 맡기도 했었다. 박상희는 박 교사를 만날 때마다 "우리 정희를 잘 좀 부탁하네"라며 신신당부했다. 박상만의 장남 朴星湖(박성호·前 경북대학교 명예교수)는 선친으로부터 들었던 박정희 소년에 대한 이야기를 기억하고 있다.

"까무잡잡하고 작고 귀여운 아이였는데 집안이 너무 가난했답니다. 그런데도 공부를 아주 잘해 부친께서는 언제나 마음을 써주셨답니다. 당신의 도시락을 정희 소년에게 주신 적도 많고요."

1920년에 개교한 구미공립보통학교는 박정희가 졸업한 1932년까지 대구사범학교에 단 한 명의 합격자도 내지 못하고 있었다. 박정희에게 대구사범학교에 응시하도록 권한 사람들은 교장과 교사들이었다. 10여 년 전 기자와 만난 박재희는 이렇게 말했다.

"상주에 살고 있는데 정희로부터 편지를 받았어요. 선생님이 시험을 치라고 하는데 어머님이 반대를 하신다는 겁니다."

교장과 교사들이 정희 소년의 어머니를 찾아가서 "만약 집에서 반대하면 우리가 데려가서 시험을 치르도록 하겠다"고 강력하게 권했다. 어머니 백남의는 끼니 때우기가 걱정인 집안 형편으로는 박정희의 학비를 댈 수 없음을 알고 있었지만 시험마저 못 치게 하면 막내의 가슴에 평생 한을 남기게 될 것 같아서 승낙했다. 그래놓고는 떨어지기를 빌었다고 한다. 박정희가 시험을 치르기 위해 대구로 떠나던 전날 밤에 있었던 다음 이야기는 박재희가 증언한 것으로 다분히 신화적이다.

"어머님은 걱정이 되셔서 잠도 잘 주무시지 못하고 담배를 피우면서 바깥을 보고 있는데 이상한 물체가 움직이고 있더랍니다. 자세히 살펴보고 있으니 큰 구렁이 두 마리가 나무를 기어 내려왔다가 올라갔다가 하고 있더랍니다. 어머니께서는 동희 오빠를 깨웠다고 해요. 한참 놀던 두 마리는 새벽이 밝아오자 마당에 쌓아둔 장작더미 속으로 들어가 버렸답니다. 이걸 보신 어머니는 '정희가 합격은 하겠는데 돈이 없으니 이걸 어쩌나' 하고 더욱 걱정을 하셨답니다."

당시 농촌에서는 집에 있는 구렁이를 靈物(영물)이라고 귀하게 여겼다. 우연이겠지만 박정희는 뱀띠이고 그의 날카로운 눈은 뱀눈이라고 불려지기도 했다. 사범학교 시험은 다른 학교보다도 일찍 특차로 치러졌다. 俞萬植(유만식·전 김천여중 교장)도 상주보통학교를 졸업하고 박정희와 같은 날 대구사범 입학 시험에 응시했다.

"6학년에 올라와서는 매일 밤 늦게까지 학교에 남았습니다. 선생님들이 과외지도를 하셨지요. 각 반에서 5등 이내에 들어야 원서를 써 주었습니다. 우리 학교는 비교적 사범학교에 많은 학생들을 합격시켜 그 해에는 2개 반의 13명이 원서를 받아서 대구로 올라갔습니다. 선생님들의 인솔하에 교과서와 공책들을 잔뜩 싸 짊어지고 상주에서 김천까지 慶北線(경북선)을 타고 가서 김천에서 경부선으로 갈아타고 대구에 내렸지요. 역전에 나오자마자 저는 5층짜리 공회당 건물에 기가 죽고 말았습니다. 그때까지 본 건물 중 가장 높은 것이 3층이었거든요. 공회당은 하늘을 찌를 듯했습니다. 벽돌이 까마득하게 쌓여 올라간 것을 올려다보다가 그만 일행을 놓쳐 혼났지요. 논두렁 길에 눈이 익은 저에게는 찻길은 또 왜 그렇게나 넓은지. 시험 사흘 전에 도착한 우리들에게 선배들은 예상문제를 만들어 주는 등 많은 도움을 주었습니다."

구미보통학교에서는 박정희를 포함하여 일곱 명이 대구사범에 응시하게 됐다. 이들도 시험에 대비해 방과 후에 교사들로부터 특별 지도를 받았다. 아마도 6학년 담임 金得明(김득명) 교사가 이들 소년을 인솔하여 대구로 갔을 것이다. 필기시험 과목은 국어(일본어)1, 2, 3과 산술 1, 2 및 국사, 지리, 理科(이과), 조선어였다. 1차 시험이 끝난 이틀 뒤에 합격자 발표가 있었기 때문에 수험생들은 대구에 그대로 남아 있어야 했다. 발표 날 아침 게시판에 수험번호와 이름이 걸렸다. 떨어진 학생들은 울면서 집으로 돌아가고 합격한 학생들은 그 날로 면접과 신체 검사를 받은 뒤에 고향으로 내려갔다.

면접시험에서는 주로 "왜 사범학교에 진학하려는가"라는 질문이 대종을 이뤘다. 대부분이 "훌륭한 교사가 되어 어린이들을 교육시키기 위해서입니다"라고 대답했다고 한다.

　　박정희는 국어(일본어) 과목에서 각각 80점, 40점, 8점씩을 받았다. 산술 제1은 만점인 100점을 기록했고 제2는 40점을 받았다. 국사가 88점, 지리가 50점, 이과가 60점 그리고 조선어가 50점. 그가 받은 총점은 516점으로서 응시생 885명, 그리고 합격자 100명 중 51등이었다. 100명 중 10명은 일본 학생들이었다.

　　박정희는 1932년 4월 8일에 대구사범에 입학하여 5년간 修學(수학)한 뒤에 1937년 3월 25일에 졸업했다. 만 15세에서 20세에 걸친 인격형성기였다. 만주사변(1931년)에서 시작된 일제의 군국주의적인 대륙침략정책이 中日(중일)전쟁(1937년)을 계기로 하여 드디어 中原(중원)으로 확산되던 시기와 일치한다. 조선 사람들을 이른바 충직한 '皇民(황민)'으로 개조하려는 정책이 적나라하게 진행되면서 민족혼을 담은 우리말의 사용이 점차 제한돼 가던 시기이기도 했다. 황민화 교육의 첨병을 양성하는 것이 설치 목적이기도 했던 사범학교는 또한 군국주의 시대에 걸맞은 장교적 소양을 갖춘 교사를 양성한다는 목적도 갖고 있었다. 일본은 명치유신 이후에 後進(후진) 일본인들을 근대적 公民(공민)으로 교육시키는 데 있어서 교사를 양성하는 사범학교 육성에 가장 큰 역점을 두었다. 좋은 시설과 우수 인력 확보에 집중적인 투자를 했으며 교사들 대우도 잘 해주었다. 일제시대에 가장 안정되고 존경받는 직업이 교사였다.

　　사범학교 교육내용도 지식보다는 인물 양성에 역점을 두었다. 체육과 예능 및 군대식 교육에 많은 시간을 배당하는 全人(전인) 교육과 기숙사

제도를 시행하였다. 사실상 準(준)사관학교였다. 구미보통학교 때 이미 군인이 되겠다는 생각을 가졌던 박정희로서는 이 학교에서 자신의 소질을 검증할 수 있게 됐다. 죽는 그 순간까지 유지됐던 박정희의 엄정한 武人的(무인적) 자세를 이해하려면 그가 장교 교육만 근 10년(사범학교 5년, 만주군관학교와 일본 육사에서 약 4년, 조선경비사관학교에서 3개월)을 받았다는 점을 염두에 둘 필요가 있다.

흐트러짐이 없는 그의 단아한 자세는 이런 단련에서 우러나온 자연스런 몸가짐이었다. 그는 이런 교육을 통해서 한국의 양반 문화, 일본의 무사 문화, 중국의 한자 문화를 골고루 섭취했다. 박정희란 인물은 그런 점에서 동양 3국의 문화가 함께 빚어낸 어떤 공동작품의 모습을 지니고 있다.

이유 있는 꼴찌

영웅에게 있어서 숙명이란 것은 눌러도 눌러도 튀어오르는 생명력 같은 것이리라. 박정희는 태아 시절에 이미 어머니로부터의 집요한 공격을 받고서도 이 세상에 태어남으로써 최초의 관문을 통과했다. 대구사범에 진학할 때도 어머니는 아들이 떨어지도록 빌었으나 정희 소년은 합격함으로써 상모리를 떠나게 되었다. 박정희가 보통학교를 졸업하고 고향에서 농사꾼으로 주저앉았다면 그의 운명과 이 나라의 운명도 달라졌을 것이다.

구미보통학교 시절에 이 소년의 마음밭에 뿌려진 어떤 소질의 씨앗이 대구사범시절에 인격의 틀을 갖추면서 자라난 점에서 이 5년은 중대한 기간이었다. 성적표로만 본다면 박정희 학생의 이 5년은 대실패였다.

박정희의 대구사범 성적표는 대구사범의 후신인 경북대학교 사범대학에서 공개를 금지시켜 왔기 때문에 세상에 알려지지 않았었다. 박정희의 집권시절에 나온 傳記類(전기류)에서는 1등만 한 구미보통학교의 성적표는 소개하면서도 사범학교 시절의 성적은 그냥 '우수한 편', '중간 정도' 식으로 넘어갔었다.

기자는 작고한 李洛善(이낙선·상공부 장관 역임)이 남긴 메모와 자료들을 1991년에 열람했었다. 그가 육군 소령으로서 국가재건최고회의 의장 비서로 있을 때인 1962년에 모아 두었던 '박정희 파일' 중에서 사범학교 성적표를 발견했다.

박정희는 입학 시험에서는 100명 중 51등으로 합격했으나 1학년 석차는 97명 중 60등으로 내려갔다. 2학년 때는 83명 중 47등으로 약간 올라갔다가 3학년 때는 74명 중 67등, 4학년 때는 73명 중 73등, 5학년 때는 70명 중 69등을 했음이 밝혀졌다. 이 성적표가 그의 시대에 공개되지 않았던 것도 '꼴찌 출신 대통령'이란 구설수를 차단하기 위해서였을 것이다.

박정희의 행동 평가도 나빴다. 품행을 의미하는 '操行(조행)' 평가는 5년간 '양, 양, 양, 가, 양'이었다. 2학년 담임은 그를 '음울하고 빈곤한 듯함'이라 적었다. 3학년 때는 '빈곤, 활발하지 않음, 다소 불성실'이라 되어 있고 4학년 때는 '불활발, 불평 있고, 불성실'이라고 적혀 있다.

志操(지조)는 '堅實(견실)', 습관은 '寡言(과언)', 사상은 '穩正(온정)', 학습태도는 '보통'으로 평가됐다. 더 놀라운 것은 장기 결석이다. 2학년 때 10일, 3학년 때 41일, 4학년 때 48일, 5학년 때 41일이다. 기숙사비를 마련하기 위해 고향에 가서 돈이 마련될 때까지 눌러 앉았기 때문이다.

'취미'란에는 '검도'라고 되어 있다. 이밖에도 박정희는 사격, 나팔, 육상에 뛰어났다. 학업에서는 꼴찌였지만 교련 시간에는 소대장이었다. 군사 및 체육과목에서 활발했다는 것은 그의 신체발육상태가 많이 향상된 것을 반영한다. 5학년 때 그는 키가 159.2cm에 몸무게는 59.5kg, 가슴둘레 88cm로서 '甲(갑)'의 평가를 받았다. 학과 중에서 그래도 성적이 괜찮은 과목은 역사, 지리, 조선어였다. 이 '박정희 파일'에는 동기생 (대구사범 4회)인 石光守(석광수·작고·국제신문 상무 역임)가 이낙선 소령에게 보낸 편지가 철해져 있었다. 학창시절의 박정희를 평한 편지였다.

〈말이 없고 항상 성난 사람처럼 웃음을 모르고 사색하는 듯한 태도가 인상 깊었다. 동기생 중 누구와 친하게 지냈는지조차 알 수 없다. 5학년 때 검도를 시작하였으므로 크게 기술이 있었다고는 보지 않는다. 권투는 기숙사에서 그저 연습을 했을 정도이지 도장에는 나가지 않았다. 군악대에 들어가서 나팔수가 되었다. 축구도 잘했고 주로 자신의 심신 연마에 노력했다. 성적에는 두각을 나타내지는 못 했으나 (머리는) 우수한 편이었고 열심히 시험공부를 하지는 않았다〉

동기생 曺增出(조증출·문화방송 사장 역임)이 써 보낸 인물평도 있었다.

〈대체로 내성적인 편이었고 항상 무엇인가를 구상하고 있는 듯하였으나 外表(외표)하지 않은 관계로 그의 진정한 위인됨을 파악한 學友(학우)가 희소하였다. 다른 학우들은 장차의 이상 및 포부에 대하여 종종 피력하였으나 그는 일절 침묵을 지켜왔고 交友(교우)의 범위도 그다지

넓지 않았다고 기억한다. 검도에는 전교에서 손꼽히는 勇者(용자)로서 방과 후에는 죽검을 들고 연습을 하는 모습을 종종 발견할 수 있었다. 평소에 학우들과 장난칠 때도 검도하는 흉내를 내어 머리를 치곤 했다. 나팔의 제 1인자로서 큰 버드나무 아래서 하급생들을 데리고 나팔 연습하는 모습이 기억에 새롭다. 기계 체조도 잘했다. 4, 5학년 여름 휴가 때는 대구80연대에 들어가서 군사 훈련을 받았는데 박정희는 교련에 매우 취미를 가진 것으로 기억난다. 시범 때 그가 자주 조교로 뽑혀 나왔다. 특히 총검술은 직업군인을 능가할 정도로 우수하였다〉

조증출은 이 편지에서 당시 대구사범의 분위기를 이렇게 묘사하였다.

〈일본 정신이 투철한 교육자들만 모아 놓았기 때문에 교육 이념이 천황 절대 숭배로 출발하여 신격화로 끝나는 교육이었다. 그럴수록 학생들 사이에서는 민족적 의분심이 불타올라 소위 '무저항적 반항'을 일삼았다. 소설을 읽을 때도 일본인의 작품은 의식적으로 읽지 않고서 세계 문학 전집을 읽었다. 기숙사에서도 탄압에 굴하지 않고 조선, 동아일보를 구독하였고 '개벽' 같은 잡지도 읽었다. 특히 신문 연재 소설 중에서는 '상록수'가 기억에 남는다. 사회주의적 경향을 가진 학생들도 있었으나 대개가 민족운동을 전개하는 한 방편이었다.

1학년이 기숙사에 입사하면 선배들이 민족의식을 고취시켜 주었다. 선배들은 우리에게 기숙사 안에서는 게다를 신지 못하게 하였다. 국어 담당이신 金永驥(김영기) 선생이 국어 시간에 우리 국사 이야기를 해 주신 것이 많은 감명을 주었다. 박정희는 특히 국사에 흥미를 가지고 있었던 것이 기억난다. 기숙사 생활은 대체로 유쾌하고 유익하였다. 박정희의 인품은 이 사생활을 통해서 배양되었다고 해도 과언이 아니다. 단체 생활을 5년간 해왔기 때문에 공덕심과 희생적 봉사 정신을 도야하게 되었고 小我(소아)를 大義的(대의적) 입장에서 버릴 수 있는 정신적 素地(소지)를 함양하였다〉

박정희는 학업에서는 바닥을 기고 기숙사비를 내지 못해서 고향으로 내려가 장기간 결석을 해야 하는 二重苦(이중고)에 시달리고 있었지만 군사 훈련과 체육에는 열성적으로 참여하고 있었음을 알 수 있다.

황민화를 목적으로 한 학과교육을 충실히 하여 모범생이 되는 길은 포기하고 국가주의를 추구하는 군사 교육에는 열심이었던 것이 박정희였다. 박정희의 이런 선별적 수용이 '나는 민족혼을 너희들에게 팔지는 않겠다. 그 대신 군사문화의 실질은 적극적으로 배우겠다' 는 계산에 의한 것이라면 그의 꼴찌는 '이유 있는 꼴찌' 라는 이야기가 되는 것이다.

1932년 4월 8일 대구사범 대강당에서 열린 4기 입학식에서 박정희도 다른 학생들처럼 히라야마 마사시(平山正) 교장에게서 깊은 인상을 받았을 것이다. 히라야마 교장은 학생들을 향해서는 일본말로 연설을 한 뒤에 학부형들을 향해서는 유창한 우리말로 인사를 했던 것이다.

박정희가 대구사범 4기 입학생으로서 교정에 첫 발을 들여놓았을 때 분위기는 무거웠다. 3년 선배인 尋常科(심상과) 1기 학생들 중 27명이 사회주의자 玄俊赫(현준혁) 교사가 조직한 독서회(사회과학연구회) 사건에 연루되어 구속되고 퇴학을 당한 직후였기 때문이다. 1기로 입학한 한국인 학생은 93명 중 86명인데 졸업자는 55명이었다. 탈락자 31명은 거의가 抗日(항일) 운동에 관계했다가 퇴학을 당한 것이었다.

광복 뒤 김일성의 지시로 암살되는 공산주의자 현준혁이 대구사범의 교사로 부임한 것은 1929년이었다. 평남 개천 사람인 그는 경성제대 철학과를 졸업하자마자 대구에 첫 직장을 구해서 온 것이었다.

사회주의자 玄俊赫 교사

현준혁 교사는 영어를 가르쳤지만 한글 교육에도 열심이었다. 그때 〈조선일보〉는 문맹퇴치운동을 벌이고 있었다. 현준혁은 '아는 것이 힘, 배워야 산다' 라는 교재를 구해서 한국인 학생들에게 나누어주면서 이렇게 말했다.

"우리 민족은 무식한 사람이 많으니 한글을 배워서 신문 잡지라도 읽어야 세상 돌아가는 상황을 알게 되고 그래야 우리 같은 약소민족이 살아갈 수 있다. 우리 학생 90명이 방학을 이용하여 한글보급운동을 하면 매년 9,000명에게 글을 깨우쳐줄 수 있을 것이다. 졸업 후에도 과외 수업이나 방학을 이용하여 이렇게 하자."

현준혁 교사는 영어를 가르칠 때 발음표를 반드시 한글로 썼다. 일본인 학생들이 불평을 해도 무시해 버렸다. 그는 또 기숙사를 순시할 때는 일부러 일본 학생들이 벗어놓은 게다짝을 발에 걸린다는 듯이 차 버리기도 했다. 한국 학생들과 잡담을 나누는 척하면서 광주학생사건에 대해서 말해 주기도 했다. 영어 시간에는 학과와 관계가 없는 李舜臣(이순신) 이야기를 꺼내서 민족의식을 고취하려고 했다. 2기생 金魯楔(김노설)은 〈大邱師範 尋常科誌(대구사범 심상과지)〉에서 이렇게 회고했다.

〈보통학교를 졸업할 때까지 제 나라 역사를 배워보지 못했던 우리인지라 우리는 玄(현) 선생의 국사 강의에 너 나 할 것 없이 숨을 죽였고 눈시

울을 적시기도 했다. 비로소 내 조국이 무엇인지를 알게 되었고 망국의 설움과 함께 일본에 대한 강한 적개심이 북받쳐 올랐다〉

현준혁은 2학년에 들어가서는 禹濟東(우제동) 학생 등 다섯 명을 조직책으로 뽑아 점조직식으로 사회주의 서적 독서회인 사회과학연구회를 만들었다. 이 조직의 목적은 '조선 민족의 해방과 무산농민의 구제'였다. 서적은 오사카에 살고 있던 대구사범 자퇴생 夫章煥(부장환)이 비밀리에 보내주었다. 현준혁은 이 책들을 약 30명으로 불어난 독서 회원들에게 나누어 주어 기숙사에서 消燈(소등) 후에 이불을 뒤집어쓴 채 손전등을 켜서 읽도록 했다. 그때 대구사범 학생들은 대구역에 나가서 만주로 북상하는 일본 군인들을 환송하곤 했다. 이 독서회 회원들은 그 자리에서는 침묵을 지키고 일장기도 펴들지 않았다. 현준혁은 1931년 11월 1기생 申鉉弼(신현필) 등 학생 수 명과 함께 구속되었다. 수사가 확대되어 1기생 중에서만 27명이 구속됐다. 현 교사와 다섯 명의 조직책은 구속기소되고 나머지 학생들은 기소유예처분을 받고 풀려 나왔으나 전원 퇴학당했다.

이 사건을 수습하기 위해 우가키(宇垣一成) 총독이 학교를 방문하기도 했다. 그 직후 히라야마 교장은 전교생들을 모아 놓고 다음과 같은 요지의 연설을 했다.

"학생제군들의 심정을 나는 충분히 이해할 수 있다. 나도 과거의 학창시절을 회상하면서 말하노니 참고해주기 바란다. 내가 도쿄에서 一高(일고)에 다닐 때는 명치유신 직후로서 벌족제도 타파를 내건 문명개화운동이 한 시대를 소란케 하고 있었다. 많은 학생들이 이에 호응하여 상아탑을 뛰쳐나가 사회의 물결에 휩쓸렸다. 그들은 다시는 대학으로 돌아오지 않았다. 그런데 오늘의 일본 문명을 쌓아올린 사람들은 그 때 거리로 뛰어나간 학생들이 아니라 상아탑을 고수한 학생들이라는 점을 제군들은 명심하여야 할 것이다."

현준혁이 주도한 독서회에 가입하였다가 퇴학당하였던 1기생 玉致祥(옥치상), 朴準浩(박준호)는 〈대구사범 심상과지〉에 실린 회상록에서 〈현 선생을 지금에 와서 단순한 공산주의자라고 보는 사람도 있으나 당시는 사회주의와 민족주의가 공존하여야 하는 불가피한 관계에 있었고 3년 간 그로부터 공·사석에서 계급투쟁에 대한 이야기는 한 번도 들어본 적이 없다〉고 했다.

박정희 등 4회 동기생들이 기숙사에 처음 들어가서 놀란 것이 있었다. 4학년이 된 1기 선배들이 후배들에게 말을 놓지 않고 존대를 하는 것이었다. 다른 학교에서는 선배가 후배에게 말을 놓는 것은 물론이고 예사로 기합을 넣고 구타를 하는데 대구사범에서는 선후배간의 인격 존중이 전통으로 정착되어 있었다.

박정희와 동기로서 같은 나팔수였던 李英遠(이영원)은 "그런 전통은 아마도 현준혁 선생이 지도하여 만들어 놓은 것으로 추측되었다"고 했다. 이영원은 동기생인 李貞粲(이정찬)과 친하면서도 졸업할 때까지도 말을 놓지 않았다.

박정희는 대통령이 된 뒤에도 친밀하지 않은 사람이면 그가 청와대 보일러공이라 해도 존댓말을 썼다. 인간차별을 하지 않는다는 박정희의 특징은 이런 학창생활과 관계가 있어 보인다. 박정희보다 1기 선배인 3기의 陳斗鉉(진두현)에 따르면 현준혁은 첫 시간에 이런 당부를 하더라고 한다.

"상급생이라고 하급생을 일본 학교서처럼 기합 줘서도 못쓰고 하급생이라고 굴종해서도 못쓴다. 우리는 다같이 압박받고 있는 조선 사람들이야. 서로 아끼고 사랑해야 한다."

현준혁은 사회주의자로서의 윤리에 철저했다. 그는 고향의 無學(무학) 처녀와 결혼했던 것이다. 현준혁은 치안유지법 위반으로 기소되어 징역 3년에 집행유예 5년을 선고받았다. 그가 조직한 독서회는 그 뒤로도 맥을 이어갔다. 박정희와 동기인 黃龍珠(황용주·前 문화방송 사장)는 2학년 말에 현준혁 계열의 독서회에 들어가 사회주의 책을 읽다가 기숙사 검색 때 발각되었다. 퇴학처분.

그는 고향인 밀양에 돌아왔다가 영어와 수학을 공부한 뒤 오사카 중학교 4학년에 편입하였다. 이어서 와세다 대학 불문과에 입학하였다. 洪宗漢(홍종한·작고·前 수산개발공사 부사장)은 5학년 때 영국 사회주의 저술가 H. G. 웰스가 쓴 《世界文化史大系(세계문화사대계)》를 읽었다는 이유로 해서 퇴학을 당했다. 이런 식으로 퇴학을 당한 4기생이 중퇴자 27명 중 대부분을 차지했다. 박정희와 동기인 尹致斗(윤치두·작고·경북 영천시 교육장 역임)는 이렇게 회고했다.

"학교에서 보호자를 소환하면 그 학생은 영락없이 퇴학을 당한다. 그러면 고리짝을 짊어지고 밤에 보호자를 따라 학교를 떠나는데, 우리는 한솥밥을 먹고 같이 뒹굴던 친구들이 그렇게 떠나는 것을 기숙사에서 내려다보고 얼마나 울었는지 모른다."

12회 李長煥(이장환)은 〈대구사범 심상과지〉에 이렇게 썼다.

〈5년 동안이나 날마다 드나들던 연붉은 교문기둥에 노랗게 붙어 있는 '官立大邱師範學校(관립대구사범학교)'라는 동판 문패. 그 저편에 보이는, 본관 현관에 우거진 담쟁이덩굴을 잊지 못할 것이다. 그 푸르디 푸른 잎사귀로 뒤덮인 붉은 벽돌 교실에서 우리들은 자랐고 거기서 우리들은 뼈가 아팠으며, 그 속에서 심상과는 서러웠었다. 청운의 꿈을 안고 그 어려웠던 입학시험의 관문을 뚫은 총명한 눈동자에 거칠 것이 어디 있었겠느냐마는 식민지 치하의 현실은 냉혹했고 시대상황은 너무나 달랐던 것이다. 꿈은 깨어지고 바람은 거세었다. 대구사범학교로 말미암아 거기서 우리는 이민족을 만났고, 그것도 정복자 일본인으로 만났기에 서로의 갈등과 충돌은 극심했었다. 압박받는 우리의 처지는 슬펐으며 슬픔은 곧 저항으로 변해갔고 우리로 하여금 민족의 살길을 찾게 했다〉

"금강산아! 머리를 들 수 없구나"

현준혁 교사가 구속되어 학교를 떠난 이후 허전해진 학생들의 마음을 붙들어준 것은 김영기 선생이었다. 충남 부여 사람인 그는 조선어를 가르치고 있었다. 그는 문학의 혼이 사라지지 않는 한 민족혼도 사라지지 않는다고 믿었다. 시간마다 학생들에게 시조 百首(백수)를 골라 프린트를 해서 나눠 주었다. 시조를 통해서 겨레의 영혼을 이어가려는 강의법이었다. 그는 우리 역사 강의도 곁들여서 했다. 조용한 성격인 김영기는 박정희의 4기생들을 가르치던 어느 날, 임진왜란과 이율곡의 10만 양병론을 설명하다가 "나라가 이러니 어찌 망하지 않을 수 있었겠느냐"면서 한동안 흐느꼈다. 학생들도 따라 울었다.

박정희가 3학년일 때인 1934년 4월에 또 독서 사건이 터졌다. 1기 선배인 4학년생 중 진두현 등 여섯 학생들이 독서회를 만들어 사회주의 책들을 읽다가 퇴학당한 뒤에 구속되었다. 진두현을 유치장에 집어넣으면서 조선인 형사가 말했다.

"玄(현)이란 새끼가 뿌린 씨앗은 참으로 놀랍구나. 그러나 이번만은 뿌리째 뽑고 말 것이야."

이 말을 듣는 순간 진두현은 〈조선일보〉에서 읽은 칼럼 한 구절이 생각났다는 것이다.

'조선사람은 감옥살이를 2~3년 해야만 옳은 조선 사람이 될 수 있다.'

진두현은 '나도 이젠 옳은 조선 사람이 되기 위한 수련으로써 옥살이를 한다'는 각오를 다졌다는 것이다.

이 사건이 있은 지 한 달 뒤인 5월에 박정희는 3학년생들과 함께 금강산으로 수학여행을 갔다. 철원에서 전철로 갈아타서 내금강 입구 말휘리역에 도착하니 태평여관에서 큰 旗(기)를 가지고 나와서 여행단을 환영해 주었다. 조선인이 경영하는 이 여관에서는 학생들을 정성들여 모셨다. 조선 음식도 맛있었고 잠자리도 쾌적했다. 다음날 내금강을 구경한 뒤에 도착한 곳은 日人(일본인)이 경영하는 구미산장이었다.

일본인 주인의 대접이 영 시원치 않았다. 1박 3식에 돈은 태평여관보다도 세 배나 많은 2원을 받으면서 저녁은 맛없는 일본식이고 잠자리는 흙바닥에 가마니를 깔고 그 위에 재우는 것이었다. 화가 난 학생들은 내일 점심 도시락은 이 여관 것으로는 먹고 싶지 않으니 만들지 말고 식대는 돌려달라고 요구하였다.

일본인 주인은 내일 도시락 반찬은 이미 준비하였으니 먹든지 안 먹든지 돈은 내야 한다고 말하는 것이었다. 조선인 학생들은 오기가 발동했다. 다음날 아침에 여관을 나설 때 여관에서 준비해둔 도시락을 아무도 갖고 가지 않는 것이었다. 일본인 인솔 교사가 "오늘 가는 길은 매우 험하다. 무슨 사고라도 나면 책임지지 않는다"면서 도시락을 가져갈 것을 권해도 듣지 않았다. 학생들은 점심을 굶어가면서 외금강을 구경하고 무사히 목적지에 도착하였다. 인솔 교사도 이 사건을 불문에 부쳤는데 도리카이(鳥飼) 교장이 이를 알고는 철저한 조사를 지시했다.

鄭明模(정명모), 鄭憲旭(정헌욱) 두 사람이 주동자로 몰려 퇴학을 당하고 유만식은 무기정학, 다른 일곱 명은 1주간의 근신처분을 당했다. 학교에서는 이들 학생들의 부모를 불렀다. 학생들에 대한 조사가 진행되고 있는 이틀 동안 이들 부모들은 복도에서 대기해야 했다. 이 사건은 '금강산 비로봉 사건'으로 불린다.

박정희와 동기생인 이정찬은 꼼꼼하고 빈틈없는 성격 그대로 이 금강산 여행 중에 들르는 상점과 공원관리사무소에서마다 기념도장을 받아와서는 스탬프集(집)을 만들었다.

여기에 친구들의 한마디를 실었는데 유독 박정희가 쓴 글이 뛴다. 맞춤법을 현대식으로 약간 고쳐서 소개한다.

〈금강산 일만 이천 봉, 너는 세계의 명산!
아! 네 몸은 아름답고 森嚴(삼엄)함으로 천하에 일홈(이름)을 떨치는데
다 같은 삼천리 강산에 사는 우리들은
이같이 헐벗었으니 과연 너에 대하여 머리를 들 수 없다
금강산아, 우리도 분투하야 너와 함께 천하에 찬란하게….
온정리에서 정희 씀〉

다른 동기생들은 '아! 평생에 보고 싶던 우리 금강산이여! 이제 보고

나니 晚時之歎(만시지탄)이 없을 수 없네' 식으로 자연을 자연으로만 보는데 박정희는 조국의 운명을 한탄하고 있다. 이는 말이 없고 생각이 많은 열일곱 학생의 마음속에서 중대한 문제의식이 자라나고 있다는 것을 엿보게 한다. 박정희를 '근대화 혁명가'로 만든 비범한 성격은 자신의 恨(한)을 민족의 한과 한덩어리로 파악한 점이다. 공동체가 아닌 자신의 한만을 풀려고 했더라면 그는 이기적인 입신출세주의자의 길을 걸었을 것이다. 박정희가 구미보통학교시절에도 특별히 정의감이 있는 소년이었는지는 알 길이 없다. 정의감이 가르쳐지는 것인지 타고나는 것인지에 대한 논란도 있을 것이다. 그러나 박정희는 대구사범에 와서는 정의감이 강한 학생임을 엿보게 하는 몇 가지 흔적을 남기고 있다.

1936년에 발간된 〈대구사범 교우회지〉 제4호에 실린 5학년생 박정희의 시를 읽어본다.

〈대자연

1. 정원에 피어난
   아름다운 장미꽃보다도
   황야의 한 구석에 수줍게 피어 있는
   이름 없는 한 송이 들꽃이
   보다 기품 있고 아름답다.

2. 아름답게 장식한 귀부인보다도
   명예의 노예가 된 영웅보다도
   태양을 등에 지고 대지를 일구는 농부가
   보다 고귀하고 아름답다.

3. 하루를 지내더라도 저 태양처럼

하룻밤을 살더라도 저 파도처럼

느긋하게, 한가하게

가는 날을 보내고 오는 날을 맞고 싶다. 이상〉

이 시를 한 일본기자에게 읽어보게 했더니 "언어감각이 참 뛰어나고 순수한 마음이 들어 있다"고 놀라는 것이었다. "일본어의 운율도 잘 맞아떨어져 노래 가사 같다"고도 했다. 실제로도 박정희는 자신의 시에다가 1, 2, 3의 번호를 붙여놓아 그가 작사한 몇 가지 노래의 가사를 연상시킨다. 마지막에 '以上(이상)'이라고 써 놓은 것이 인상적이다.

여기에서도 끊고 맺는 것이 분명한 것을 좋아하는 박정희의 정신자세를 엿볼 수 있다. 무엇보다도 이 시에서 느낄 수 있는 것은 다소곳하고 소박한 것에 대한 박정희의 동경이다. 들꽃과 농부로 상징되는 약자와 소박성, 거기에 대칭되는 귀부인과 영웅 사이에서 박정희는 약자 편에 서겠다는 것을 이미 선언하고 있다. 박정희가 죽을 때까지 유지해 간 강자와 부자에 대한 반골의식과 소박성은 이미 대구사범 교정에서 틀이 잡히기 시작했던 것이다.

나팔소리

박정희는 5학년 때 기숙사 北寮(북료) 2층 6실에 배치됐다. 실장은 5학년의 우등생인 이정찬, 박정희가 부실장, 그리고 후배들이 10명이었다. 방박닥은 다다미, 방 가운데 앉은뱅이 책상들을 붙여 놓아 자습하도록 하였다. 방 입구에는 숯을 쓰는 화로가 있었고 벽을 따라서 벽장이 있어 私物(사물)을 보관하였다. 학생들은 머리를 책상, 다리를 벽장 아래로 뻗고 잤다.

밤마다 빈대와의 전쟁이 벌어지던 이 방에서 박정희와 함께 1년을 보낸 사람들 가운데 3년 후배인 7기생 두 사람이 생존해 있다. 崔榮福(최영복·전 경복고등학교 교장), 姜應求(강응구·전 두계초등학교 교장). 두 사람은 박정희를, '말이 적고, 늘 골똘한 생각에 빠져 있던, 당찬 선배'로 기억하고 있었다.

기숙사에서는 '가부시키(株式)'라는 풍습이 있었다. 저녁에 공부를 하다가 배가 출출해지면 한 사람이 10전씩 출자하여 돈을 모은다. 그리고는 한 사람을 뽑아 기숙사 바깥으로 원정을 보내 과자를 사 오게 하는 것이다. 박정희는 기숙사비도 제때에 못 내고 있을 때여서 '가부시키'에 낄 수 없었다. 강응구의 기억에 따르면 박정희는 '가부시키' 이야기가 나오면 혼자서 슬그머니 나갔다가 일이 끝난 뒤에 들어오곤 했다는 것이다. 보기가 안쓰러워 후배들은 박정희가 있을 때는 '가부시키' 이야기를 꺼내지 않게 되었다.

강응구는 박정희가 하도 말이 없어 한때는 어디 병이 있는 것이 아닌가 하는 생각까지 했다. 박정희의 특징이 있었다. 아침에 일어나 칫솔질을 하는데 가루치분을 쓰던 그 시절, 박정희는 벽에 걸린 거울을 보면서 칫솔질을 매우 오래 하는 것이었다. 칫솔질을 하면서도 무슨 생각인지, 다짐인지를 하고 있는 것 같았다. 칫솔질이 끝나면 수건을 허리에 질끈 동여매고 세면장으로 향하는데 꼭 결투장으로 가는 사람 같아보였다.

박정희는 방과 후에는 혼자서 별채 건물의 음악교실 뒤로 가서는 권투 연습을 하기도 했다. 검도와 권투 연습을 자주 한 박정희는 '아이구치'라고 불리는 작은 칼을 갖고 다녔다는 이야기도 있다. 이는 강응구의 증언인데, 대구사범이 대구고보 운동장에서 축구시합을 하여 1 대 0으로 대구고보에 이겼다. 응원나왔던 대구고보의 주먹들이 화가 나서 대구사범 응원부대를 혼내 주려고 교문 앞에서 기다리고 있었다. 이때 박정희가 붕대로 주먹을 감더니 아이구치를 꺼내고는 '한판 붙자'고 나서자 주먹들이 물러났다는 것이다.

박정희는 친구도 말도 별로없는 꼴찌 학생이었지만 아무도 무시할 수 없는 힘을 갖고 있었다. 그 힘은 완력과 침묵에서 우러나오는 것이었다. 그는 결코 공격적인 학생은 아니었다.

'남을 먼저 건드리지는 않겠지만 상대방의 공격이 있으면 나의 자존심을 지킬 수 있는 힘은 갖고 있어야 한다'는 생각을 하고 있었던 것으로 보인다. 고슴도치 같은 학생이었다.

박정희 대통령은 자주국방을 고슴도치에 비유해 설명하기도 했었다. 우리나라는 남을 침략할 수 있는 힘은 없어도 되지만 강대국이 먹으려고 할 때는 고슴도치처럼 웅크리고 공격자세를 취할 만한 힘은 있어야 한다는 것이 자주국방의 논리였다. 强小國(강소국)을 지향했던 박정희의 이런 자주국방 정책은 박정희의 인격을 어느 정도 반영하는 것으로 보인다.

박정희가 5학년이던 1936년 4월 교정 한구석에서 동기생 朱宰晶(주재정)과 석광수가 말다툼을 벌였다. 주재정은 소녀처럼 얌전한 학생, 석광수는 제일 잘 나가는 주먹이었다. 석광수가 맥주병을 깨 주재정의 머리를 내리쳤다. 피가 쏟아지기 시작했다. 동급생들은 겁이 나서 구경만 하는 것이었다. 이때 박정희가 나섰다. 현장에 있었던 동급생 金昞熙(김병희·인하대학교 학장 역임)의 기억에 따르면 박정희는 석광수를 때려

눕혔다는 것이다.

기숙사에서 박정희는 실장인 동기생 이정찬과 사이가 좋지 않았다. 성격이 모진 박정희는 이정찬과 맞닿아 있는 자신의 책상을 일부러 떼내어 다른쪽을 보면서 공부하기도 했다. 舍監(사감)이 기숙사를 돌아다니다가 이걸 보고 지적을 하면 못마땅하다는 듯이 다시 붙여놓는 것이었다. 후배 강응구는 어느 날 아무도 없는 방에서 이정찬과 박정희가 치고 받을 듯이 권투 자세를 취하고 있는 것을 본 적도 있다. 이정찬은 5학년 중에서는 최우등생이고 앨범 편집위원장 등 궂은 일을 도맡아 하는 일꾼이었다. 동북고교 교장을 지내고 작고한 이정찬에 대한 동기생들의 평은 '빈틈이 없는 전형적인 교육자'이다. 이정찬이 책임을 지고 만든 제4기생 졸업앨범은 요사이의 앨범보다도 편집이나 사진의 질이 뛰어나다. 민족정신과 정성이 스며 있는 앨범을 보노라면 왜 이런 학생을 박정희가 싫어했을까 하는 의문이 생긴다.

후배 강응구는 박정희가 기숙사 복도에서 자신에게 역사와 야사를 가끔 들려준 것을 기억하고 있다. 박정희는 역사"책을 많이 읽고 있었다. 이 박정희에게 한번은 강응구가 수학 교과서에 나온 방정식 문제를 좀 풀어달라고 부탁한 일이 있었다. 박정희는 끙끙대면서 문제를 풀었는데 정답표와 대조했더니 정답이었다. 박정희는 자신도 대견한듯이 기분이 매우 좋아져서 모처럼 웃음을 짓더라고 한다. 워낙 입을 굳게 다물고 있던 박정희라 활짝 웃어보인 그때의 기억이 오래 남았다.

박정희는 성적이 꼴찌권을 맴도는 바람에 한 달에 7원씩 나오는 官費(관비)를 받을 수 없었다. 당시 7원이면 대략 쌀 반 가마값이었다. 반에서 40등 이내에 드는 관비생들은 7원을 받으면 식비로 4원 50전, 기타

共用(공용)으로 2원을 기숙사에 내야 했다.

기숙사의 운영은 학생들이 자치적으로 하고 있었다. 박정희는 집에서 부쳐주는 식비를 기다리다가 늦어지면 외상밥 또는 눈칫밥을 먹는 기분을 느꼈을 것이다. 자존심이 강한 그는 이럴 때면 고향인 상모리로 내려가 버리는 것이었다. 박정희의 조카인 박재석(박정희의 둘째 형 박무희의 장남)은 '월사금은 없고 돈까지 준다'는 대구사범에 다니는 삼촌이 시도 때도 없이 돈을 구하러 내려와서는 며칠씩 놀다가 가는 것을 이해할 수 없었다.

삼촌 박정희는 이불 보통이와 빨래감을 갖고 와서 어머니한테 맡겨놓고는 〈조선일보〉 선산지국을 운영하던 박상희의 집을 찾아와서는 눌어붙는 것이었다. 박상희는 박재석을 불러들인 다음 손바닥만 한 메모지에 글을 써 주는 것이었다. '우리 조카를 보내는데 제 동생의 학비 후원 부탁드립니다'는 취지의 내용이었다. 이런 메모를 가지고 박재석은 구미면장, 곡물검사소장 같은 구미면 내의 유지들을 찾아다녔다.

"그 분들은 일하다가 말고 제가 드린 쪽지를 읽으시고는 돈을 봉투에 넣어 건네 주시는 것이었습니다. 적게는 1원, 많게는 5원씩 주셨습니다. 저는 이 봉투들을 상희 삼촌에게 드리는데 그분은 열어볼 생각도 않고서 '네 아제 갖다 줘라'고 말하는 것이었습니다. 기분이 좋지는 않으셨지요. 좀 골치아파했지요."

박정희의 상모리 친구들은 나팔소리를 듣고서 그가 왔다는 것을 알곤 했다. 뒷동산에 올라 부르는 군용 나팔 소리. 그것은 가난과 꼴찌, 그리고 일제의 억압에 찌들린 자신의 마음을 달래려는 하나의 몸부림이었으리라.

억지 結婚

대통령 박정희는 시도 쓰고 서예에도 능했으며 그림도 잘 그렸다. 운동은 거의 만능이었고 노래를 작사, 작곡했다. 책을 손에서 떼지 않았다. 그는 균형감각을 가진 교양인이었다. 이런 인격의 틀이 잡힌 것은 대구사범의 이른바 '死半(사반)교육'을 통해서였다. '사반'은 일본어로 읽으면 '사범'과 같은 '시항'이다. 대구사범 학생들은 '반쯤 죽이는 교육'이라는 뜻에서 그렇게 불렀다. 우선 학과목이 엄청 많았다. 박정희의 성적표를 보면 26개 과목이다.

이를 세분하면 38개 과목이 된다. 수신, 교육원리, 교육사, 각과 교수법, 심리, 논리, 관리법, 교육 연구, 법제 경제, 국어(일본어=강독·표출·습자), 조선어(강독·표출), 한문(강독·표출), 영어(강독·표출), 지리, 역사, 수학(산술·대수·기하·삼각법), 博物(박물), 물리, 화학, 농업(학과·실습), 상업, 공업, 圖畵(도화), 수공, 음악, 체조(교련·체조·경기·무도). 이 많은 과목을 소화하기 위해서 대구사범 학생들은 아침 6시에 일어나야 했다. 6시 15분에 조례, 7시에 아침식사, 8시 5분에 등교, 12시 30분에 점심, 오후 4시에 入浴(입욕), 오후 6시에 저녁식사 후 밤 9시 30분까지 기숙사에서 공부, 점호 후 밤 10시에 소등. 여름 방학 때는 2주일씩 대구 주둔 80연대에 들어가서 군사훈련을 받았다. 3학기로 편성된 한 학년 과정에서 시험은 최소한 여섯 번.

'반쯤 죽이는 교육'을 위한 시설은 60년 뒤인 요사이 우리 교실 형편보다도 훨씬 나았다. 일제는 이 모든 교육을 실용정신에 입각하여 가르쳤다. 실기, 실습, 실험 위주, 즉 '가르치려면 알아야 할 뿐 아니라 할 수 있어야 한다'는 것이었다. 수공실에서 대패질도 하고 농장에서는 농사를 지었으며 연병장에서는 총검술, 음악실에선 바이올린도 켰다. '반쯤 죽이는 교육'이 물론 정치적으로는 조선 사람들의 혼을 빼앗아 충실한 황민으로 개조하기 위한 첨병을 양성하겠다는 목적을 갖고 있었다. 그런 敎導(교도)의 자질을 갖춘 인격을 만들기 위해서는 智德體(지덕체) 합일의 전인교육을 실시해야 했고 이것이 박정희型(형)의 사람들을 배출한 것이다.

대구사범의 황민화 교육은 실패했지만 전인교육은 성공했다. 신입생들 중 평균 약 30%가 항일 활동이나 사회주의 서적을 읽었다는 이유로 퇴학을 당하고 있었다는 것은 압제가 심한 만큼 반발도 거세진 것을 뜻한다. '반쯤 죽이는 교육'을 통해서 대구사범, 그리고 경성사범과 평양사범 학생들이 자신들의 살과 뼈로 받아들인 것은 동양적 가치관에 기초한 全人(전인)교육이었다. 이 일제 사범학교 출신들이 광복 뒤 우리나라의 초등·중등 교육을 주도하게 되었다. 이들이 길러낸 인재들이 박정희가 이끈 근대화혁명의 선두에 서게 됐다. 단련된 교사들에 의해 양성된 단련된 인력이 1960~1970년대의 한국 사회를 밀어 올렸다.

기자는 박정희가 이 5년을 어떻게 보냈는지를 짐작하게 하는 좋은 자료를 얻을 수 있었다. 박정희와 동기생인 이정찬의 일기이다. 이정찬은 5학년 때는 박정희와 같은 1組(조=반)였을 뿐만 아니라 기숙사에서도 같은 호실을 써 하루 24시간을 함께 했던 사람이다. 이정찬은 박정희보다 나이가 한 살 위였다. 청주에서 난 그는 열일곱 살이던 2학년 때 고향 처녀 鄭泰仁(정태인)과 결혼했다. 대구사범에서는 재학 중 결혼을 못 하게 하였으나 박정희를 포함한 상당수 학생들은 부모들의 강권에 따라

방학을 이용하여 몰래 결혼을 해놓고는 시치미를 딱 떼고 다녔다. 이정찬은 서울 동북고교 교장을 마지막으로 은퇴할 때까지 평생을 교육계에 바쳤다. 1993년에 79세의 나이로 작고했다. 그의 대구사범 일기는 부인 鄭(정) 씨가 보존하고 있다. 그의 일기에 나온 이정찬의 체험 중 상당 부분은 박정희의 체험이기도 하다. 기자는 그의 일기 중에서 동기생이자 기숙사 한방 친구인 박정희에 대한 언급이 나오는가 싶어서 다 읽어보았다. 딱 한 번 박정희가 등장했다.

〈1936년 11월 10일(5학년 때): 오늘 아침은 4시에 일어났다. 그래서 청소 용구를 준비해서 대구 神社(신사)에 모여 참배 후 境內(경내) 미화 작업을 하고 돌아왔다. 방과 후에 또 작업을 하고 해가 서산에 기울어져서 해산했다. 박 군(박정희)이 돌아오지 않아 엽서를 띄웠다(학기고사도 발표되었으니까)〉

북료 6실의 동거생인 박정희가 기숙사비를 마련하기 위해서 고향에 내려간 뒤 돌아오지 않고 있는데 2학기 기말 고사 일정이 발표되어 연락을 취했다는 뜻이다. 박정희는 5학년 때 이런 일로 41일간이나 장기결석을 했으니 모범생인 이정찬의 눈에는 답답하게 보였을 것이다. 박정희가 5학년이었을 때의 이정찬 일기 중에서 주요 대목을 뽑아 보았다.

〈1936년 2월 27일: 동경에서는 무엇인가 시끄러운 게 있는 것 같은데 호외도 없으므로 무엇인지 모른다.

3월 4일: '코노에 후미마로에게 大命(대명)이 내림'이라는 호외가 있었다. 그러면 어떻게 되는 것일까. 육군과의 관계는. 육군이 대단히 활발하게 움직이게 된 것처럼 보인다.

3월 5일: 체육장을 일구고 있을 때 호외. 오늘 아침 신문에 의하면 코노에 공이 사임하고 히로타 외상이 총리대신이 되었다고 한다. 모두들 의외라고 한다. 그 사람은 러시아에 정통하고 있다고 한다(편집자 注· 이는 2월 26일 도쿄에서 발생한 청년장교들의 쿠데타 기도를 가리킨다. 이들은 곧 진압되었는데 박정희는 나중에 2·26 사건을 연구하여 5·16 거사 때 참고했다).

3월 9일: 분열식 연습 이후 아리카와 중좌가 奉天戰(봉천전)에 대하여 講話(강화)를 했다.

3월 25일: 종업식. 봄방학 시작〉

박정희는 봄방학 때 선산으로 내려가 4월 1일에 세 살 아래인 열여섯 처녀 김호남과 결혼식을 올렸다. 김호남은 선산군 도개면에 사는 선산 김씨 金世鎬(김세호)·李末烈(이말렬) 부부 사이에서 난 4남매 가운데 큰딸이었다. 김 씨의 외가가 상모리 아랫동네에서 살았는데 박성빈에게 김호남을 중매했던 것이다. 김호남은 초등학교 과정을 가르치던 2년제 간이학교를 졸업한, 키가 훤칠하고 잘생긴 처녀였다.

박성빈이 막내 정희의 결혼 이야기를 꺼냈을 때 장남 동희와 상희는 반대했다. 앓고 있던 박성빈은 생전에 막내가 결혼하는 것을 꼭 봐야겠다고 우겼다. 박상희는 동생이 졸업하여 교사로 취직했을 때 결혼을 시켜도 늦지 않다고 아버지를 달랬으나 황소 고집인 박성빈은 듣지 않고 화만 냈다. 일방적으로 혼인 날짜까지 받아버렸다.

박정희는 펄펄 뛰었다. 혼인 날짜는 다가오는데 박정희가 집에 오지 않을까 걱정이 되기 시작했다. 박상희가 대구로 올라가서 박정희를 달랬다. 상희 형에게 잡혀오다시피하여 내려온 박정희는 친구들과 만난 자리에서 '결혼식 날에 달아날 궁리'까지 했다(《이낙선 비망록》). 5학년

신학기가 시작되는 날 내키지 않은 결혼식을 올린 박정희는 아내를 상모리 오막살이에 데려다 놓고는 달아나다시피 대구로 올라왔다. 다시 이정찬의 일기.

〈4월 1일: 1학기 시작. 5학년 1조 주임 선생은 기시 요네사쿠, 부주임은 고토 이사무 선생. 기시 선생은 '精進一路 內省深化(정진일로 내성심화)'를 모토로 하여 마지막 한 해를 명랑하게 장식해보자고 독려.

4월 2일: 오늘 밤 방바꿈이 있었다. 다행히도 북쪽 기숙사 6호실ㅡ조용한 곳에 배당되었다.

4월 6일: 신입생 입학식. 밤에는 신입생을 위한 간단한 환영회를 열었으나 사양하느라고 분위기가 어색했다. 그러나 너희들도 멀지 않아 여우가 될 것이다.

4월 18일: 朱(주) 군의 조난에 대해서 전율을 느낀다. 현장은 보지 못했지만 남산병원에 문병하러 갔다. 石(석) 군도 와 있었다. 원인이 어찌 됐든 사람 손의 흔적이!(편집자 注·얌전한 주재정의 머리를 석광수가 맥주병으로 때린 사건. 주먹쟁이 석광수가 깨진 맥주병을 들고 설쳐도 겁먹은 동급생들은 구경만 하고 있었다. 이때 박정희가 나서서 석광수를 때려눕혀 흉기를 버리게 함으로써 두고두고 화제가 되었다)〉

아리카와 中佐의 총애

1936년 5월 7일 대구사범 육상 대회에서 박정희는 800m 달리기 3조에 출전하여 2등을 했다. 1등의 기록만 적혀 있는데 2분 21초 1. 그달 20일 박정희를 포함한 5년생들은 일본으로 수학 여행을 떠났다. 그날 부산항에서 연락선을 타고 시모노세키 항에 닿았다. 그들은 열이틀간 히로시마-오사카-나라-도쿄-가마쿠라-닛코 등지를 돌아다녔다. 박정희와 학생들이 가장 놀란 것은 숲이었다. 이정찬의 일기-.

〈5월 21일: 히로시마에서 오사카로. 수목이 울창하여 한층 원만한 빛이 보인다. 이러하기 때문에 사람들의 마음도 너그러운 것이다. 아카시 효고 오사카… 거의 한 도시처럼 붙어 있다. 감격할 따름이다. 거칠어진 고향과 비교하여 이 얼마나 여유가 있는가〉

영웅 숭배의 기질이 있던 박정희는 아마도 도쿠가와 이에야스의 무덤이 있는 닛코의 東照宮(동조궁)에서 느낀 바가 있었을 것이다. 학생들은 도쿄에 있는 야스쿠니 신사에도 참배했다. 박정희 일행이 5월 31일에 학교로 돌아오자 기분 나쁜 소식이 기다리고 있었다. 기숙사생 23명이 장티푸스에 감염되어 비상 방역 체제였다. 6월 29일부터는 5학년생들이 농촌학교 위탁 실습을 하게 되었다. 학생들이 농촌지역 보통학교에 가서 농사도 지어 보고 농촌의 문제점도 깨닫도록 한 것이었다. 박정희는 경남 사천군에 있는 泗南(사남)보통학교에 배치됐다.

그가 나중에 새마을운동을 추진할 때 이 실습에서 많은 암시를 받았을 것이란 시각도 있다. 이 농촌 실습은 7월 12일까지 계속되었다. 박정희는 하숙을 했는데 주인이 생선 요리를 해주면 먹지 못하고 소금에 절인 갈치나 곰삭은 굴비만 먹었다. 박 대통령은 1965년 晉三線(진삼선) 개통식 때 사천에 들러 농촌 실습 때의 하숙집 여주인 明榮姬(명영희)를 찾았다. 明 씨는 출타 중이었다. 박정희는 서울로 돌아와 다시 明 씨와 아들 崔秉冀(최병기)를 청와대로 초청했다.

7월 20일 대구사범은 1학기 종업식을 갖고 여름방학에 들어갔다. 30

분간 기숙사 청소, 그리고 30분간 담임교사로부터 주의 말씀을 들은 뒤
에 학생들은 고향길에 올랐다. 박정희는 상모리에서 孫基禎(손기정)이
베를린 올림픽의 마라톤 경기에서 금메달을 땄다는 소식에 접했을 것이
다. 이정찬의 일기에서 그 때의 흥분을 느낄 수 있다.

〈8월 10일: 올림픽에서 우리 선수들이 마라손에서 1, 3등을 했다. 무
엇이라 축하해야 하나.

8월 11일: 싫증이 날 정도로 비가 내린다. 손기정 선수에 대한 호외는
계속 뿌려진다. 전국 방방곡곡 환희로 가득 찼다. 라디오에서는 이 군중
을 보라, 수많은 환영 군중 속에서 세계의 위인으로 지목되고 있다고 한
다. 독일 총통 히틀러와 역사적 광경을 배경으로 악수〉

박정희는 8월 22일 대구사범으로 돌아왔다. 여름방학이 끝난 것이다.
학우들은 모두 건재하였다. 기숙사의 빈대도 건재했다. 22, 23일 밤, 북
료 6실의 동거생인 박정희와 열한 명의 학생들은 빈대와의 전쟁을 벌이
느라고 잠을 설쳤다. 실장인 이정찬은 일기에서 '대열을 지어 쳐들어오
는 빈대와의 싸움'이라 표현했다. 대구사범 4, 5학년생들은 24일 대구
80연대에 입소했다. 지난해에 이은 2주간의 훈련이 시작되었다. 완전한
군사훈련이었다. 25일 박정희는 새벽 5시 반에 일어났다. 점호, 침상정
리, 아침식사를 번개처럼 해치운 뒤에 7시 반부터 훈련에 참여했다. 저
녁 6시부터는 야간 연습이 있었다.

다음날에도 아침 일찍 일어나 각개전투 훈련을 받았다. 27일에는 비
가 내려 박정희는 실내에서 내무반 근무요령에 대한 교육을 받았다. 오
후에는 사격 예행 연습을 했다. 이미 명사수로 정평이 나있던 박정희에
게 있어서는 즐거운 연습이었다. 저녁에는 학생들이 주보(酒保·군매점)

로 몰려가 군것질을 했다. 단팥죽 한 그릇을 사 먹기 위해서 한 시간을 기다리는 학생들도 있었다. 밤에는 폭풍우가 있었다. 다음날 아침에 연병장에 나가니 죽은 참새들이 뒹굴고 있었다. 그런 참새들을 주워 모으니 세 양동이나 되었다. 오전에 사격 연습, 오후에는 사격, 밤에는 만화 영화 상영이 있었다.

9월 1일에는 대구사범의 교련주임인 아리카와(有川主一) 중좌가 '軍人勅諭(군인칙유)의 大要(대요)' 라는 제목으로 강연을 했다. 다음날에도 아리카와는 '스페인 반란의 진상' 이란 제목으로 강연했다. 이 아리카와 중좌는 육군사관학교를 졸업한 엘리트 장교였다. 직급이 正六位 勳四等 (정6위 훈4등)으로서 교장 바로 아래였다. 그는 조선에서 활동하는 일본 사람들을 경멸하는 말들을 조선인 학생들 앞에서 노골적으로 했다. 일본인 교사들도 아리카와를 두려워했다. 그는 조선인 학생들 사이에서는 의외로 인기가 있었다. 민족차별을 하지 않았기 때문이다.

아리카와는 박정희를 "보쿠세이키, 보쿠세이키"라고 부르면서 귀여워했다. 총검술을 가르칠 때는 박정희를 시범조교로 불러내었다. 박정희가 보여 주는 모범 동작은 직업 군인 수준이었다. 그의 차렷 자세는 말뚝을 박아 놓은 것 같았다. 학과 시간에는 빛을 보지 못했던 박정희이지만 교련 시간만 되면 두각을 나타내는 것이었다. 박정희는 3학년 때는 소대장에 임명되기도 했고, 그 뒤에는 나팔수를 지원하였다.

9월 30일은 추석이었다. 학교에서는 무슨 심술이 났는지 이 날에도 학생들을 쉬게 해주지 않았다. 오전엔 단기 강습 과정 수료식과 두 시간의 교련이 있었다. 오후에는 기숙사의 대청소를 시키는 것이었다. 온건한 이정찬까지도 일기장에다 '외출할 수 없도록 대청소를 시킨 것이 아닌가. 추석은 어디까지나 추석이다' 고 불평했다.

10월 19일 박정희는 학교 부설 수성농장에 가서 벼베기 실습을 했다. 그날 저녁 사감회의에서는 9월분 기숙사비 미납자들에 대한 제재가 결정되었다. 오는 25일까지 미납 상태가 계속되는 학생은 집으로 가서 돈을 마련해 오라는 결정이었다. 며칠 뒤 박정희는 구미로 내려갔다. 올해 들어서만도 벌써 네 번째의 추방 같은 귀향이었다. 그가 학교를 비운 사이 학생들은 학과 외의 일로 시달리고 있었다.

10월 24일부터는 教育勅語(교육칙어) 제정 기념주간 행사가 시작됐다. 첫날엔 칙어 봉독식과 암송 모임, 마지막 날인 30일에는 학생들이 5시 반에 일어났다. 7시 반까지 대구 신사에 모여 참배하고 학교로 돌아와서는 또 국기 게양식과 교장의 훈화. 이어서 교련.

11월 12일에 박정희는 상모리에서 기숙사 실장인 이정찬이 보낸 엽서를 받았다. 11월 24일부터 기말 시험이 있을 예정이니 빨리 돌아오라는 재촉이었다. 며칠 뒤 박정희는 기숙사비를 마련하여 구미역을 떠났다.

박정희는, 4학년 때는 73명 중 73등, 5학년 때는 70명 중 69등이었으나 유급은 되지 않았다. 시험을 한 번도 빠지지 않고 다 쳤고 평균점수가 61점이었기 때문이다. 5학년 때만 장기결석을 41일이나 하고도 이정도 점수를 받았다는 것은 그의 머리가 좋다는 증거가 됐다.

12월 7일부터 박정희는 동급생들과 함께 대구공립보통학교에 교생으로 배치되어 교사 실습을 하게 되었다. 다음날 오후에 기숙사로 돌아오니 수색이 있었음을 알게 되었다. 이정찬의 일기.

〈12월 8일: 오늘은 어두운 뒤에 돌아왔다. 도중 강습과생을 만났는데 기숙사에서는 무엇인지 시끄럽다. 우선 식당에 들어가 보니 친구들 중에는 무엇무엇이 없어졌다고 한다. 그럼 나도 하고 조사해 보았더니 저 '스크랩 북'이 없었다. 이코마 선생이 조사했다고 한다.

12월 10일: 저녁식사 후 교안을 만들고 있을 때 급사가 와서 기시 담임선생이 부른다고 한다. 스크랩 때문이었다. 다른 사람들도 무엇인가 있어 호출되고 있다. 그것은 3년 전의 일이다. 그래도 효력이 있는지. 저러한 것을 무엇인가의 증거로 보관이라도 하면 곤란하다. 내용보다도 표면의 사안을 갖고 다스리려고 하니까〉

담임선생 기시와 朴 대통령

박정희가 5학년일 때의 담임은 기시 요네사쿠(岸米作)였다. 수신, 공민 과목을 담당했던 그는 당시 44세였다. 시즈오카 사범학교를 졸업한 그는 1928년 대구사범에 부임했다. 부드러운 학자의 분위기를 지닌 기시는 조선인 학생들 사이에서 호평을 많이 받던 일본인 교사였다. 이른바 '大正(대정) 데모크라시'를 호흡하면서 학창 생활을 보낸 때문인지 그는 조선인 학생들을 인격적으로 대하려고 애썼다. 김제여고 교장을 거쳐 광복 뒤에 일본에 돌아가서도 교육계서 일했던 그는 《流轉敎育六十年(유전교육60년)》이란 회고록을 남겼다. 이 책에서 그는 대구사범 교사 시절의 고민을 털어놓았다.

기시가 대구사범에 부임했을 때 교장이 맨 처음 준 주의는 "조선인 학생들에게 절대로 '조센진'이란 말을 쓰지 말라"는 것이었다. 그는 反抗期(반항기) 조선 학생들의 싸늘한 눈초리를 대하면 마음이 편치 않았다고 했다.

〈교육을 열심히 시키면 시킬수록 교사의 의도와는 반대로 抗日(항일) 離日(이일)의 방향으로 빗나가고 순종이나 소박함을 잃어버리는 학생들을 보고는 식민지 교육의 어려움을 절감했다. 5·15 사건, 국제연맹 탈퇴, 2·26 사건이 잇따르면서 생도에 대한 지도를 강화하라는 지침이 시달되었다. 교사에게까지도 국민복에 전투모, 머리 짧게 깎기 등이 권장되었다. 현역 배속 장교가 눈을 부라리는 분위기 아래서 교육은 지도에서 훈련으로, 훈련에서 단련으로 엄격해져 가기만 했다. 학생들이 등교하고 없는 기숙사를, 사감을 동원하여 뒤져서 사상 관계 책이나 조선어 노트를 조사하는 등 特高(특고) 경찰과 같은 행동도 있었다. 기숙사로 돌아온 학생들이 흩어진 책들을 보고서 분노와 반항심을 가질 것은 당연했다〉

박정희의 성적표를 보면 하나 재미있는 점이 발견된다. 5학년 때 담임 교사 기시는 박정희의 품행 평가란에 아무것도 쓰지 않고 비워 두었다. 1~4학년까지의 담임선생들은 '불활발', '불성실', '빈곤한 듯' 식으로 나쁜 평을 써넣었는데 기시만은 평가를 유보하고 있는 것이다. 그는 꼴찌권의 이 학생이 지닌 그릇이 간단치 않음을 알았을까. 기시는 1975년 9월에 대구사범 출신 제자들의 초청으로 한국을 방문한 적이 있었다. 그달 26일 오전, 그는 청와대로 초청되어 가서 집무실에서 왕년의 제자 박정희를 만났다. 박정희는 스승을 반갑게 맞더니 "연세가 어떻게 되십니까"하고 일본어로 말문을 뗐다.

"70을 넘겼습니다."

"설마 그럴 리가요. 아주 젊게 보입니다. 사범학교 시절에는 올백을 한 머리가 새까만 선생님이셨는데."

박 대통령은 양해를 구했다.

"선생님, 저의 일본어는 이해하시기가 어려우실 것입니다. 관저에서는 일본 사람들을 공적으로 만나게 되므로 일본어를 쓰지 않습니다. 그러나 일본어를 알아듣는 데는 전혀 문제가 없으니까 안심하시고 말씀해 주십시오."

기시가 들어보니 박정희의 일본어는 正確無比(정확무비)했다. 그는 박정희와의 대화에서 '일본 육사에서 단련된 정확, 신속, 실천, 과감한 기풍을 느낄 수 있었다'는 것이다. 기시를 안내해 온 대구사범 출신 인사 두 사람이 박 대통령에게 한국말로 설명을 하는 바람에 잠시 기시는 대화에서 소외되었다. 이를 눈치챈 대통령은 자연스럽게 다시 일본어로 대화를 이어갔다. 기시는 '대담한 결단과 세심한 배려를 공유한' 지도자 像(상)을 느낄 수 있었다. 기시는 종전 후 미국이 일본에 移植(이식)시킨 6·3·3의 교육제도가 혼란을 가져왔다고 불평을 했다. 그러면서 한국에 와보니 건국의 이상이 초·중·고등학교에 잘 침투되어 있는 것을 볼 수 있어 감동했다고 말했다. 박 대통령은 쓴 웃음을 지으면서 말했다.

"다음 세대에 기대를 걸고 교육에 힘쓰고 있지만 생각대로 되지 않는군요. 대학에서는 되도 않는 옷차림에다가 장발과 엉터리 민주주의가 판을 치고 있어요. 무엇이든지 반대만 하려고 하니 어떻게 손을 써야 할지 모르겠습니다."

30분이 지나서 기시가 일어서려고 했더니 대통령은 붙들었다.

"좀더 말씀을 나누시죠. 비서관에게 지시해놓겠습니다."

박 대통령은 커피를 권하면서 담소를 계속했다. 기시가 붓글씨를 부탁하자 대통령이 부끄럼을 타면서 극구 사양하는 것이었다.

"저는 원래 글씨가 나쁩니다. 선생님에게 드릴 만한 글씨를 쓸 수 없으니 양해해 주십시오."

"무슨 말씀입니까. 대통령의 활력에 넘치는 글씨를 보고서 감탄했습니다."

"어디서요."

"옛 대구사범을 찾았을 때 교장실에 걸려 있는 것을 보았습니다."

"부끄럽습니다. 지금은 곤란합니다. 선생님께서 일본으로 돌아가신 뒤에 저도 연습을 해서 한 자 써 보내겠습니다."

기시는 화제를 '일본 문화의 뿌리'로 돌렸다. 중국 문화가 한반도를 거쳐 일본으로 건너간 과정에 대해서 설명하자 박정희는 인사치레의 말로 넘기고는 이런 이야기를 했다.

"일본에는 문화를 받아들이는 데 있어서 우수한 민족성의 기반이 있습니다. 한반도에서 문화인과 기술자가 일본에 건너가서 정착하여 이들이 또 독자적인 일본 문화를 만들었지요. 유교로 말할 것 같으면 본산인 중국에서는 쇠퇴하고 우리나라에 들어와서 일시적으로 눈부신 발전을 했지만 여기서도 形骸化(형해화)하고 말았고 유독 일본에서만 일본 유학으로서 대성했습니다. 한국의 유교는 공자묘 등 각지에 형식상 남아 있기는 하지만 본질은 이미 죽어 버렸습니다.

대구사범 시대에 배운 이야기 가운데 지금도 잊지 않고 있는 것이 있습니다. 에도(江戸)의 學塾(학숙)에서 孔孟(공맹)의 가르침을 강론하는 자리에서 야마자키(山崎闇齋)라는 사람이 제자들에게 물었습니다. 만약 공자, 맹자가 군대를 이끌고 일본을 침략해 오면 어떻게 할 것인가. 제자들은 대답을 잘 하지 못했습니다. 야마자키 선생이 말하기를, '우리는 즉시 공맹을 맞아 싸워 그들을 포로로 삼아야 한다. 이것이 바로 공맹의 가르침이다' 라고 했습니다. 학문이란 것은 이렇게 살려가지 않으면 안 됩니다. 일본에서는 공자 맹자가 살아서 大成하였습니다."

박정희는 일본의 주체적인 외래사상 선별 수용과 한국의 사대적인 외래 사상 추종을 비교한 것이다.

50분이 지났다. 박 대통령은 5학년 때의 담임 기시가 시간을 너무 빼앗는다고 미안해 하니까 "선생님 우리 나가서 기념사진이라도…"라고 했다. 집무실의 작은 문을 열고 바깥으로 나가니 초가을의 햇볕이 좋았다. 박정희는 관저를 삥 두르고 있는 국화 화분을 가리키면서 "저는 국화를 가장 좋아합니다. 지금은 국화의 계절, 일본의 국화도 아름답지요. 국화는 중국에서 건너왔다고 하는데 한국과 일본에서 가장 소중하게 여기는 것 같습니다"라고 말했다. 박정희는 기시를 배웅하기 위해서 본관 현관을 내려오면서 이렇게 말했다는 것이다.

"쿠데타의 지휘자로서 이곳을 무혈점령한 제가 여기에 살고 있다는 것에서 운명의 불가사의를 느낍니다. 그러한 내가 언제 살해될지 모른다는 각오는 하고 있습니다."

제자의 담담한 술회에 기시는 입에는 차마 올리지 못하고 생각만 하고 있던 말을 했다.

"영부인의 일은 참으로 애석하게 되었습니다. 삼가 조의를 표합니다."
"감사합니다. 저를 대신하여 그렇게 되었습니다. 죄송합니다."
기시는 작별을 고하고 돌아오는 차중에서 '바싹 마른 체구의 대통령, 그러한 그의 어디에 결사적인 憂國(우국)의 투지가 숨어 있는가' 하고 깊은 생각에 잠겼다고 한다.

좋은 사람들

박정희 대통령은 1960년대 말 대구사범 동기생인 權尙河(권상하) 청와대정보비서관에게 '其命維新(기명유신)'이란 붓글씨를 써 보이더니 "이것 알지"라고 했다. 권 비서관은 대구사범 한문시간에 廉廷權(염정권) 선생이 詩經(시경)에 나오는 '周雖舊邦 其命維新(주수구방 기명유신)'이란 글을 써놓고 "주나라는 비록 오래 되었지만 개혁으로써 天命(천명)을 새롭게 했다"고 가르치던 것이 생각났다. 중국 서쪽 변두리의 한 작은 나라던 周(주)의 武王(무왕)이 伯夷(백이)와 叔齊(숙제)의 소승적 의리론을 꺾고 군대를 일으켜 殷(은)의 紂王(주왕)을 죽이고 왕조를 창시하여 도탄에 빠진 민중을 구한다. 하늘이 은에 내렸던 천명은 왕들의 失政(실정)으로 주에 넘어갔다. 이것이 천명을 바꾼 행위, 즉 革命(혁명)이다. 이 동양적 혁명 논리에서 박정희는 5·16의 정통성을 모색하려 했고 한걸음 더 나아가서 '제2의 혁명'인 10월 유신의 정당성을 궁리하고 있었던 것이다.

明治維新(명치유신)이란 말도 시경의 이 글에서 유래한다. 근대화를 위한 일대 개혁을 '혁명'이라 부르자니 天皇家(천황가)가 단절된 것이 아니기 때문에 곤란했다. 오히려 오래 된 나라 일본을 새롭게 탈바꿈시킨다는 의미에서 '유신'이 적절한 표현이라고 본 것이다. 박정희도 정권 자체를 뒤엎은 5·16 거사는 혁명이라 불렀지만 1972년 10월 17일의 조치는 정권의 연속성을 유지시키면서 국가의 체질을 바꾼다는 점에서 '유신'이라 호칭했던 것이다.

혁명이라고 하면 많은 한국 지식인들은 루소流(류)의, 자연법 사상에 근거한 저항권으로서의 혁명을 생각하고 있었던 데 대해서 박정희는 동양 정치 사상에 기초한 혁명을 생각하고 있었다. 그의 근대화 혁명은 주자학적 구질서의 잔재를 타파하는 것을 목적으로 삼았으나 그의 혁명 사상은 대구사범에서 배운 동양적 전통과 문화에 뿌리를 둔 것이었다.

박정희는 피살되기 하루 전인 1979년 10월 25일 청와대 본관식당에서 金溶植(김용식) 당시 주미 대사 및 柳赫仁(유혁인) 정무 제1수석과 오찬을 함께 한 뒤 정원으로 나오다가 잔디밭에 떨어진 오동잎을 하나 주워올렸다. 그는 아주 스산한 표정을 짓더니 漢詩(한시)의 한 구절을 읊었다.

"섬돌 앞의 오동잎은 벌써 가을소리를 내는구나(階前梧葉 已秋聲)."

이것도 대구사범 학생들이 염정권 선생한테서 배운 宋(송)나라 朱子(주자)의 시였다.

〈소년은 늙기 쉽고 학문은 이루기 어렵도다(少年易老 學難成)〉
잠깐의 시간인들 가볍게 할 수 있을 것인가(一寸光陰 不可輕)
연못가 방축의 풀은 아직 봄꿈을 깨지 못했는데(未覺池塘 春草夢)
섬돌 앞의 오동잎은 벌써 가을 소리를 내는구나(階前梧葉 已秋聲)〉

경성제대 철학과를 나온 염정권은 열정적인 성격 그대로 한문 시간에 인생관과 민족관에 관계된 한시와 故事(고사), 그리고 문장들을 소개해 주면서 시간을 헛되이 쓰지 말 것을 특히 강조했다. 박정희가 평생 동안 즐겨 인용한 陶淵明(도연명)의 시도 염 선생 시간에 배운 것이었다.

〈성년은 다시 오지 않고(盛年不重來)
하루에 새벽은 다시 없으니(一日難再晨)
때를 따라 열심히 공부하여라(及時當勉勵)

세월은 사람을 기다리지 않는다(歲月不待人)〉

박정희가 외래사상이나 문화에 대해서 보여준 자주적인 자세의 출발점은 사물을 동양적 가치관으로 판단하려는 시각이었다. 그런 시각의 바탕에 깔린 것은 그가 대구사범 때 배웠던 한자 문화의 교양이었다. 그런 그가 한글 전용을 강행함으로써 오늘날의 한국 사회가 우리의 문화적·역사적 뿌리로부터 단절되는 상황을 만들었다는 것은 흥미롭다.

박정희의 대구사범 시절을 취재하면 할수록 기자는 그가 좋은 사람들, 향기 있는 사람들을 많이 만나는 행운을 가졌음을 알게 됐다.

좋은 교사와 좋은 친구들 사이에서 보낸 그의 5년은 정신 세계를 기름지게 했고 이것은 평생을 가는 그의 자산이 되었던 것이다. 대구사범의 이런 분위기를 만든 것은 히라야마 마사시(平山正) 초대 교장이었다. 박정희는 히라야마가 전출된 3학년 때까지 그의 수신 과목 강의를 들을 수 있었다. 그는 일본인들이 다니던 부산중학교 교장을 거쳐 현재의 경복고 전신인 경성제2고보에서 만 8년간 교장으로 근무하다가 대구사범에 왔다. 도쿄 제일고등학교와 東京帝大(제대)를 나온 히라야마는 露日(노일)전쟁 때는 해군으로 참전했다.

이시카와 縣(현) 중학교 교장을 거쳐서 우리나라에 온 뒤 그는 조선어를 배웠고 민족 차별, 인간 차별을 하지 않았다. 조선인들에 대해서는 認定(인정)과 애정을 깔고서 대했기 때문에 거부감이 덜했다.

1931년에 발생한 대구사범 현준혁 독서회 사건으로 수십 명의 학생들이 구속되고 퇴학당하여 자신도 곤경에 처했는데 히라야마는 한 번도 조선인 학생들을 비난하지 않았다. 그는 구속된 현준혁을 자주 면회했다. 히라야마는 다만 학생들이 공부해야 할 시기에 사회운동에 참여하여 희생당하는 것은 인재의 낭비라는 것을 자신의 경험담을 인용하여 역설할 뿐이었다. 1기생 宋南憲(송남헌·전 통일원 고문)은 "히라야마 교장의 그런 충고는 우리에게 분별력을 가져다 주었다"고 했다. '공부를 하여 실력을 쌓아야 진짜 독립 운동을 할 수 있다'는 자각이 생기더란 것이다.

'실력만큼만 독립 운동을 할 수 있다'는 이런 현실주의자적 생각은 박정희의 소신으로서도 굳어졌다. 박정희가 대구사범 이후 평생을 지켜간 행동 원리는 '실력을 비축한 다음에 행동한다'는 것이었다. 그는 말이 앞서는 것을 싫어했을 뿐만 아니라 '최후의 한 사람까지' 식 선동적인 구호의 효용성을 믿지 않았다. 그는 상대를 제압할 수 있는 실력을 준비하기 전에는 수모도 참아야 한다는 태도를 견지하였다. 그는 또 이 실력을 총구에서 나오는 권력으로 定義하게 된다. 히라야마 교장에 대해서는 경성제2고보의 조선인 학생들도 많은 감명을 받았다. '경복70년사'에는 이런 일화가 소개되어 있다.

〈1923년 9월 일본 관동 지방의 대지진으로 한국 교포가 많이 학살되었을 때 이와무라 敎諭(교유)가 학생들을 모아놓고 "조선인들이 우물에다가 독약을 풀어 넣고 하다니…"라고 했다. 히라야마 교장이 그 말을 가로막고 교단에 오르더니 "아직 잘 조사되지 않은 일을 여기서 왈가왈부, 단정해서 말하는 것은 옳지 못하다"고 해 박수를 받았다〉

히라야마 교장이 수신 시간에 박정희의 동기생(4기)들에게 가르친 말 가운데 4기생들이면 누구나 외우고 있는 말은 '大學(대학)'의 '小人閒居爲不善(소인한거 위불선)'이다. 큰 체구에 온화한 노인 히라야마는 "소인은 한가하면 못된 짓을 하기 쉽다. 그러므로 항상 부지런히 면학에 힘씨 유혹에 빠지지 않도록 하라"고 당부했다. 그는 이렇게 말하기도 했다.

"내가 책임지고 가르치는 여러분은 소인잡배가 아닙니다. 나는 여러분들을 대인으로 교육한다고 믿고 있습니다. 소인이면 한가해서 不善(불선)을 저지르지만 대인이면 한가하더라도 무엇인가 뚜렷한 마음으로 살아갑니다. 그것이 군자입니다. 여러분은 군자입니다. 여러분들이 하고 싶은 것을 하십시오."

한가함을 경계한 이런 가르침 또한 박정희에 의해 내면화된 것이 아닌가 생각될 때가 있다. 박정희는 寸陰(촌음)의 시간도 허비하지 않는 습관을 유지했다. 그는 대통령 시절에 낮잠이나 조는 모습을 보인 적이 없다. 친구 황용주(전 문화방송 사장)에 따르면 그는 노래하고 춤추며 놀 때도 공부하듯이 진지하게 했다고 한다.

박정희는 메모, 일기, 편지쓰기를 생활화한 사람이다. 취재 중 보통학교의 제자들, 스승들에게까지 보낸 그 수많은 박정희의 편지들을 접해 보니 대한민국에서 가장 바빴을 사람이 이런 데까지 신경을 써 가면서 글 쓸 시간을 어떻게 쪼갤 수 있었을까 하는 생각을 하게 되었다.

뼈에 사무친 것

박정희의 4기생들이 3학년도에 금강산으로 수학여행을 갔다가 돌아오는 길에 서울에 들르니 총독부로 전근된 지 몇 달 되지 않은 히라야마 전 교장이 마중을 나와서 학생들을 秘苑(비원)으로 안내했다. 한 학생이 숲에서 새가 날아오르는 것을 보고 "야, 학이다!"라고 소리쳤다. 히라야마는 "아니야, 그건 도요새야"라고 바로잡아 주었다. 그리고는 혼잣말처럼 중얼거리는 것이었다.

"비원에까지 와서 도요새나 보고 신기하게 여기다니…."

망국의 정원에서 역사의 교훈을 배우려고 하지 않는 조선인 제자들에 대한 한탄으로 들렸다. 1934년 3월 29일 히라야마의 후임으로 교장이 된 도리카이(鳥飼生駒)는 '혼켄(本源)'이란 별명을 학생들로부터 얻었다. 강의 때마다 그는 "천황은 삼라만상의 본원이다. 우리는 그 본원으로 돌아가야 한다"는 말을 되풀이했다. 철저한 국가주의자 도리카이 교장의 치하에서 박정희는 조선과 조선인의 처지를 절절히 체험하였다. 대구사범에서 조선인 학생들에 대한 사상통제는 잘 이해가 가지 않는 구석이 있다. 사회에서는 팔리고 있고 일반 고보에서는 하등 문제가 되지 않고 있던 책이나 잡지도 허가 없이 갖고 있다가 적발되면 퇴학을 당하곤 했다. 사회주의 서적은 물론이고 〈삼천리〉 같은 잡지와 '이순신' 전기도 독서금지였다.

박정희의 동급생 이성조(경북교육감 역임)는 "압제가 심할수록 반발심도 거세어지고 나라를 잃은 설움이 뼈에 사무치는 것을 느꼈다"고 했다. 이런 '사무치는 감정'은 다른 학교에서는 경험할 수 없었을 것이라고 그는 말했다. 졸업 후에도 그런 감시는 계속되어 대구사범 출신 교사들이 부임하면 현지 경찰서 주재소에서는 몰래 하숙집을 뒤져 편지나 책들을 살펴보기도 했다.

대구사범의 항일 전통은 박정희가 졸업한 뒤에도 계속되었다. 1939년에는 근로봉사 작업장에서 조선인 학생들이 평소에 못되게 굴던 일본인 교사들을 구타했다가 7명이 퇴학되었다. 1941년에는 6기생들이 5학년때 만들었던 우리 민요집이 뒤늦게 발각되어 교사로 근무하던 6기생 18

명이 조사를 받았다. 이해에는 또 8, 9, 10기생들의 항일 비밀 결사 조직이 〈반딧불〉이라는 문예지를 발간하는 등 민족혼을 깨우치는 운동을 하다가 발각됐다. 김영기 교사를 비롯한 수십 명이 구속되었다. 재판에 넘어간 학생이 34명, 그중 5명은 옥사했고 다른 사람들은 광복 때 풀려 났다.

1937년 3월 20일 박정희를 비롯한 대구사범 4기생이 5학년 과정을 마치고 졸업했을 때 조선인 학생은 입학식 때의 90명에서 62명으로, 일본인 학생은 10명에서 8명으로 줄어 있었다. 조선인 학생 탈락자 28명 중 대부분은 사회주의 서적들을 읽었다는 이유로 퇴학당했다. 많은 동급생들이 이른바 '主義者(주의자)'를 흠모하고 있을 때 박정희는 위인, 영웅, 역사, 조선어에 관심을 보이고 있었다. 그럼에도 박정희는 당시 조선의 지식인 사회를 주도하고 있던 사회주의 경향으로부터 완전히 벗어나 있을 수는 없었다. 동급생들의 약 3분의 1이 그 사상문제로 학교를 쫓겨나고 상희 형이 그쪽으로 기울고 있는 상황에서 소작농 출신의 가난한 이 학생이 마르크스와 레닌을 강 건너 불 보듯 하고 있을 수는 없었을 것이다. 광복 뒤 그가 남로당에 포섭되는 토양이 이때부터 형성되기 시작했을 가능성이 있다. 박정희가 사회주의에 관심을 일정하게 가졌다고 해도 그것은 당시의 다른 학생들이 그랬던 것처럼 민족해방 문제와 관련해서였을 것이다.

4기생들의 명단을 놓고서 그들이 졸업한 뒤에 살아간 과정을 알아보면 격동기 현대사의 나이테와 단면이 떠오른다. 월북, 납북, 행방불명, 암살, 학병, 빨치산, 군인, 회장, 경찰서장, 변호사, 주필, 교수, 교육감, 과학자…. 우익과 좌익이 교차하고 남과 북이 불연속되는 4기생들의 경력과 경험들은 이들이 헤쳐가야 했던 세월의 자국들이다.

형은 우익 총에, 아내는 좌익 총에, 자신은 부하 총에 죽은 박정희는 특별히 예외적 존재가 아닐지도 모른다. 4기생 나팔수 3인조의 운명이 상징적이다. 金菊鎭(김국진)은 평탄한 교육자 생활에서 물러난 뒤에 지금 경기도 과천에서 살고 있다. 李(이) ○○는 졸업 후 교사를 하다가 대구醫專(의전)에 들어갔다. 의사로 일하다가 광복한 뒤에 남로당에 가입했다. 인천상륙 직후 지리산에 들어간 그는 빨치산부대의 의료부장으로 3년간 일했다. 줄톱을 수술칼 삼아, 썩어 들어가는 사지를 마취 하지도 않고 잘라 내었다. 그러다가 토벌군에 포위됐다. 자살하기 위하여 심장을 향해서 발사한 두 발의 총알이 빗나간 덕분에 그는 포로가 되었고 지금은 대한민국 국민으로서 서울 하늘 아래서 여생을 보내고 있다. 그리고 박정희.

대구사범 4기생과 같은 시기(1932~1936년)에 도쿄제국대학 법학부를 다녔던 조선인은 張暻根(장경근·전 자유당 의원) 등 10명이었다. 이들은 모두 고등문관 시험에 합격했다. 한 사람을 제외하고는 모두 일제의 관리가 되었다. 몇 년 전 이들 9명의 운명을 추적해보았더니 납북자 1명(이충영), 월북자 1명(장수길), 6·25를 전후하여 요절한 사람 5명(장수철 등), 망명자 1명(장경근)이었다. 정상적인 사회활동을 한 뒤에 天壽(천수)를 누리고 있던 이는 任文桓(임문환·전 농림부 장관) 한 사람뿐이었다. 대구사범과 도쿄제대 법학부에서 엘리트 교육을 받은 조선인들은 그 교육과 지식 때문에 식민지 시대, 분단, 그리고 사상 전쟁 시대를 살면서 서민 대중보다도 더 많은 상처를 받게 된 것이다.

박정희家(가) 형제들 중에서도 非命(비명)에 간 이는 근대 교육을 받은 두 사람(상희, 정희)이었다. 이런 세대를, 요새의 시각으로써 친일, 반일, 반공, 좌익의 틀 속에 무리하게 넣고 빼다가 보면 실존으로서의 인간은 실종되어버리는 것이다.

대구사범 5년은 박정희가 사회생활을 하는 데 있어서 평생 동안 소용이 될 인격의 틀뿐 아니라 인맥의 그물을 만들어 주었다. 교련주임 아리카와 중좌, 조선어 교사 김영기, 한문 교사 염정권, 교육학 교사 朴寬洙(박관수), 김용하(김우중 대우그룹 前 회장의 선친), 동기생 서정귀(작고·전 호남정유 회장), 황용주(전 문화방송 사장), 권상하(전 대통령정보비서관), 조증출(작고·전 문화방송 사장), 王學洙(왕학수·작고·전 부산일보 사장), 이성조(전 경북교육감), 김병희(전 인하대학장), 장병엽(납북·전 서대문 경찰서장). 이런 사람들은 박정희와 도움을 주고받으면서 사교성이 없는 그를 따뜻한 인간 관계 속에 머물게 한다. 박정희를 陸英修(육영수)와 맺어 준 것도 한 기 후배인 宋在千(송재천)이었던 것이다.

박정희에게 있어서 대구사범이 가져다 준 가장 큰 축복은 꼴찌로의 추락이었을지도 모른다. 그는 음지와 양지를 다 같이 경험해 봄으로써 인간 차별을 하지 않게 되고 인정의 機微(기미)를 파악하여 바닥 민심을 읽을 수 있는 눈치 같은 것, 그리하여 그들을 움직일 수 있는 방법을 터득했을 것이다. 이는 부잣집에서 태어난 뒤 일찍 출세하여 서민들의 숨결을 접할 기회를 상실함으로써 먹고 사는 문제의 엄숙함을 모르고 대통령직을 수행하다가 참담한 실패를 기록한 金泳三(김영삼)과 대조된다.

박정희가 대구사범에서 모범생이었다면 강렬한 문제 의식은 자라나지 않았을 것이고 혁명가의 길도 걷지 않았을 가능성이 높다. 그는 '교사+군인=혁명가'의 공식을 살았다. 대구사범 교육은 교사와 군인, 즉

칼과 붓의 양면성을 지니고 있었다. 1937년 4월 초 만 20세의 박정희는 단신으로 경북 문경의 산간 학교에 교사로 부임함으로써 우선 붓의 길에 접어든다.

제3장

山村의 교사

朴正熙

문경보통학교 부임

박정희가 문경공립보통학교에서 3년간(1937~1940년) 교사로 근무하다가 군인의 길로 들어섰기 때문에 교사로서의 박정희는 불만에 차 있어 불성실한 근무 자세를 보였을 것이라는 선입감을 가질 수 있다. 이것은 오해다. 교사 박정희는 대구사범에서 배운 전인 교육을 어린 학생들을 상대로 실천하려고 했고 김영기 등 조선인 교사들로부터 배운 민족혼의 중요성을 학생들에게 심어주려고 했던 이였다. 한 제자(주영배)는 그를 '方定煥(방정환) 선생을 연상시키는 선생님'이라고 평할 정도였다. 1962년에 작성된 《이낙선(작고·전 상공부장관·당시 최고회의 의장 비서) 비망록》 중에서 박정희 선생의 제자 鄭順玉(정순옥)의 회상기를 싣는다.

〈글이라 하기엔 부끄럽습니다만 20년 전 은사로 모셨던 선생님을 지금 이 나라 영도자로 모시게 되니 기쁨과 두려움을 금할 길 없어 어린 시절 제자로 돌아가서 기쁘고 슬펐던 추억을 몇 가지 더듬어 보겠습니다. 선생님께서 저의 학교에 부임하셨을 때 저는 소학교 4학년이었습니다.

어느 일요일 동무들 몇 명이 저의 집을 찾아와 새로 오신 선생님께 가보자고 하기에 선생님 하숙집을 찾아갔습니다. 어린 호기심에 선생님 방안은 얼마나 장치가 잘 되어 있나 하고 방안을 살펴 보았습니다. 선생님 책상 위에 커다란 사진 액자 하나가 걸려 있었는데 배가 불룩 나오고 앞가슴 양편에 단추가 주룩 달려 있는 외국 사람이었습니다. 우리들은 저 사람이 누구냐고 물었습니다. 선생님은 영웅 나폴레옹이라면서 그의 전기를 자세히 이야기하여 주셨습니다. 4월 어느 날 봄 소풍을 가게 되었습니다. 저희들은 고운 옷으로 갈아입고 여러 가지 음식을 준비하여 가지고 학교에 모여 교장 선생님의 훈시를 듣고 출발하였습니다. 그때 선생님은 등산복에 어깨에는 나팔을 메고 길다란 막대기를 가지고 오셨습니다. 우리가 장난을 하거나 줄이 삐뚤어지면 한 대씩 맞아가면서 목적지인 鎭南橋(진남교)에 도착하였습니다.

우리는 선생님과 점심을 먹고 노래를 부르고 즐겁게 놀고 있는데 한 아이가 물에 빠져 죽는다고 고함을 치는 소리가 들렸습니다. 그 순간 박 선생님은 깊은 물 속으로 뛰어들었습니다. 저희들은 선생님이 죽는다고 고함을 치며 다른 5, 6명의 선생님들과 함께 둑에서 벌벌 떨고 있는데 한참 만에 박 선생님이 다 죽은 아이를 물 속에서 건져내었습니다. 선생님은 그 아이에게 인공호흡을 시켜 물을 토하게 하니 그제서야 깨어나는 아이를 보니 선생님이 하느님같이 고마웠습니다.

어느 일요일 저희들은 박 선생님과 일본 선생 두 분이 노는 자리에 갔습니다. 일본 선생 한 분이 말하기를 조선 여성은 예의가 없으니 젖가슴을 다 드러내고 물동이를 이고 다니느니 하고 우리나라 여성들의 흉을 보고 있었습니다. 박 선생님은 우리들을 향해서 우리말로써 "너희들 저 말 잘 새겨들어라"고 하셨습니다. 박 선생님은 우리끼리 있을 때는 꼭 우리말을 쓰자고 다짐하기도 했습니다. 철없는 우리들은 아무 의미도 모르고 "선생님 조선말 하면 퇴학당하는데 왜 그래요"하고 반박을 한 기억이 납니다. 그때 선생님께서는 얼마나 마음이 아프셨겠습니까.

어느덧 우리들은 6학년이 되었습니다. 그해 봄 소풍은 5, 6년생이 우리 학교에서 70리나 되는 산고개를 넘어 金龍寺(금룡사)라는 데에 가서 하룻밤을 쉬고 돌아오게 되었습니다. 돌아오는 길에 소낙비를 만났습니다. 우리 어린것들이 70리 산고개를 다 넘도록 비는 그치지 않아 미끄러져 웃는 아이, 넘어져 우는 아이, 고인 물 속에 일부러 들어가 첨벙대는 아이… 웃으며 울면서 넘어가고 있는데 먼 행길이 보이면서 트럭이 한 대 달려오고 있었습니다.

우리들은 인솔하는 선생님께 저 차를 잡아가지고 우리들을 태워 달라고 졸랐습니다. 그러는 사이 그 트럭은 우리 앞에 도착하였습니다. 그 차는 바로 박 선생님이 우리를 마중하려고 몰고 오신 차였습니다. 저희들은 물귀신처럼 되었지만 얼마나 반가웠는지 모릅니다. 선생님은 우리들을 차에 태워 주시면서 추위에 떨고 있는 우리들에게 노래를 부르자고 하셨습니다. 그리고는 가지고 오신 나팔을 부시면서 우리들에게 용기를 나게 하셨습니다. 서글펐던 소풍이 웃음과 즐거움으로 변하여 지금까지 기억에 생생합니다.

저희들이 졸업한 후 선생님은 학교를 떠나시게 되었습니다. 어느 날 동생 편에 박 선생님께서 학교를 그만두시고 떠나신다는 말을 듣고 너무나 섭섭하여 선생님을 뵈러 학교로 갔습니다. 선생님은 어디로 가신다는 말씀은 안 하시고 가서 편지를 해주겠다고만 말씀하셨습니다. 선생님은 또 "너희들에게 꼭 마지막으로 부탁할 말은 공부 잘하여 씩씩하고 굳센 조선여성이 되어 달라는 것이다"고 하셨습니다. 저희들은 선생님을 다시는 못 뵈올 줄 알고 울었습니다. 얼마 후 선생님께서는 저희들에게 편지를 보내 주셨는데 봉투에 만주군관학교라고 적혀 있었습니다. 선생님의 편지 구절에는 언제나 '공부 잘하여 훌륭한 사람이 되어다오. 올해도 풍년이 들어 잘살 수 있도록 기원한다' 는 말씀이 있었습니다〉

지금 서울 강동구 고덕동 아파트에 살고 있는 정순옥 할머니는 박 선생이 구해낸 물에 빠진 아이는 정극모였는데 결혼도 않고 있다가 6·25

직전에 죽었다고 증언했다. 박정희의 이 용감한 행동은 그 목격자가 많이 살아 있어 '과장된 신화'가 아님을 알 수 있었다. 사고 현장인 진남교에 가보았더니 그 밑을 흐르는 강은 폭이 약 100m이고 물살이 셌다. 상당한 수영실력과 용기가 없으면 뛰어들기가 어려운 곳이었다.

박정희는 정순옥의 아버지 鄭漢洙(정한수)와 친했다. 당시 마흔 살을 갓 넘었던 정한수는 문경보통학교 교사를 지낸 적도 있었다. 두 사람이 술자리에서 농담하는 것을 정순옥은 엿들은 적이 있다. 정한수는 박정희에게 "내 사위하라"면서 "앞으로는 나를 아버지라 불러라"고 했다. 박정희는 자신이 결혼했다는 사실을 누구한테도 알리지 않고 있었다. 혼자 하숙하고 있는 박정희를 모두들 총각이라 생각하고 있었다. 그래서 정한수는 서울에 가서 살고 있던 정순옥의 언니에게 장가들라면서 그런 농담을 했다. 박정희는 정한수가 자꾸 아버지라 부르라고 하자 웃으면서 "저의 형님이시지요"라고 했다. 박정희는 정순옥을 만나면 가끔 "너의 언니도 너를 닮았니"라고 물었다.

박정희가 사실은 결혼하여 딸(박재옥)이 있다는 사실이 알려진 것은 박정희가 문경에 부임한 지 3년째 되는 1939년 어느 날이었다. 박정희의 셋째 형 상희가 동생을 보러 왔다가 정한수를 만났다. 이야기를 나누던 중 박상희가 동생이 결혼한 사실을 말했던 것이다. 며칠 뒤 정한수는 정순옥에게 들으라는 듯이 "야, 그 박 선생은 결혼하셨단다"라고 말하는 것이었다. 물론 그 뒤로는 婚談(혼담)이 사라졌다.

정순옥이 6학년 때, 박정희는 식사만 林昌發(임창발)의 집에서 하고 기거는 학교 숙직실에서 하고 있었다. 자연히 박정희는 숙직도 자원해서 하는 일이 잦았다. 그럴 때면 나이가 찬 정순옥 등 다 큰 처녀들이 숙직실로 우 몰려가서 놀다오곤 했다. 숙직실 바로 아래 교장 사택이 있어 이런 모습이 눈에 거슬렸던 모양이었다. 하루는 일본인 담임교사 스즈키가 정순옥과 여학생들에게 넌지시 "일본에서는 다 큰 처녀들은 저녁에는 외출을 하지 않는단다. 너희들도 조심해라"고 말하는 것이었다. 눈치 빠른 정순옥은 이 말이 박정희 선생님을 겨냥해서 하는 것이라고 해석했다.

"저는 예사롭지 않은 가정 환경 때문에 눈치도 빠르고 조숙한 편이었습니다. 그런 저의 눈에 비친 박 선생님은 절대로 교사로 평생을 보낼 분이 아니었습니다. 못 다루는 악기도 없었고 못 하시는 운동도 없었고… 하여튼 매력 있는 남자였습니다."

빈부귀천을 가리지 않는 선생님

박정희 교사에 대한 제자들과 주민들의 증언들을 종합하면 이런 이미지이다. 아침마다 나팔 불고 청소에 철저한 사람, 운동과 병정놀이를 좋아하고 학생들과 잘 놀아 주는 선생, 일본사람들에게 얕보여서는 안된다고 끊임없이 투지를 불어넣어 주던 분, 빈부귀천을 가리지 않고 제자들을 사랑한 사람, 일본인들도 어려워한 대담한 배짱, 술을 좋아하는 교사, 가정 방문을 많이 하고 학부형들과 잘 어울렸던 선생, 나팔·스파이크 달린 운동화·목검으로 기억되는 사람, 그리고 교사로 만족할 분이 아니라는 느낌을 준 선생. 周永培(주영배·전 초등학교장)는 자신이 3학년일 때 막 부임해 와서 담임이 되었던 박정희를 이렇게 묘사했다(《이낙선 비망록》에 있는 증언록 발췌).

〈박정희 선생님은 "건강한 몸에 건전한 정신이 깃든다"는 말을 자주
했다. 청소시간에는 마스크를 하고 나와서 총채를 휘두르면서 학생들과
같이 청소를 했다. 깔끔한 성격의 그분은 청소에는 매우 까다로웠다. 청
소 당번이 가서 "청소 다 했습니다"라고 보고하면 꼭 와서 확인을 하는
것이었다. 꼼꼼히 살펴보고 부족한 점이 발견되면 두 번 세 번 "다시!"
하고 지시하는 것이었다. 천장의 거미줄을 걷어 내거나 유리창을 닦는
청소를 할 때는 키가 작은 어린이들이 할 수 없으므로 박 선생이 직접
해주기도 했다. 방과 후에는 어김없이 운동장에 나가 철봉 체조를 하고
달리기를 했다. 박 선생은 5학년에게는 조선어를 가르쳤다. 한글을 배워
야 민족혼을 이어 갈 수 있다고 암시했다. 나는 5학년 상급생들이 "박
선생은 사상가야"라고 하는 말을 들은 적이 있다. 상급생들이 "왜 우리
나라가 망했지", "우리나라의 국기는 어떻게 생겼나"라고 소곤대는 것
을 듣고는 박 선생의 가르침을 받은 영향이라고 생각했다. 박 선생은 빈
부귀천을 가리지 않은 분이었다. 모든 학급원을 똑같이 대우해주시면서
개성을 살려 주셨다〉

　주영배는 박정희가 자신의 집을 찾아 준 일을 평생 잊지 못하겠다고
썼다.

　〈가정 실습 지도시 문경에서 12km나 떨어진 벽촌에 있는 저희 집에
까지 오시겠다고 하셨습니다. 기뻐서 부모님에게 여쭈었더니 "이렇게
먼 곳까지 오시겠니"라고 하셨지만 선생님은 자전거를 타고 정말 오셨
습니다. 농촌이라 별다른 접대는 없었지만 만족하시고 가셨습니다. 선
생님의 모습이 山麓(산록)으로 숨어들 때는 울고 싶도록 감사했어요〉

　제자 全慶俊(전경준)은 "선생님은 열등아나 사고아 등의 가정을 자주

방문했다"고 기억했다. 월사금을 내지 못하는 어린이들에게 자신의 월급을 떼내어 도와주었다고도 한다. 박 선생은 또 학교에서 가까운 제자 咸成伯(함성백)의 집에 종종 찾아와서는 그의 형과 농업 진흥에 대해 의논하기도 했다. 학교에선 農繁期(농번기)인 봄·가을에 학생들에게 4~5일씩의 휴가를 주어 농사와 가사를 돕도록 했다. 이 기간에 박정희는 학급원들의 가정을 찾아가서 농업과 가사 실태를 조사했다. 제자 김경운은 자기 집을 찾아온 박 선생이 보리밥과 살구를 맛있게 먹고 가던 기억을 오래 간직했다.

박정희가 문경공립보통학교에 부임했을 때 조선총독부는 전임 우가키 총독의 시책을 이어받아 농촌진흥정책에 주력하고 있었다. 이 정책의 하나로 문경공립보통학교는 문경갱생농원(문경면 하리)과 신북갱생농원(신북면 갈평리)을 경영하는 지정학교가 되어 있었다. 전국적으로 시행되고 있던 이런 지정 학교 제도는 교사들이 농촌 부락의 지도를 맡고 학교는 농촌개발운동을 이끌어 갈 부락의 중견 인물들을 양성한다는 목적을 갖고 있었다. 1937년 현재 경북에는 이런 지정 학교가 31개교, 장래에는 180개교로 확대한다는 계획을 갖고 있었다.

문경보통학교가 경영 주체로 되어 있었던 이 두 농원의 원장은 아리마(有馬近芳) 교장, 園監(원감) 1명, 지도원 1명, 강사 약간 명으로 되어 있었다. 이 농원에서는 농촌개혁의 지도자감인 젊은이들을 합숙시켜 9개월 과정의 교육을 시켰다. 농장에서 농사도 짓고 강의도 들었다. 근로체험에 의한 농민 정신의 도야와 自治自營(자치자영)의 농민 정신 함양, 그리고 황국 농민으로서의 자각이 교육 목표였다. 농촌진흥정책의 분위기를 돋우기 위해 '농촌진흥가'란 노래를 만들어 보급하기도 했다.

박정희 교사도 이 농원에 나가서 강의를 한 적이 있었다. 일본 시모노세키 대학교 교수이던 崔吉城(최길성)이 현장 조사를 한 결과를 보면 박정희는 문경보통학교 부설 신북간이학교에 대리 출강을 40일 정도 한 적이 있다고 한다. 2년제 보통학교인 이 신북간이학교에는 姜光乙(강광을) 선생 한 사람이 근무하고 있었는데 이분이 40일간 출장을 간 사이 박정희가 대리 강의를 하면서 신북농장에도 나가서 지도를 했다는 것이다. 지금 문경에는 그때 박정희로부터 지도를 받았던 농민들 중 金成煥(김성환) 등 세 사람이 살아 있다.

최길성 교수는 박정희의 농촌진흥정책 현장체험이 1970년대에 새마을운동을 추진하는 데 있어서 많은 발상을 제공했을 것이라고 주장했다. 崔(최) 교수는 새마을운동과 농촌진흥정책의 유사성을 비교하는 표도 만들었다. 운동의 이념은, 박정희 대통령의 새마을이 '자조, 자립, 협동, 충효애국'이고 그것의 집약적 표현이 국민교육헌장이었던 데 대해서 우가키 총독의 농촌 진흥은 '자립, 근검, 협동공영, 충군애국'과 교육칙어였다. 박정희, 우가키 두 사람 다 농촌 출신 군인이었다. 두 운동의 현장지도자들은 새마을 연수원과 農道(농도)강습소에 의해 각각 양성되었다. 새마을노래와 농촌진흥가, 경제개발 5개년 계획과 농가경제 5개년 계획, 育林日(육림일)과 愛林日(애림일), 모범 부락의 선정 등 공통점이 적지 않은 것이 사실이다.

제자 李永泰(이영태)는 박정희 선생이 조선어 시간에 태극기에 대해서 가르쳐주었다고 증언했다. 박정희는 복도를 향해서 立哨(입초)를 배치한 뒤 우리나라의 역사를 가르쳐주었다고 한다. 대구사범 때 김영기 선생이 쓰던 방법이었다. 박 선생은 또 음악시간엔 황성옛터와 심청이의 노래를 가르쳐주었다. 이영태는 박 선생을 통해서 임시정부가 상해에 있다는 것도 알았다. 이영태는 박 선생이 경찰 지서의 사찰주임인 오가와 순사부장하고 자주 논쟁하는 것을 보았다. 제자 朴俊福(박준복)의 증언에 따르면 박 선생은 일본인 교사들하고도 사이가 좋았는데 아리마 교장과 야나자와(柳澤) 교사와는 말다툼 하는 것을 본 적이 있다고 한다. 박정희가 담임했던 5학년의 급장이었던 申現均(신현균)은 박 선생이 특히 우리말의 지도에 열성을 보였다고 기억했다. 박 선생은 운동회 때 100m 달리기에서 일본인 교사 쓰루다에게 졌는데 연습을 많이 하여 다음 시합에서는 그를 물리쳐 문경에선 이름을 날리게 되었다. 박 선생은 제자들을 모아서 나팔조를 만들고 지도했다. 박 선생은 새벽 4~5시만 되면 학교 운동장에 올라가 마을을 내려다보고 나팔을 불었다. 마을 사람들은 "야, 박 선생 나팔소리다. 일어나서 소여물을 끓여야겠다"고 하는 것이었다. 그는 잠든 민족을 깨워 일으키는 연습을 하고 있었던 셈이다.

첫 아내 金浩南

박정희는 문경공립보통학교 바로 앞에 있던 전경준 학생의 집과 거기서 가까운 金順牙(김순아) 여인의 집에서 하숙을 했다. 문경보통학교 제자인 전경준의 기억으로는 박 선생은 침구나 방안의 정리 정돈을 깔끔하게 하고 복장이 항상 단정한 사람이었다. 金(김) 여인은 30대 후반으로서 한때 주막을 겸한 음식점을 운영하다가 그때는 하숙만 치고 있었다.

박정희보다 한 살 아래인 임창발이란 아들을 둔 과부였다. 박정희가 들어온 한 달 뒤 문경군청 農會(농회) 기사인 許東植(허동식)이 아래채에서 하숙을 시작했다. 두 사람은 한 달 하숙비로 8원씩 냈다. 박정희의 초봉은 월 45원이었다. 박정희는 이때부터 막걸리를 좋아하기 시작했다. 대구사범은 기숙사에서 흡연은 허용했으나 음주는 금했으므로 박정희는 교사시절부터 본격적으로 막걸리를 즐기게 된 것이다. 동갑인 박, 허 두 사람은 집으로 돌아오면 술판을 자주 벌였다. 몇 년 전 작고한 허동식은 10여 년 전 기자에게 이런 추억담을 남겼다.

"저는 대구농업학교를 졸업하고 부임하였습니다. 박정희의 첫 인상은 꾀죄죄하면서도 눈초리가 다부졌습니다. 곧 친해졌지요. 지금 되돌아보면 거의 매일 술을 마셨던 것 같습니다. 그와의 기억은 술 마신 것이 거의 전부예요. 막걸리를 바케스로 받아 놓고는 쪽박을 띄워 놓고 허연 배추와 된장을 안주 삼아 마셔댔어요. 하숙집 여주인도 가끔 끼여들었어요. 박정희는 평소엔 말이 적었지만 술만 들어가면 말도 좀 하고 어허허 하면서 호탕하게 웃기도 잘했어요. '황성옛터'도 뽑고요. 집안 이야기를 도통 하지 않아 결혼한 줄은 몰랐습니다. 방학을 해도 집에 잘 가지 않았던 걸로 기억됩니다."

박정희는 대통령이 된 뒤에도 문경 시절의 막걸리 맛을 그리워하는 말을 자주 했다. 부속실장 박학봉에 따르면 박 대통령은 아주 실감 있게 그 상황을 묘사하더라고 한다.

"여름에 말이야, 밀짚모자 쓰고 수건을 어깨에 턱 걸치고 새재(鳥嶺·조령)를 쉬엄쉬엄 넘어가다가 주막에 들르지. 풋고추와 된장을 내어놓고 시원한 막걸리를 마시면 그 기분이 최고야."

하숙집 여주인 김순아와 두 하숙생은 허물없이 지냈다. 그런데 김 씨는 박 선생한테는 꼼짝을 못 하는 것이었다. 박정희에게는 생선의 몸통을 주고 허동식에게는 꼬리만 주어 허 씨가 화를 낸 적도 있었다. 김 씨의 아들 임창발은 "박 선생은 성격이 불같은 사람이었다"고 기억한다. 사람을 대하는 데도 좋고 나쁘고가 너무 분명했다는 것이다. 박정희는 일본어를 의식적으로 덜 쓰려고 애썼다. 하루는 일본교사와 싸웠던 듯 하숙집에 돌아와서는 허동식에게 "그 새끼를 그냥 때려죽이려다가 놔두었다"고 씩씩대면서 말했다. 허동식과 임창발이 보기에 박정희는 가정에도, 여자에도 별 관심이 없는 사람이었다.

박정희 선생이 부임한 해에 담임한 3학년 반 여학생들은 박 선생이 총각일까 기혼일까로 궁금해하였다. 한번은 徐光玉(서광옥) 등 여학생들 몇 명이 박 선생의 하숙집에 놀러갔다. 방 한구석에 놓은 베갯모에 새 두 마리가 수놓여 있는 것이 보였다. 여학생들은 신혼부부들이 쓰는 베개라고 판단했으나 물어 볼 수는 없었다. 박 선생은 끝까지 학생들에게 "결혼했다"는 말을 하지 않았다.

박정희가 혼자 문경에서 하숙을 하는 사이에 아내 金浩南(김호남)은 관습에 따라 1년간 친정집에 머물렀다. 부모들끼리의 결정에 의해서 生面不知(생면부지)로 부부가 된 사람들이 서서히 친밀해지도록 고안된 이 기간에 박정희는 손님처럼 가끔 와서 며칠씩 자고 가곤 했다. 그들은 '낮에는 남처럼 밤에는 님처럼' 살아야 했는데 밤에도 남처럼 사는 편이었다. 1년이 지나자 김호남은 상모리의 시댁으로 옮겼다. 남편이 문경으로 혼자 가 버리는 바람에 외롭게 시집생활을 시작했지만 시어머니 백남의는 며느리를 끔찍이 아껴 주었다.

1937년 11월 24일(음력10월 22일) 김호남은 큰딸 在玉(재옥)을 낳았다. 박정희는 딸을 본 뒤에도 아내에게 냉정했다. 아버지가 强勸(강권)

하여 시킨 결혼이었던데다가 역시 2년제 간이학교 출신인 아내와는 문화적인 격차가 있었다. 박정희는 방학 때 고향에 들러도 아내와 같은 방을 쓰지 않으려고 했다. 보통학교 동기인 이준상(작고), 張月相(장월상)의 집에서 자는 일이 많았다. 이준상의 어머니와 박정희의 어머니는 친한 사이였다. 이준상의 동생 李逸相(이일상)에 따르면 두 어머니들이 박정희 부부 문제로 걱정을 하다가 하루는 박정희를 강제로 아내의 방에 밀어넣었다는 것이다. 그리고는 두 어머니가 밤새도록 문 앞 섬돌에 앉아 보초를 섰다고 한다. 박정희의 둘째 형 박무희의 큰아들 재석은 작은 삼촌이 큰삼촌에게 혼나는 것을 보았다. 여름방학 때 문경에서 구미로 온 박정희는 친구들과 놀러 다니기만 했다. 박상희는 구미역전 뒤에 있던 자신의 집으로 동생을 불렀다. 손에는 몽둥이를 들고 있었다. 6척 장신인 그는 작은동생을 달랑 들어 방안으로 끌고 들어가더니 문고리를 잠궈 버리는 것이었다. 박재석은 겁이 나서 마당에 서 있었다. 김호남도 달려 왔다. 방 안에서 怒聲(노성)과 매질소리가 동시에 들려 왔다.

"니는 임마 뭐하는 놈이고. 제수씨가 재옥이를 혼자서 키우면서 저 고생하고 있는데 모처럼 와서는 한방에도 안 자고 어디로 돌아다니노. 월급을 45원이나 받는다는데 그건 다 어디에 썼노."

김호남은 남편이 맞아죽는 줄 알고는 문에 매달려 울면서 사정을 하고 있었다. 이 일이 있은 다음날 박정희는 사라져버렸다. 문경으로 돌아가 버린 것이었다.

이즈음 박상희는 지방 언론인의 신분으로 사업에도 성공을 하여 집을 세 채 샀다. 그중 한 채를 어머니에게 주어 며느리 김호남과 함께 살도록 했다. 박정희의 아버지 박성빈이 1938년 9월 4일에 67세로 사망했기 때문에 백남의는 외로운 며느리와 함께 상모리를 떠나 구미에서 살게됐다. 박정희는 아버지의 죽음에 대하여 특별한 감상을 남긴 적이 없다.

박정희는 문경보통학교에 부임한 다음해인 1938년에는 2학년생 20명과 5학년생 40명을 한 교실에 수용하는 복식반을 담임하게 되었다. 박선생은 함성백 등 5학년생들에게는 "너희들은 형이니 먼저 복습하라"고 한 뒤 2학년생들부터 가르쳤다. 처음 며칠 동안엔 웅성웅성하여 서로 수업이 제대로 되지 않았다. 곧 적응이 되어 2학년생과 5학년생들이 모두 우수한 시험 성적을 내게 되었다.

박정희는 수업을 엄하게 진행하였다. 과제를 내주고는 항상 검사를 했다. 숙제를 해오지 않은 아동들에게는 적당한 벌을 주었다. 그는 또 월요일마다 공책검사를 했다. 대구사범에서 배운 대로 일기와 편지쓰기를 권했다. 박정희는 사실상 이 학교의 체육 담임선생이었다. 운동회에 대비한 훈련과 출전 팀의 지도를 도맡아 했다. 박정희가 지도하는 팀은 2등을 하는 경우도 거의 없고 주로 1등을 했다. 조례 때는 박정희가 사회를 보았다. 교장의 훈시가 있은 후에는 박 선생이 주의 사항을 전달하는데 항상 간단명료하게 말하였다. 이 해 봄 소풍 때는 조령 제1관문까지 걸어 올라갔다. 함성백은 다리가 아파서 걷지 못하겠다고 했다. 박정희는 소년을 업고서 올라갔다. 도시락을 싸 오지 못한 어린이들과는 나누어 먹었다.

제자들의 기억

박정희가 3년간 교사로 재직했던 문경공립보통학교는 수안보 쪽에서 문경새재를 넘어갈 때 주흘산의 산자락이 끝나는 지점에 있었다. 사방이 산으로 둘러싸여 있는 문경읍(지금은 문경시)을 내려다보는 자리이다. 이 학교는 1912년에 4년제로 문을 열었다가 그 12년 뒤에 6년제로 되었다. 박정희가 부임한 다음해인 1938년에 이 학교는 '聞慶西部公立尋常小學校(문경서부공립심상소학교)'로 이름이 바뀌었다. 이즘의 학생 수는 320명쯤, 졸업생은 1938년도가 53명, 이듬해에는 64명, 1940년도는 75명이었다. 교사는 교장을 포함하여 7~10명이었다. 2~3명은 조선인 선생이었다. 박정희는 첫해에는 3학년, 다음해에는 2학년과 5학년의 합반, 마지막 해에는 1학년을 담임했다. 당시 문경읍의 가호 수는 1,000여 호에 지나지 않았으므로 박정희 교사에 대해서는 많은 사람들이 많은 기억과 이야깃거리를 가지고 있다.

대구사범 동창생들에게 '박정희' 하면 즉각 '나팔수'란 말이 떠오르듯이 문경사람들에게 '박 선생' 하면 '새벽 나팔소리'가 연상된다. 제자 신현균은 1962년에 '지금도 아침 6시 서울제일방송에서 기상 나팔 소리가 들릴 때마다 선생님 생각이 간절합니다'라고 썼다(《이낙선 비망록》). 문경 어린이들은 귀에 못이 박힌 박 선생의 나팔소리에 맞추어 노래를 부르기도 했다. 黃實光(황실광) 할머니가 지금도 기억하는 가사ー.

"데데쿠루 데키와 미나미나 고로세(튀어나오는 적들은 모두모두 죽여라)."

박정희는 마을 청년들을 모아서 악단을 만든 뒤 출장공연도 했다. 박정희는 대통령 시절에 "산으로 둘러싸인 문경이 답답하게 느껴졌다"고 회고했었다. 답답한 것은 지형 때문만은 아니었을 것이다. 혼자 있기를 좋아한 박 선생에게 있어서 나팔은 답답한 마음을 달래주는 친구였다.

소년기에 이순신과 나폴레옹의 전기를 읽으면서 군인이 되겠다는 꿈을 키웠고 대구사범 시절에 그런 소질을 확인한 박정희는 교사가 되어서는 그 꿈을 구체화시키게 된다. 박 선생이 부임한 첫해, 그가 담임했던 3학년 반의 급장이었던 주영배(전 초등학교 교장)는 이렇게 물은 적이 있었다. 박 선생이 심심하면 자신에게 "니는 임마, 커서 뭐가 될래"라고 물어서 되받은 것이었다.

"선생님은 그러면 이 담에 뭐가 될 낍니꺼."

"나. 나중에 봐라. 나는 대장이 될란다. 전장에 나가서 용감히 싸워 이기는 대장이 될란다."

"나는 대장이 될란다"는 말이 박정희의 입에서 나오기 시작한 내력은 오래이다. 대구사범 시절 동급생으로서 친하게 지냈던 金炳熙(김병희·전 인하대 학장)가 최근에 탈고한 회고록에는 이런 장면이 나온다.

〈어느 날 신관 복도에서 이성조, 박정희와 나는 北窓(북창) 너머 흰 구름을 바라보면서 대화를 나누었다. 한 조선 사람이 前途多望(전도다망)'을 일본어로 '젠토타보'가 아닌 '젠토타바'로 읽은 데 대해 핀잔을 주던 중이었다.

박정희: 우리는 과연 '젠토타바'일까.

이성조: 평생 선생질이나 해야지. 운이 좋으면 군수까지는 될 수 있다더라만.

김병희: 군수가 되면 뭘 해, 왜놈의 종질이지. 그러나저러나 조선 사람은 아무리 날뛰어도 관리생활에서는 현실이 증명하듯 도지사가 한계란다.

박정희: 나는 선생질 때려치우고 군인이 될 거야.

김병희: 넌 나팔을 잘 부니까 군악대장이 될거야.

박정희: 아니야, 나는 육군대장이 될 거야.

이성조: 옛장사 마음대로. 의무 연한은 어쩌고. 나는 의무 연한만 채우면 선생질을 때려치우고 발명가가 될란다〉

1959년 박정희 장군은 당시 중앙대학 교수이던 김병희와 함께 술을 마시다가 이 '젠토타바'로 시작된 학창시절의 대화를 기억해내었다.

"병희야, 우리 동기 중에 니가 가장 출세했구나. 그러나 이놈아 두고 보자. 계엄령만 내리면 넌 내 앞에서 꼼짝 못 하겠지."

문경의 박 선생은 토요일 오후나 일요일에는 아이들을 불러모아서 학교 앞산에 올라갔다. 그리고는 편을 갈라서 전쟁놀이를 시켰다. 나무 막대기를 주워 와서 총으로 사용하도록 했다. 박 선생은 목검을 들고 '얏, 얏' 하면서 검도도 가르쳐 주었다. 제자 朴命來(박명래·전 점촌초등학교 교장)는 가을 운동회 때 박 선생이 지도하여 전쟁놀이를 단체 경기로 보여준 것을 기억하고 있다. 학생들에게 목총을 만들게 하여 실을 잡아당기면 화약이 터져서 폭음이 들리도록 했다. 박 선생은 재빠른 아이들은 일본군으로, 동작이 굼뜨는 아이들은 중국군으로 편성하여 고지전을 벌이는 연출을 했다. 물론 중국군이 패퇴하는 것으로 끝났다.

6학년생 박명래는 중대장이 되어 "돌격!"하면서 달려가니 많은 부하들이 따라 주어 기분이 좋았다는 것이다. 학예회 때도 박 선생의 학급에서는 '지원병 출정'이란 제목의 연극을 했다. 각본은 박정희가 썼다. 당시 군국주의 분위기에 호응하는 내용이었던 것으로 보인다. 이 무렵 일본군은 중일전쟁을 확대시켜 대륙의 심장부로 밀려들고 있었다. 난징(南京)과 쉬저우(徐州)가 함락되자 일제는 보통학교까지도 학생들을 모아서 축하대회를 열도록 했다.

1939년에 1학년 담임이었던 박 선생은 숙직실에서 기거하고 있었다. 숙직하는 날에는 학생들에게 미리 알려주었다. 1학년 학생들은 집에서 저녁을 먹고 놀러갔다. 박 선생은 귀한 과자를 어디서 구했는지 아이들에게 나눠 준다는 소문이 돌아서 과자를 얻어먹으러 오는 아이들이 많았다. 이종기는 숙직실에서 들은 박 선생의 구수한 이야기를, 입안에서 녹아들던 과자 맛과 함께 지금도 기억하고 있다.

"우리는 조선사람이다, 우리글과 우리 역사를 알아야 한다는 말씀을 하시면서 이순신 이야기를 재미있게 해주시는 것이었습니다. 교과서에 등장하는 일본의 영웅들이 이순신 장군에게 패주하는 이야기를 듣는 것만으로도 대단한 충격이었습니다. 선생님은 거북선 그림을 그려가면서 실감 있게 전투장면을 묘사하시는 것이었습니다. 왜놈들이 배 지붕으로 올라오면 송곳으로 찌르게 만들었다느니 물 속으로 잠수까지 했다느니 하시면서 몸짓을 해가며 연기를 하시는데 흥분 그 자체였습니다."

박정희는 아리마 교장을 설득하여 나팔 네 개를 구입했다. 그리고는 박영래, 조영호, 전세호, 홍봉출을 나팔수로 뽑아 지도했다. 이들은 한 달 후부터는 조회 시간에 등장하여 학생들이 조회를 끝내고 교실로 들어갈 때 나팔 소리에 발을 맞추도록 했다. 운동회나 遠足(원족, 소풍의 일본식 표현·편집자 注) 때도 나팔수들이 행진곡을 불어 분위기를 돋우었다. 박정희는 1938년에는 이미 만주군관학교에 시험을 칠 준비를 하고 있었다. 그가 김순아 여인의 하숙집을 나와서 학교 숙직실에서 기거하기 시작하면서 시험 공부를 할 시간도 갖게 되었다.

일본 교사들과의 愛憎

　박정희가 만주군관학교에 간 동기를 미화하기 위해서 그가 일본인 교장 및 교사들과 자주 싸웠다는 사실을 부각시키려는 경향이 있어 왔다. 사실은 박정희는 착실한 교사였다. 교실에서는 조선어를 쓰지 않았고 교육 방침에도 충실했다. 일본인 교사들하고도 잘 지낸 편이었다. 다만 민족 차별로 갈등이나 충돌이 없을 수 없었으나 이는 예외적인 것이고 논쟁 수준이었다. 그는 항일 의식을 직설적으로 표현하지 않았고 일제 통치에 대해서 정면으로 도전하지도 않았다. 항상 단정하고 빈틈없는 언동을 하는 박 선생을 일본 교사들은 좀 어려워했다. 제자들의 증언에는 박정희와 일본인 교사 가토(加藤)의 충돌이 자주 등장한다. 박 선생이 문경보통학교로 부임한 해에 5학년이었던 강석해의 증언.

　"가토 선생은 직업 시간을 맡고 있었습니다. 직업 과목이란 작업을 말하는 겁니다. 여학생들은 재봉을 배우거나 실습장에서 누에를 치고 남학생들은 모심기나 山地(산지)개간이었습니다. 하루는 박 선생의 조선어 시간을 기다리고 있는데 가토 선생이 먼저 와서 우리를 작업장으로 내몰았습니다. 그때 박 선생이 들어오다가 가토와 마주쳤어요. 박 선생이 '왜 조선어 시간인데 일을 시키려 하느냐'고 대어들어 언성을 높이면서 말싸움을 하는 바람에 우리는 작업을 하지 않았습니다."

　가토 선생을 학생들은 '가등가등, 가릉가릉'이라고 놀려 댔다. 탈곡기 돌아가는 소리가 '가릉가릉'하고, 한자음을 빌려와 '가등가등'. 박정희가 첫해에 담임했던 3학년 반의 급장이었던 주영배의 목격담--. 일본 천황의 생일이라고 하여 운동장에서 기념 행사가 열렸다. 가토가 일장기에 대한 존중을 강조하면서 이런 말을 했다.

"오늘 땅에 떨어진 국기를 학생들이 밟고 지나가는 것을 보았다. 나는 그것을 보고 눈물이 났다."

행사가 끝나고 교실로 들어가는데 박 선생이 일본말로 가토에게 따지는 것이었다.

"가토 선생, 참말로 눈물이 났소."

"뭐, 그렇다기보다는 아이들한테 가르치려다가 보니까…"

"선생이 거짓말로 가르쳐서야 아이들이 우리를 믿겠습니까."

가토는 웃으면서 박 선생의 등을 툭툭 치는 것이 주영배가 보기에는 그의 기분을 맞추어주려는 것 같았다. 제자 錢道寅(전도인)은 이런 증언을 남겼다(《이낙선 비망록》).

〈어느 날 나와 몇 아동들이 놀고 있는데 교무실 현관에서 怒聲(노성)이 들렸다. 나중에 알고 보니 한 일본인 중년 신사가 박정희 선생님을 화나게 했었다는 것이다. 이 일본인은 교무실 문을 열고 들어와서는 담배를 입에 문 채 "어이, 교장은 있는가"라고 박정희 선생에게 물었다. 박선생은 불손한 태도에 어이가 없어서 대꾸를 하지 않고 가만히 있었다. 다시 그 일본인이 "어이, 교장은 있어?"라고 말하는 것이었다. 박정희는 이렇게 호통을 쳤다는 것이다.

"너희 일본인들은 말끝마다 內鮮一體(내선일체)라고 하면서 기껏해서 이런 식으로 조선 사람들을 대할 수밖에 없는가. 일등국민이라 자칭하고 싶거든 먼저 교양 있는 국민이 되어라. 담배를 물고 교무실에 들어오는 것부터 고쳐라."〉

박정희는 몸이 작은데다가 교무실에서는 출입문에 가까운 말석에 앉았기 때문에 손님들이 가끔 사환으로 오해하였다. 1939년도 졸업앨범을 보면 문경서부공립심상소학교 교직원이 교장과 급사 2명을 포함하여 11명임을 알 수 있다. 9명의 교사 중 조선인은 네 명으로서 박정희, 朴玉熙(박옥희), 權鳳源(권봉원), 柳增善(유증선)이었다. 조선인 학생들의 눈에는 스즈키(鈴木七郎), 다카네사와(高根澤敬治) 두 선생이 좋은 사람으로 비쳤다. 이 두 사람과 박정희는 무척 가까운 듯했다. 스즈키와 박정희는 어린이들이 보는 가운데서 달리기 시합을 자주 벌였다. 박정희는 스즈키를 먼저 출발시키고는 "자, 간다"라고 소리치면서 달려가서 추월하곤 했다.

대구사범의 히라야마 교장이나 기시 교사처럼 문경에서는 지금도 스즈키 선생에 대한 고마움을 기억하고 있는 70대 노인들이 많다. 朴明來(박명래·전 점촌초등학교 교장)와 白贊基(백찬기·전 전매청 공무원·在京文友會長)는 스즈키 선생의 지도로 과외수업을 하면서 대구사범 진학시험에 대비하였으나 낙방했다. 백찬기는 실의에 빠져 집에서 농사일을 거들고 있는데 스즈키 선생이 학교로 불렀다. 스즈키는 백찬기에게 "너는 우수한 학생이니 꼭 상급 학교에 진학해야 한다"면서 재수를 권했다. 그 이듬해 백찬기는 대구농림학교에 합격했다. 박명래는 스즈키 선생이 시키는 대로 1940년 1월 1일부터 일기를 쓰기 시작하여 지금까지 멈추지 않고 있다. 광복 후에도 문경 주민들은 일본인 교사들을 잘 보호하여 무사히 돌아가도록 했다.

대구사범 동급생들 사이에선 박정희가 '입을 꽉 다물고 골똘한 생각에 빠진 침울한' 학생이었지만 문경보통학교 학생들에게 그는 '잘 웃기고 잘 놀아주는' 童心(동심)을 가진 '알라(아이) 같은 선생님'이기도 했다. 서울공대를 졸업하고 문경군수를 지낸 金翊鎭(김익진)은 이런 기억을 갖고 있다.

"겨울이었습니다. 체육 시간은 언제나 마지막 시간인데 그날은 눈이 펑펑 내리고 있었습니다. 추위에 떨고 있는 우리에게 박 선생이 약속했어요.

'누구든지 눈을 손바닥에 잡아 오는 사람은 집에 먼저 보내준다.'

우리는 눈송이를 잡아서 선생님한테 갖다드리려고 신나게 뛰어다녔습니다. 맨손으로 눈을 잡아 선생님한테 달려가 손을 벌리면 물이 되어 있었습니다. 그러면 또 뛰어다니고. 어느새 추위를 잊어버렸습니다."

박 선생이 좋아서 졸졸 따라다닌 것은 아무래도 붙임성 있는 여학생들이었다. 그 가운데서도 박정희의 3학년 담임반 출신 세 명이 유별났다. 姜信粉(강신분), 서광옥, 魚有男(어유남). 이 세 학생에게는 그 유명한 박 선생의 나팔소리가 "우리 좁쌀 친구들아, 나 여기 있으니 놀러 와"하는 신호로 들렸다.

'총각 선생' 이 주로 기거하던 숙직실로 놀러 가면 꼭 과자를 내놓으면서 자상하고 유쾌하게 놀아 주는 것이었다. 이런 자리에서 박 선생이 자주 부르던 일본 유행가를 강신분(서울 거주) 할머니는 지금도 기억하고 있었다.

〈꽃도 폭풍도 밟고 넘어서
걷는다 남자의 길
울지 말아 주게 새들아
차가운 달 아래서 홀로 걷는다〉

이 유행가는 〈愛染(애염)의 계수나무〉(가와구치 마쓰다로 지음)라는 소설을 바탕으로 만든 同名(동명)의 영화 주제가 '밤바람 속을 가다' 이다. 이 영화는 박정희가 문경에 온 다음해인 1938년 9월부터 일본과 조선에서 상영되기 시작하여 큰 인기를 모았었다. 박정희는 日帝에 대한 울분을 삼키고 살면서 한쪽으로는 그 일본문화를 호흡하고 있었던 것이다. 강신분은, 교실에서는 "남자는 3년에 한 번 웃어야 한다"고 말하던 무서운 박 선생이 좋아서 양말이나 베갯잇을 빨아 주는 심부름을 시키면 그렇게 기쁠 수 없었다. 강신분은 박정희가 하던 말을 지금도 기억하고 있다.

"미국 사람들은 자동차를 한 집에서 한 대씩 갖고 있고, 일본 사람들은 자전거를 한 대씩 갖고 있는데 조선 사람은 지게도 하나씩 가질 수 없으니 우리는 어떻게 하면 잘 살 수 있을까."

강신분은 방학이 시작되면 2~3일 뒤에 어김없이 나타나던 할머니 한 분을 기억하고 있다. 작고 예쁘장한 할머니가 명주수건을 단정하게 쓰고 운동장에 나타나 자신을 부르더니 박정희를 찾더라는 것이다. 이 할머니만 나타나면 박 선생은 그 다음날 고향에 내려갔다가 1주일도 안 되어 다시 학교로 돌아오곤 했다. 이 할머니는 물론 어머니 백남의였다. 방학이 되어도 아내와 딸이 기다리는 구미로 내려올 생각을 않고 있는 박정희를 매번 데리러 오는 것이었다. 이것은 나중에 깨달은 일이고 대부분의 제자들은 5·16 혁명 때까지는 당시 박 선생이 기혼자인 줄 몰랐다고 한다.

血書

서울 강남구에 살고 있는 유증선 할아버지는 나이가 87세였지만 상당히 또렷한 기억력을 갖고 있었다. 그는 박정희와 함께 교사 생활을 했던 분들 중에서는 유일한 생존자이다. 지금까지 박정희 선생에 대한 증언들은 거의 전부가 제자들에 의해서 이루어졌다. 자연히 과장과 오해, 그리고 미화가 있을 수 있었다. 그런 점에서 동료 교사 유증선의 증언은 객관적이고 좀더 정확할 것이다. 그의 증언을 요약해본다.

〈내가 문경공립보통학교에 부임한 것은 1938년 4월 초로서 박정희 선생이 근무 중일 때였다. 나의 아내는 임신 중이라 친정으로 보내고 하숙집을 찾아야 했다. 그때 학교 숙직실은 박정희 선생이 이미 차지하고 있었다. 나는 박 선생의 양해를 얻어서 한 방에서 同宿(동숙)했다. 당시 나는 50원의 월급을 받고 있었다. 생활비를 줄이려고 시작한 숙직실 생활은 아리마 교장이 개입하면서 중단되었다. 그는 점잖게 '숙직실은 숙직교사들을 위한 것인데 두 분이 여기서 잠을 자면 곤란하지 않은가' 라고 했던 것이다. 나는 짐을 싸들고 하숙집을 구해서 내려갔다. 박 선생은 김순아 여인의 하숙집으로 돌아갔다.

우리가 숙직실에서 가까이 지낼 때 박정희 선생은 도무지 말이 없었다. 그러나 할 말은 반드시 하는 사람이었다. 강직한 성품에서 나는 '이 사람은 군인이 되어야 할 사람이구나' 하는 생각을 했다. 그가 바로 대쪽이었다. 남이 싫어하고 피하는 일도 자신의 판단에 따라 해야 하는 일이라고 생각하면 거침없이 자신의 소신을 밝히고 해치우는 것이었다. 나는 어떻게 이런 성격을 갖게 되었는지 신기했다. 한번은 운동장에서 나를 옆에 세워놓고 기계체조를 해 보였다. 그는 가볍게 철봉을 잡더니 '大車輪(대차륜)'을 하는 것이었다. 철봉에 매달려 몸을 쉬지 않고 휘휘 돌리는 것이었다. 꼭 철봉에 붙어 있는 것같이 자유자재였다. 공부벌레들만 있다고 하는 대구사범에서 저런 운동을 언제 배웠는지 놀랄 따름이었다.

박 선생은 교사들과는 비사교적이었지만 희한하게도 어린이들에게는 다정다감하게 대하는 것이었다. 코흘리개들과도 사근사근 이야기를 잘도 하는 것이었다. 보통 교사들이 제자들과 잘 어울리지 않는 것은 권위를 지키는 것이 교육상 더 유리하다고 판단하기 때문이다. 그런데 박 선생은 반대였다. 소풍을 가면 박 선생은 무슨 이야기를 하는지 아이들과 어울려 웃고 노래 부르는 것이 꼭 어린아이 같았다〉

유증선 할아버지는 안동교육대학 국문학과 교수를 지낸 뒤 은퇴했다. 그는 박정희가 왜 만주군관학교에 갔느냐에 대해서 通說(통설)과는 다른 새로운 증언을 했다.

〈1938년 5월경이라고 생각된다. 숙직실에서 같이 기거하면서 솔직한 이야기를 서로 털어놓을 때였다. 박 선생이 이렇게 말하는 것이었다.

"저는 아무래도 군인이 되어야겠습니다. 제 성격이 군인 기질인데 문제는 일본 육사에 가려니 나이가 많다는 점입니다. 만주군관학교는 덜 엄격하다고 하지만 역시 나이가 걸립니다."

박 선생은 호적상의 나이를 고치기 위한 방도를 이야기하면서 형 박상희에 대해서도 주섬주섬 말하는 것이었다. 자신의 존재에 비해서 형은 굉장한 사람이라는 의식을 깔고 하는 말이었다.

"우리 형님은 지금 고향에서 면장을 하고 있소. 성격도 활달하시고,

저는 이렇게 작고 보잘 것이 없지만 형님은 체격이 크고 외모도 훤칠하시지요. 저는 형님을 존경합니다."

나는 박 선생에게 "그러면 그 형님의 도움을 받아서 호적을 고칠 수 있지 않느냐"고 했다. 박 선생은 며칠동안 고향에 다녀와서 나이를 고친 것으로 알고 있다. 그가 한 살 낮추었다고 말한 것을 기억하고 있다. 그것으로 문제가 끝날 것 같지가 않았다. 신원조회를 하면 학교에 있는 박 선생의 기록과 호적이 서로 틀려 말썽이 생길 것 같았다. 나와 박 선생은 숙직실에서 밤새 고민했다. 우리가 연구한 것은 '어떻게 하면 만주군관학교 사람들이 환영할 수밖에 없는 행동을 취할 것인가' 였다.

내가 문득 생각이 나서 "박 선생, 손가락을 잘라 혈서를 쓰면 어떨까"라고 했다. 그는 즉각 찬동했다. 즉시 행동에 옮기는 것이었다. 바로 옆에 있던 학생 시험 용지를 펴더니 면도칼을 새끼손가락에 갖다 대는 것이었다. 나는 속으로 설마 했는데 손가락을 찔러 피를 내는 것이었다. 박 선생은 핏방울로 시험지에다 盡忠報國 滅私奉公(진충보국 멸사봉공)' 이라고 썼다. 그는 이것을 접어서 만주로 보냈다. 그때 편지가 만주까지 도착하는 데는 1주일쯤 걸릴 때였다. 한 보름이 지났을까, 누군가가 만주에서 발행되는 신문에 박 선생 이야기가 실렸다고 말하는 것이었다. 나는 어떤 과정을 거쳐서 그 혈서가 신문에 보도되었는지 알 수 없다. 그때 만주에 가 있던 대구사범 교련주임 아리카와 대좌가 도와줘서 그 혈서건이 신문에 났는지, 아니면 만주군관학교에서 신문에 자료를 제공했는지 알 수 없지만 어쨌든 목적은 달성된 것이다.

그로부터 며칠 뒤 아리카와가 보낸 편지가 박 선생 앞으로 도착했다.

박 선생은 "아리카와 대좌가 그렇게 군인이 되고 싶으면 자기에게 한

번 다녀가라고 했다"고 말했다. 그 며칠 뒤 박 선생은 만주에 다녀온 것으로 알고 있다. 아리카와를 만난 모양이었다. 그는 옆구리에 《동양사》등 몇 권의 책들을 들고 왔는데 "한번 시험을 쳐보라고 했으니 해볼 수밖에 없지"라고 했다.

그 직후에 우리는 교장의 지시로 숙직실을 떠나 하숙집으로 옮겼던 것이다. 박 선생은 아마도 교장한테 다시 양해를 얻어 숙직실로 돌아온 것같다. 지금도 기억에 남는 것이 숙직실에도 나폴레옹 초상화를 걸어놓은 박 선생이다. 붉은 망토에 훈장을 주렁주렁 달고 말을 탄 나폴레옹이었다. 내 아들 柳浩文(유호문·전 건설부 산업입지국장)은 1939년에 문경보통학교에 입학했는데 담임선생은 박 선생이었다. 이 해 가을에 박정희는 만주군관학교에 입학 시험을 쳤다. 박 선생이 일본인 교장과 싸우고 만주로 떠났다는 이야기가 있는데 싸운 일이 없다. 내가 1939년 봄에 한 3주간 일본시찰 여행을 한 적이 있는데 그때 그런 일이 있었다면 몰라도. 나는 박 선생이 만주군관학교로 떠날 때쯤, 즉 1940년 봄에 영주로 전근을 갔다. 그 뒤에 소식을 들으니 박 선생이 만주군관학교를 거쳐서 일본 육사를 졸업한 뒤에 긴 칼을 차고 문경에 들러 대환영을 받았다는 것이었다. 나는 속으로 '역시 가야 할 길을 갔구나' 하고 생각했다. 5·16 혁명 직전에 그가 대구에서 2군 부사령관으로 있을 때 만났더니 그는 영어책을 읽고 있다가 불쑥 이런 말을 하는 것이었다.

"우리나라가 이래서야 되겠습니까. 뭔가 새로 태어나지 않으면 안 될 기운이 일어나고 있는 것 같은데 어떻게 생각하십니까."

나는 "정치에 관심이 없어 그런 건 잘 모르겠습니다"고 말했을 뿐이다. 마지막으로 박 선생을 만난 것은 그가 죽기 석 달 전이었다. 내 아들과 제자들도 함께 청와대로 초청하여 옛날 이야기로 꽃을 피웠다. 대통령은 나를 보고 "어. 대머리가 되셨네요"라고 말하여 좌중이 폭소를 터트렸다〉

滿洲行

박정희 선생이 혈서를 써서 만주군관학교에 입학 시험을 칠 수 있도록 허락을 받았다는 동료 교사 유증선의 증언은 지금까지의 통설과 상반된다. 통설은 박정희가 교장과 싸우고 교사직을 그만둔 뒤 만주로 갔다는 것이다. 이런 통설은 박정희가 대통령으로 있을 때 많이 유포되었다. 이 통설은 한 걸음 더 나아가서 박정희가 '독립운동을 할 힘을 기르기 위해서 滿軍(만주군) 장교가 되려고 했다'는 신화로 발전하기도 했다.

여러 사람들의 증언을 종합할 때 혈서說(설)이 더 신빙성이 있어 보인다. 박정희는 대구사범 재학 때나 문경 교사 시절에 늘 군인이 되겠다는 꿈을 키워 가고 있었다. 교장과의 불화 때문에 충동적으로 군인의 길을 선택한 것이 아니라 오랜 집념의 실천이었다. 1962년에 당시 최고회의 의장 비서였던 이낙선 중령이 정리해둔 비망록에서도 비슷한 대목이 발견된다.

〈원래 일본 육사는 연령초과였고 만주군관학교도 연령초과였으나 군인이 되고자 하는 일념에서 군관학교에 편지를 하였다. 그 편지가 만주 신문에 났다(이렇게 군관을 지원하는 애국 정신이 있다고…). 이 신문을 보고서 姜(강) 대위가 적극적으로 후원하게 되었고 그와의 상면은 만주의 여관에서였다. 그로부터 강은 박의 引導人(인도인)이 되었고, 강은

당시 시험관이었다. 강-울산인〉

이낙선 중령이 당시 취재한 내용도 유증선의 증언과 거의 일치하고 있다. 그러면 신화는 어떻게 탄생했던가. 대구사범 동기생으로서 그때 문경과 가까운 상주에서 교사로 근무하고 있던 권상하(전 대통령 정보비서관)의 증언.

〈1939년 10월 아니면 11월에 박정희가 보따리를 싸들고 나를 찾아 왔다. 머리를 길렀다고 질책하는 視學(시학·장학사) 및 교장과 싸운 뒤 사표를 던지고 나오는 길이라는 것이었다. 그는 만주로 가서 대구사범 교련주임 시절에 자신을 총애해 주었던 아리카와 대좌를 만날 예정이라고 했다. 우리집에서 하룻밤을 잔 뒤 열차편으로 떠나는 정희를 전송했다〉

박정희는 권상하 이외에도 몇 사람들에게 비슷한 말을 한 것으로 드러나고 있다. 그러나 박정희는 1939년 10월에 만주군관학교 입학시험을 치르고 학교로 돌아와서 계속해서 근무하다가 다음해 3월에 만주로 떠난 것으로 확인되고 있다. 박정희가 아리마 교장을 패주었다느니 술상을 뒤엎었다느니 싸우고 갔다느니 하는 말들은 뒷받침되지 않고 있다. 더욱 이상한 것은 1976년 2월 17일 대통령 공보비서관 鮮于煉(선우연)이 작성하여 박 대통령의 결재까지 받아둔 '대통령 이력서'의 내용이다. 이 자료는 박 대통령이 읽고서 교정을 본 흔적이 남아 있다. 이 자료는 박정희가 만주로 떠난 동기에 대해서 '道(도) 장학사가 나이가 많은 아리마 교장에게 불손한 태도를 취하는 것을 보고 혐오를 느낀 것이 교사직 사임 원인의 하나이다'고 했다. 아리마 교장이 여기서는 동정의 대상으로 둔갑하고 있다. 박정희는 그러면 왜 이런 신화가 만들어질 소지가 있는 말을 했을까. 혹시 자신의 만주行(행)을 합리화하기 위해서 스스로 꾸며낸 말이 아닐까. 박정희보다 네 살 위인 누님 박재희는 생전에 이런 증언을 남겼다.

"동생이 가끔 내 집에 와서는 '죽어도 선생질 더 못해 먹겠다' 고 말하곤 했어요. 어느 날 밤늦게 동생이 또 저를 찾아왔습니다. 만주군관학교로 가기로 결심했다고 하는 거예요. 아버님과 상희 형에게 교사를 그만두겠다는 이야기를 꺼냈다가 호통만 들었다면서 만주로 갈 수 있도록 노자를 달라고 했습니다. 며칠 뒤에 돈을 받아서는 본가에 들르지도 않고서 만주로 갔지요."

박정희의 둘째 형 박무희의 장남 재석에 따르면 박상희는 동생이 안정되고 대우받는 교사직을 팽개치고 만주군관학교에 들어가려고 하는 것을 몹시 못마땅하게 생각했다고 한다.

여러 번 경찰서와 감옥에 끌려간 적이 있는 항일투사 박상희는 동생의 변절을 허용하기가 힘들었을 것이다. 박정희는 이러한 비난에 대한 일종의 변명거리로서 일본인 교장 및 시학과의 충돌설을 꾸며내거나 과장하여 퍼뜨린 것이 아닐까. 모든 신화에는 작은 근거가 있듯이 박정희의 신화도 작은 사실에서 출발했을 가능성이 있다. 박정희가 만주로 시험을 치러 간 시기에 어떤 사건이 있었던 것은 사실인 듯하다. 제자 황실광은 박 선생보다는 다섯 살 아래로서 졸업한 뒤에도 박 선생한테 자주 놀러갔다. 1939년 10월 어느 날 하숙집에 갔더니 그는 화를 삭이지 못하고 있었다.

"이제 너하고도 자주 만날 기회가 없을 것 같다. 나쁜 놈 같으니 센진(鮮人)이 뭐야, 센진이. 그래 놓고도 지서장을 불러와 화해를 하라니. 내가 다른 것은 몰라도 그런 것으로는 화해 못 한다."

박 선생이 전해준 사연은 아리마 교장이 視學을 접대하는 술자리에서 조선인을 모욕하는 발언을 했고 자신이 크게 반발했는데 이런 논리였다는 것이다.

"내선일체의 정신은 조선인과 일본인이 하나가 되어 美英鬼畜(미영귀축)을 몰아내자는 것이 아닌가. 그런데 당신들은 조선인을 차별함으로써 천황의 뜻을 어기고 있는 것이 아닌가."

朴교사가 천황을 들먹이면서 교장을 몰아세우자 아리마가 당황하여 일본 경찰을 중간에 넣어 화해를 꾀했다는 것이다. 이 정도의 충돌이 우연의 일치로 만주군관학교 시험 시기와 비슷한 때에 발생했기 때문에 '항일 의식이 강렬한 박 선생이 악질 일본인 교장과 싸우고 독립을 준비하기 위하여 만주로 갔다'는 과장이 이루어졌을 가능성이 있다. 정작 박 대통령은 자신에 대한 소년용 傳記를 준비하고 있던 김종신 공보비서관이 "각하는 왜 만주에 가셨습니까"라고 묻자 단순명쾌하게 이야기했다.

"긴 칼 차고 싶어서 갔지."

사소한 사연은 어쨌든 이 말이 박정희의 만주행 미스터리에 대한 가장 정직한 해답일 것이다. 박정희는 1939년 10월 만주 무단장(牧丹江)성에 있는 만주군 6관구 사령부內 장교구락부에서 만주국 육군군관학교 제2기 시험을 치렀다. 시험과목은 수학, 일본어, 작문, 신체검사 등이었다. 李再起(이재기·작고·육군 대령 예편)도 같은 장소에서 시험을 치렀다. 이재기는 시험이 시작되기 직전에 만주군 대위가 국민복을 입은 청년을 데리고 들어오길래 시험 감독관인 줄 알았다. 그런데 그 청년이 수험생 자리에 앉는 게 아닌가. 나중에 알고 보니까 대위는 간도 특설대에 근무하던 강재호였고 수험생은 박정희였다. 다음해 1월 4일자 〈만주국 공보

〉에 '육군군관학교 제2기 예과생도 채용고시 합격자 공보'가 실렸다. 박정희는 240명 합격자(조선인이 11명 포함된 만주계) 가운데 15등, 李翰林(이한림·전 1군사령관)은 봉천에서 시험을 치렀는데 20등이었다.

박 선생을 졸졸 따라다니던 5학년생 강신분, 어유남, 서광옥은 박 선생이 만주로 떠난다는 소식을 듣고 하숙집을 찾아갔다. 울면서 매달리는 이들에게 박 선생은 "우리 조선 사람은 조선 사람으로서 할 일이 있다"면서 선물들을 하나씩 나누어주더라는 것이다. 박정희가 문경을 떠날 때는 많은 유지들과 학부모, 학생들이 버스정류장에 나와서 전송했다. 박정희는 고향에 들렀다가 3월 하순에 구미역 北行線(북행선) 플랫폼에서 어머니와 헤어졌다.

칠순 나이의 백남의는 박정희의 옷자락을 붙들면서 "늙은 어미를 두고 왜 그 먼 곳에 가려고 하느냐"고 했다. 老眼(노안)에 눈물이 맺히는 것을 뒤로 하고 박정희는 기차에 올랐다. 박정희가 뒤돌아보니 그의 어머니는 흰옷 그림자가 보이지 않을 때까지 손을 들어 흔들고 있었다.

제4장

滿軍장교

朴正熙

동양의 西部

박정희는 1940년 4월에 만주제국 육군군관학교에 제2기생으로 입교했다. 제2기생은 滿系(만주계) 240명, 日系(일본계) 240명으로 구성되었다. 조선인 11명은 만주계에 포함되었다. 박정희의 동기생은 이한림, 金默(김묵·육군 소장 예편), 이재기, 李燮俊(이섭준·작고), 李丙冑(이병주·군내 남로당 수사 때 연루되어 숙청됨), 李相振(이상진·숙청), 安永吉(안영길·숙청), 姜昌善(강창선·숙청), 金在豊(김재풍·在北), 金元起(김원기)였다.

박정희의 동기생들 가운데는 5·16 거사에 가담한 사람이 한 사람도 없다. 오히려 박정희의 쿠데타를 저지하려고 한 사람이 있는데 당시 1군 사령관 이한림 중장이었다. 1기생은 13명으로서 12명이 간도 龍井(용정)에 있던 광명중학교 출신들이었다. 이 선배 기수에 박정희의 5·16을 지지한 핵심인물들이 있었다. 李周一(이주일·최고회의 부의장·당시 2군 참모장), 金東河(김동하·작고·해병대 소장), 尹泰日(윤태일·작고·육군 중장, 서울시장), 朴林恒(박임항·작고·당시 5군단장), 方圓哲(방원철·당시 육군 대령)이 그들이다. 김포 주둔 해병여단을 이끌고 선두에서 한강을 건넜던 金潤根(김윤근) 여단장은 만주군관학교 제6기 출신이었다. 박정희와 주한미군 측의 화해를 도왔던 姜文奉(강문봉·육군 중장 예편)은 박정희의 3년 후배(5기)였다. 박정희가 만주군관학교에 가지 않았더라면 5·16 거사는 성공하지 못했을지도 모른다. 그만큼 만주군 인맥은 박정희의 단단한 기반이 되었다. 만주군관학교 1~7기생 출신 한국인들은 48명. 그들 중 10명 정도는 5·16 지지 세력으로 분류된다. 이와 비슷한 인원이 좌익으로 기울어 여순14연대 반란사건을 전후한 肅軍(숙군) 수사 때 제거되었다. 좌익과 우익이 공존하고 교차한 만주군관학교 인맥의 한가운데 있었던 것이 두 세계를 다 경험한 박정희였다.

만주군 인맥은 끈끈한 인간관계에 바탕을 둔 강력한 결속력으로 유명했다. 이런 단결력과 함께 그들은 사회와 국가를 건설하고 개혁하겠다는 정치 성향이 강했다. 일제에 의한 중국 대륙 침략에 있어서 尖兵(첨병)으로 뽑혔다는 점이 그들로 하여금 권력과 총구의 함수관계와 개혁과 군대의 역할에 대하여 눈을 뜨게 만들었으며 현실을 직시하도록 했다. 국가건설과 사회개혁에 대한 열정은 같았지만 그 방법에 있어서 만주군관학교 인맥은 좌—우로 갈렸던 것이다. 박정희와 몇 사람들은 먼저 좌익으로 기울었다가 환상이었음을 깨닫고 우익으로 전향한 경우이다. 이 전향이 늦어 처형된 사람들도 6명이나 된다.

만주군 인맥을 4년제 만주군관학교(신경, 지금의 장춘)의 전신인 2년제 봉천(지금의 심양)군관학교로 넓혀보면 봉천 5기 丁一權(정일권·작고·육군 참모총장, 국회의장), 申鉉俊(신현준·해병대 사령관), 金白一(김백일·육군 중장·작고), 9기 白善燁(백선엽·육군 참모총장)이 등장한다. 元容德(원용덕·육군 중장·작고)은 만주 육군군의학교 출신이다. 이들 만주군 인맥은 거의가 함경도와 간도 출신들이다. 이들이 6·25動亂(동란) 때는 공산군의 침략을 저지하는 지휘관들이었고 戰後(전후)에는 한국군을 사실상 지배하였다. 함경도 출신 만주군 인맥은 경상도 출신 박정희를 뒷받침하여 5·16 거사를 성공시키는 데까지는 함께 갔으나 그 뒤의 권력투쟁에서 박정희-김종필 세력에 의해 거세되어(소위 '알라스카 토벌 작전') 권력의 무대에서 퇴장한다.

박정희의 만주行은 이러한 만주군 인맥과의 연결고리를 만들었을 뿐 아니라 집권한 뒤에는 일본의 만주 인맥과 제휴하는 고리가 되었다. 박정희가 만주군관학교에서 훈련을 받고 있던 무렵에 만주국 총무청 차장(산업부 차장)으로서 사실상 괴뢰국 경영의 실권을 쥐었던 기시 노부스케(일본 총리 역임)와 시나 산업부국장(자민당 부총재 역임)은 일본 내 만주 인맥의 중심으로서 한일 국교정상화에서부터 박정희 정권과 긴밀한 관계를 맺게 되는 것이다.

인맥이나 인간의 성격은 무대가 되었던 지역의 성격을 닮는 면이 있다. 도시는 영리함을, 농토는 성실함을, 초원은 활달함을 만들어내는 것처럼 1930~1940년대의 만주는 질풍노도의 시기로서 이 시대를 호흡한 사람들을 과감한 행동파로 만들었다. 만주군 인맥의 공통점은 결속력, 친화력, 행동력, 그리고 정치 지향으로 상징된다. 李鍾贊(이종찬·육군 참모총장), 李亨根(이형근·육군 참모총장)으로 대표되는 일본 육사 출신들은 엘리트의식이 강하고 깔끔하며 비교적 정치에 중립적인 성향을 보였다. 일본 육사에서도 2년을 보낸 박정희는 만주군과 일본군 인맥의 성격을 공유하게 된 면이 있다. 단정하고 사색적인 면은 일본군 인맥을 닮았고 정치 지향과 행동력은 만주군적인 것이다.

박정희가 자신의 운명을 바꾼 만주대륙을 처음 구경한 것은 1935년 대구사범 4학년 수학 여행 때였다. 이때 그가 어떤 충격을 받았는지는 알 수 없으나 동급생들의 紀行(기행) 소감을 기준으로 하여 짐작은 할 수 있다. 李成烈(이성열·전 김해여중 교장)은 이렇게 말했다.

"만주를 우리 영토로 착각할 정도였다. 여권도 필요 없고 검문 검색도 없었다. 가도 가도 끝이 없는 대평원, 그것은 황량한 신천지였다. 新京

(신경)의 관동군 사령부도 견학할 수 있었다. 대포, 탱크 같은 신예 무기도 보여주었는데 '까마득한 절망감'을 느꼈다. 일본의 세력이 이 광활한 대지 곳곳에 미치고 있음을 실감했다.

지금 생각하면 이광수가 변절한 것도 이해를 할 수 있을 것 같다. 그도 이런 일본을 상대로 어떻게 저항하란 말인가 하는 무력감을 느꼈으리라. 대련의 기름 짜는 공장을 견학했는데 쿠리(苦力)라고 불리는 중국인 노동자들이 나체 상태에서 일하는 장면을 볼 수 있었다. 식사하는 것을 보았는데 검은 빵을 손으로 뜯어서 입에 넣고 파를 춘장이라 불리는 중국식 된장에 찍어먹는 것이 전부였다. 만주국을 세운 일제는 五族協和(5족 협화)를 부르짖었지만 대우는 일본인 다음이 조선인이고 漢族(한족)과 만주족은 그 뒤이고 몽골인이 최저였다. 우리는 착잡한 마음이 되어 대구로 돌아왔다."

박정희와 단짝이었던 김병희(전 인하대 학장)는 "끝간 데 없이 계속되는 수수밭과 붉게 타오르는 태양, 그리고 신경의 엄청난 신시가지 건설이 인상적이었다"고 회고했다. 수학 여행 경로에는 여순의 러일전쟁 戰蹟地(전적지)인 203고지 견학도 포함되어 있었다. 일본의 노기 대장이 기관총을 실전에 동원한 러시아 수비대에 대해 수만 명을 희생시켜 가면서 점령한 고지였다.

박정희가 발길을 내디딘 당시의 만주는 '동양의 西部(서부)'였다. 야망에 불타는 군인과 관료들, 만주철도회사 조사부와 같은 세계 최대의 두뇌집단, 관동군, 만주군, 팔로군, 蔣介石(장제스·장개석)군, 마적, 김일성계 빨치산, 첩자, 아편 밀매자, 사기꾼 등 갖가지 모습의 인간 군상이 5족(일본족, 조선족, 한족, 만주족, 몽골족)과 뒤엉켜 사는 이 넓은 대지에서 기회를 찾아 나름대로의 꿈을 펴려고 좌충우돌하고 있었다. 좋게 말하면 용광로요, 나쁘게 표현하면 쓰레기통이고 시궁창이었다.

구타

만주국은 일본의 關東軍(관동군)이 만들어낸 괴뢰국이었다. 그 産婆役(산파역)은 관동군의 작전참모 이시하라 간지(石原莞爾) 중좌였다. 전략사상가이기도 했던 이 천재적인 참모는 〈滿蒙(만몽) 문제 해결안〉이란 논문에서 이렇게 썼다.

〈일본이 동양의 선수권자이기 위해서는 만몽을 우리의 영토로 하는 외에는 절대로 다른 방도가 없다. 이에 의해서 對蘇(대소) 작전에 유리한 근거지를 마련하며, 排日共産運動(배일공산운동)의 조선 침투를 막음으로써 조선 지배를 튼튼히 할 수 있다. 이것은 명치유신 후 10만의 생명과 20억 엔의 국비를 투입한 만주를 일본의 생명선으로 확보하는 길이다〉

1931년 9월 18일, 이시하라와 그의 직속상관인 관동군 고급 참모 이다가키 세이시로(板垣征四郎·뒤에 조선군 사령관·도쿄 전범 재판에서 사형)는 滿鐵線(만철선) 폭파 사건을 조작하여 중국군을 공격하는 빌미를 잡았다. 이것이 만주사변의 단초가 되었다. 그 두 달 뒤에는 일본의 봉천 특무기관이 천진폭동을 조작했다. 1932년 3월까지 관동군은 만주의 거의 전역을 점령했다. 멸망한 청나라의 宣統帝(선통제)였던 溥儀(부의)를 데리고 와 황제로 삼고 만주제국을 발족시킨 것은 1932년 3월 1일이었다. 당시 일본군대는 軍令權(군령권)은 내각에 속하지 않고 바로 천황에 직속한다는 논리를 개발하였다. 엘리트 참모장교들은 천황이 일일이 작전에 간여할 수 없다는 사실을 이용하여 내각의 통제를 받지 않고 만주로, 중국본토로 전선을 확대해 나가다가 결국은 태평양전쟁으로 몰고간 것이다. 만주사변의 주모자인 이시하라는 중국본토에 대한 침략에는 반대했다. 이 때문에 그는 거세되었고 그 덕분에 전후에 전범재판을 면할 수 있었다.

중일전쟁이 한창이던 1940년 4월 만주제국 육군군관학교 제2기생으로 입학한 박정희 등 조선인 생도 11명은 酒保(주보)에서 13명의 조선인 1기 생도들과 상견례를 했다. 그 며칠 뒤 1기생들이 모여서 회의를 했다. 그들은 2기생 후배들을 지도할 필요가 있다는 결론에 도달했다. 누구를 혼내줄까를 결정하는데 박정희와 金在豊(김재풍)이 뽑혔다. 김재풍은 미남이라서, 박정희는 단단하게 생겨먹었기 때문에 뭔가 건방지게 보인다는 여론이 나온 것이다. 간도 용정의 광명중학교 출신 방원철이 나서서 "내가 손을 좀 봐주겠다"고 자원했다. 며칠 뒤 토요일을 잡았다. 저녁식사가 끝난 뒤 방원철은 두 사람을 내무반 宿舍(숙사) 뒤 건설자재가 흩어져 있는 으슥한 곳으로 불러냈다.

"너희 두 놈이 왜 여기 불려왔는지 모르겠지. 우리 선배들 사이에서 너희들은 태도가 건방지고 예절이 형편없다는 불평이 수차례 나왔다. 오늘은 선배의 기합 맛을 보여주겠다. 입 다물어!"

기골이 장대한 방원철은 주먹으로 따귀를 갈기기 시작했다. 김재풍은 옆으로 쓰러졌다. 박정희는 달랐다. 주먹을 받고 몸이 옆으로 밀렸다가도 금방 원래 자세로 돌아와서 딱 버티고 서서 다음 타격을 기다리는 것이었다. 몸이 용수철 같았다. 방원철은 속으로 '야, 여기 독한 놈 하나

있구나' 하는 생각이 들어 더 세게 때렸다. 그래도 고개를 치켜들고 펀치를 받아내는 박정희가 꼭 차돌 같고 뱀대가리같이 느껴졌다고 한다. 방원철은 두 후배에게 말했다.

"우리는 지금 일본계, 만주계와 눈에 보이지 않는 민족 투쟁을 전개하고 있다. 학교 생활에 있어서 어떤 경우라도 그들에게 지면 안 된다. 알았나!"

"예!"

두 사람은 이것이 단순한 구타가 아니라고 깨닫는 듯했다. 방원철은 미래의 대통령을 갈긴 이 첫 경험을 오래도록 기억했다. 그만큼 박정희의 얻어맞는 태도가 인상적이었기 때문이다. 박정희로서도 이 첫 경험을 쉽게 잊을 수 없었던 모양이다. 광복 후 술자리에서 박정희는 "그 방형 손때가 참 맵습디다"라고 농담을 했다. 박정희의 동기생들을 혼내는 데 앞장섰던 1기생은 박임항과 崔昌崙(최창륜)이었다. 두 사람 모두 정열적이고 민족 의식이 투철했으며, 인간적인 매력이 많았다.

이들의 구타에는 이유가 있었는데 중국인과 일본인들에게 뒤지지 않도록 악바리 근성을 심어준다는 것이었다. 방원철은 "후배들을 무섭게 다룬 만큼 아껴주기도 했다. 그러다가 보니 정이 들었다"고 했다. 5·16에서 드러났던 만주군관 출신들의 유별난 결속력, 그 한 가지 비결은 '우정 어린 구타'로 맺어진 끈끈한 인간관계였다. 젊은 남자들 사이에서는 구타라는 피부 접촉이 예기치 않은 효과를 내기도 하는 것이다.

박정희는 용케도 이 수모를 견디어냈다. 나이가 4~6세나 아래인, 소년 같은 1기생들로부터 그렇게 얻어맞고도 박정희는 그들에게 평생 선배 대접을 해주었다. 그는 광복 뒤 자신보다 나이도 적고 계급도 낮은 1

기생들에게 꼭 "방 형!" 식으로 존대를 했다. 이재기는, 동기생 박정희가 어느 일요일 외출을 갔다가 돌아와서 잠자리에 누웠다가 최창륜 선배한테 불려 나가 실컷 얻어맞고 오는 것을 보았다. 박정희는 울상이 되어 하소연을 했다.

"내가 잘못한 일이 없는데 어찌 이럴 수 있는가."

1기생 李奇建(이기건·육군 준장 예편)도 박정희와의 첫 대면에서 깊은 인상을 받았다. 이기건이 "자네는 왜 여기 왔는가"라고 물었다. 박정희가 당돌하게 말하는 것이었다.

"왜놈 보기 싫어 왔소."

이기건은 '왜놈'이란 말을 처음 들었다. 북한지역에서는 대체로 '일본놈'이라고 불렀기 때문이다. 정일권은 그때 만주군 상위(대위)로서 신경에 근무하고 있었다. 박정희 생도는 외출 때 자주 정일권을 찾아갔다. 정일권은 술을 좋아하지 않았다. 현역장교에게 나오는 배급술을 박정희가 대신 비우고 일어서는 것이었다. 두 사람은 똑같이 1917년생이었다. 생일로는 박정희가 1주일 빨랐다. 둘 다 가난한 어린 시절을 보냈다. 그래서 대화의 공감대가 넓었다. 박정희는 "일제는 곧 망합니다. 우리는 독립하고야 말 것입니다"는 말을 되풀이했다고 한다.

어느 날 박정희는 정일권, 朴基丙(박기병·당시 관동군 하사관·육군 소장 예편), 그리고 군관학교 생도들이 있는 술자리에서 벌떡 일어나더니 "선배님들, 이 노래 모르시죠"라고 하더니 주먹질을 하면서 노래했다. 들어보니 독립군 노래였다.

軍官학교의 하루

오전 5시에 기상 나팔소리가 울린다. 박정희 등 생도들은 늦어도 10분 전에는 눈을 뜨고 이불 밑에서 신호를 기다린다. 나팔소리와 함께 일어나 1분 내에 연병장에 집합하라! 생도들은 한손으로는 옷을 걸치고 다른 한 손으로는 각반을 차면서 연병장으로 달려나간다. 만주군관학교 교정, 즉 同德臺(동덕대)는 만주국의 수도 신경의 교외에 있었다. 주변 야산에는 억새풀이 우거지고 채석장이 있었다. 아침에 점호를 받으면서 바라보면 멀리 신경역에서 열차가 오가는 것이 눈에 들어와 생도들은 고향을 그리기도 했다.

점호 보고가 시작되면 생도들은 부동 자세를 취해야 했다. 이때부터 구대장들이 돌아다니면서 행동이 느려 단추를 제대로 끼우지 않았거나 각반 끈이 묶여 있지 않은 생도를 적발한다. 그리고 가슴을 쳐서 사정없이 땅바닥에 쓰러뜨린다. 무릎이 붙지 않은 생도도 당한다. 만주군관학교는 일본 육사와 마찬가지로 자세교육을 중요시했다. 입교한 뒤 여섯 달까지는 걸어다닐 때 뒷짐을 지면서 시선은 눈보다 높게 두도록 했다. 어깨를 펴고 상체를 꼿꼿하게 유지하도록 한 것이었다. 아침 점호가 끝나면 각자 내무반으로 돌아와서 침구와 관물정돈을 한다. 내무반은 통로를 가운데 두고 좌우로 6개씩의 침대가 있는 12인실이었다. 38식 소총을 걸어둔 銃架(총가)가 있고 개인별 관물함 아래에는 배낭을 두도록 했다. 오전 5시 50분에 식사 당번 생도들이 식당으로 먼저 출발, 오전 6시에 일제히 행진하여 식당에 간다.

생도들은 '콰이츠'라 불리는 나무젓가락 통을 갖고 다녔다. 숟가락은 내주지 않았다. 식탁은 한 줄에 6명씩 12명이 마주보고 앉아 먹게 되어 있었다. 일본 유학생도들은 쌀밥을, 만주와 조선인 생도들은 수수밥을 먹어야 했다. 일본인들은 수수밥을 먹으면 설사를 한다는 이유에서였다. 박정희가 소속된 구대에서는 입학 며칠 뒤에 이런 일이 있었다. 조선인 생도들을 포함한 만주계 생도들이 수업이 좀 일찍 끝나 식당에 들어왔다. 일본인 생도들이 먹을 쌀밥통이 식탁 위에 놓여 있었다. 만주인, 조선인 생도들이 이 쌀밥통을 끌어다가 먹어 버렸다. 뒤에 들어온 일본계 생도들이 화가 나서 양쪽이 난투극을 벌였다. 이것이 계기가 되어 점심시간에만 만주, 조선인 생도에게도 쌀밥을 주게 되었다. 식사에 있어서의 이런 차별은 민족 감정만 부추겼다.

아침식사 후 내무반으로 돌아와서 서랍을 정돈한 뒤 학과장으로 갈 때는 서랍을 15cm쯤 열어 놓게 되어 있었다. 생도들이 나간 뒤에 구대장들이 순시하여 정돈상태가 나쁜 서랍은 뒤집어엎어 버리는 것이었다. 동기생 이재기가 보니 박정희의 서랍 안은 책이나 문구류가 언제나 반듯하게 정돈되어 있는 것이었다. 박정희의 이런 정리정돈癖(벽)은 유별났다. 지저분한 것을 생래적으로 싫어하는 사람처럼 보였지만 사실은 이런 교육의 결과일 것이다. 그는 대통령 시절에도 사무실 정리를 혼자서 했다. 촌지를 넣은 편지봉투를 보낼 때도 집무실 책상 위에 놓아둔 가위로 스카치 테이프를 정확하게 잘라 붙인 다음 전달자에게 건네주는 것이었다. 보고장에 가서도 책상 앞에 놓인 볼펜이 조금만 삐뚜름하면 이를 반듯하게 고쳐 놓아야 직성이 풀리는 사람이었다. 이런 성격이니 그가 장발족을 그대로 둘 리가 없었던 것이다.

오전은 주로 학과수업이었고 오후는 교련이었다. 일본 육사 교육 과정을 거의 그대로 베낀 것이었다. 일본어, 중국어, 수학, 물리, 화학, 역사, 지리, 사격, 測圖(측도), 馬術(마술), 유도, 진중근무(보초, 경계, 수색, 정찰 등), 전사학, 作戰要務令(작전요무령), 보병전술 등등. 그들은 측도 교육을 특히 중요시했다. 1주일간 야외로 나가서 일정한 지역을 배당하여 측량을 하고 지도를 그려 오도록 하는 훈련도 했다. 이때 배운 측도, 讀圖法(독도법)을 박정희는 대통령이 된 뒤에 활용했다.

경부고속도로 공사 같은 대사업을 구상할 때 또는 작업을 지시할 때 박정희는 등고선까지 들어간 지도를 아주 단순명쾌하게 즉석에서 그리곤 했다. 헬리콥터를 타고 강원도 수해지역을 시찰할 때 지사가 항로를 잊어버리자 대통령이 직접 지도를 펴놓고 정확하게 목표 지점을 찾아낸 적도 있다. 국토건설期(기)에 있어서 특히 박정희의 이런 지도 지식은 요긴하게 쓰였던 것이다.

박정희는 또 말을 아주 잘 탔다. 당시 광활한 만주 벌판에서는 말은 중요한 기동 수단이었다. 마술 시간이 되면 생도들은 장화를 신고 집합하여 말에 오르는 법, 안장을 놓는 법을 배웠다. 말을 탄다는 것은 말을 부리는 것을 뜻한다. 말을 국민에 비교하면 騎手(기수)는 정치인이다. 고삐와 발동작으로써 말을 달래거나 위협하면서 질주하도록 하는 경험을 통해서 기마 민족들은 지배와 통치의 요령을 본능적으로 터득했던 것이다. 박정희는 등판이 아주 넓은, 등급이 좀 떨어지는 연습용 말인데도 두 다리를 잘 오므린 채 아주 능숙하게 말을 몰았다고 동기생 김묵(육군 공병감 역임)은 기억하고 있다. 그의 취미는 나팔불기에서 말타기로 바뀌게 된다. 자신과의 대화에서 동물과의 교감으로 바뀐 것이다. 말 등에 올라탄 후에는 鐙子(등자)에 발의 앞부분을 걸어야 한다. 겁이 난다고 발을 깊숙이 밀어넣은 상태에서 말에서 떨어지면 발이 빠지지 않아 큰 사고가 나기 때문이다. 박정희의 1기 선배인 한 중국인 생도는 발이 빠지지 않은 상태에서 落馬(낙마)했다. 말이 그를 거꾸로 매달고 달리는 바람에 뇌골절로 사망했다.

박정희에게 있어서 군관학교 교육은 복습하는 기분이었을 것이다. 거의가 대구사범에서 한 번씩 해본 종목이기 때문이었다. 김묵에 따르면 박정희는 목검을 들고 사다리를 오르고 외나무다리를 지나는 장애물극복 훈련에서 拔群(발군)이었고 검도도 잘 했다고 한다. 저녁식사 후는 내무반에서 자습 시간. 이때는 일기를 써야 했다. 구대장이 가지고 가서 검열을 하는 일기였다. 박정희는 문경의 제자들에게 여러 통의 편지를 썼다. 편지 내용도 일기식이었다.

朴正熙에서 다카키 마사오로

1940년 7월 여름 박정희를 비롯한 만주군관 2기 생도들은 대련으로 해양훈련을 받으러 갔다. 2주간 수영과 조정훈련을 했다. 만주군관학교를 이끌고 있던 일본인 장교들의 안전 의식에 감탄하기도 했다. 그들은 총검술 훈련을 할 때도 반드시 5m 간격을 유지하도록 하더니 여기서는 모든 생도들의 수영 실력을 측정한 다음 이마에 등급 표시를 했다. 그리고는 바다에 줄을 쳐서 실력대로 수영을 하도록 했다. 무등급자는 허리 이하의 수심에서만 수영을 하도록 하는 것이었다.

3주간의 여름방학. 박정희는 구미에 들렀어도 아내와 어머니가 살고 있는 집에는 잘 가지 않고 무서운 상희 형의 눈을 피해서 친구들 하고만 어울려 다녔다. 박정희의 첫 결혼이 단란했더라면 그가 아내와 헤어져 만주로 가는 결단을 내릴 수 없었을지도 모를 일이었다. 신경으로 돌아갈 때 박정희는 문경에 들렀다. 옛 하숙집에 머물면서 제자들과 재회하여 놀다가 떠났다.

1940년 여름 민족지 〈조선일보〉와 〈동아일보〉를 폐간시킨 일제는 創氏改名(창씨개명)을 강요하기 시작했다. 만주군관학교에서도 이 해 가을에 조선인 학생들 24명(1기생 13명, 2기생 11명)을 호출하더니 1주일간의 휴가를 주었다. 고향에 가서 창씨개명을 해오라고 하는 것이었다. 박정희는 구미에 내려와 상희 형과 의논했다. 조선일보 선산 지국을 경영하던 박상희는 이 신문이 폐간된 이후에는 조선 총독부 기관지 〈매일신문〉으로 옮겨 기자 겸 지국장 일을 보고 있을 때였다. 이 항일 활동가도 시류를 정면으로 거스를 수는 없게 되었다. 그는 고령 박 씨에서 '고목'이란 성을 취한 뒤 작명을 해주었다. 박상희는 '다카키 소기(高木相熙)', 박정희는 '다카키 마사오(高木正雄)', 박정희의 조카 박재석은 '다카키 이사무(高木勇)'가 되었다. 박정희의 선배인 1기생 방원철은 가타야마 유이치(方山雄一)로, 박임항은 쓰루야마 링고(鶴山林恒)로 개명했다. 방원철은 누군가가 자신을 "어이! 가타야마"라고 부를 때마다 창피한 생각이 들었다. 오기가 강한 박정희는 더했겠지만 그는 일단 순응하는 모범생의 자세를 취하고 있었다. 창씨개명을 끝까지 거부했던 사람은 박정희의 동기생 강창선이었다. 러시아 遠東(원동)지역에 살다가 온 그는 순박하기 이를 데 없는 청년이었다. 어머니와 함께 얼어붙은 강을 걸어서 건너오던 이야기를 하곤 했다. 그가 창씨개명을 거부할 수 있었던 것은 그의 줏대와 함께 너그러운 구대장을 만난 덕분일 것이라고 동기생 김묵(육군소장 예편)은 말했다. 광복 후 이 강창선은 박정희와 함께 육군사관학교에서 중대장으로 근무하게 되는데 그 인연은 두 사람의 운명을 바꿔놓는다.

중국인 생도들은 "조선인들이 이제는 이름까지 바꾸어 왜놈이 되었구나"하고 놀렸다. 그때 만주에서 중국인들이 조선인들을 바라보는 시선은 곱지 않았다. 그들은 일본인들을 '토귀즈(頭鬼子)', 조선인을 '얼귀즈(二鬼子)'라고 불렀다. 조선인들이 일본인들의 앞잡이가 되어 중국인들을 괴롭히는 데 협력하고 있다는 뜻이 깔린 말이었다. 만주에서 적지 않은 조선인들이 密偵(밀정), 통역, 헌병 보조원으로 일하면서 중국 사람들을 괴롭힌 것은 사실이고 이 때문에 광복 뒤 보복을 당했다.

중국 사람들의 눈에는 만주군관학교가 '파시스트 수용소'이자 '漢奸(한간)의 후보자 양성소'로 보였을 것이다. 만주군관학교 조선인 생도들의 사정은 더 곤혹스러웠다. 국적으로 치면 일본인이고, 소위 '내선일체'의 정신으로 본다고 해도 일본인 대우를 받아야 마땅한데 여기서 박정희 등 조선인 생도들은 만주계로 분류되어 일본인 생도들이 쌀밥을 먹을 동안 수수밥을 먹고 변비로 고생하고 있었다. 중국인 생도들과 섞여서 내무반 생활을 하자니 우선 말이 안 통해서도 답답했다.

일본인으로부터는 경멸을 받고 중국인으로부터는 원한의 시선을 의식해야 하는 상황에서 '이 총으로써 누구를 위해 충성을 바쳐야 하는가' 하는 본질적인 의문에 봉착하지 않을 수 없었던 것이 박정희였다. 방원철은 "그런 고민에 빠질 때마다 우리가 목숨을 바칠 수 있는 나라가 있으면 얼마나 좋을까, 이 학교가 우리 조선의 사관학교라면 얼마나 좋을까 하는 생각을 절절히 하게 되었다"고 했다. 박정희와 동기인 일본계

군관 2기생으로서 戰後 일본에서 음식점을 경영했던 노무라(野村)는 이런 말을 했다.

"박정희 생도는 이중 차별을 견뎌야 했습니다. 차별이 아니라 모욕이었을 것입니다. 그가 5·16을 일으킨 근원을 거슬러 올라가 보면 이 때의 울분으로 이어지지 않을까요. 그런 울분을 안고 바라본 동덕대의 석양과 우리가 바라본 석양은 달랐을 것입니다."

1941년 일본군이 중국의 창사(長沙)에서 패배한 적이 있었다. 그 며칠 뒤 주번을 서고 있던 程作民(정작민)이란 구대장이 만주계 생도들을 강당으로 불러 모으더니 일본군의 패배 소식을 전하면서 항일연설을 하는 것이 아닌가.

"너희들은 혼을 몽땅 일본인들에게 팔았는가. 그들이 죽으라면 죽고 발바닥을 빨라면 빨 것인가."

중국인 생도들은 이 웅변을 듣고는 고함을 치고 울부짖어 흥분의 도가니로 변했다. 이 청중들 속에는 조선인 생도들도 끼여 있었다. 이 소동은 그러나 보안이 유지되었다. 그때부터 중국인 생도들이 따뜻한 눈으로 조선인 생도들을 바라보는 것 같았다. 그 1주일 뒤 관동군 헌병대가 오토바이를 타고 와서 崔立福(최입복) 등 1, 2기의 중국인 생도 여러 명을 붙들어갔다. 이들은 건국대 학생 수십 명과 항일 비밀 결사를 만들었다가 발각이 된 것이었다.

1941년 3월에 1기생 졸업식이 있었다. 만주계의 수석졸업자는 조선인 박임항이었다. 그는 입학시험에서도 1등을 했다. 수학을 특히 잘 했다. 머릿수로는 중국인 생도의 5%에 불과한 朝鮮系(조선계)는 그 뒤로도 수석 졸업의 자리를 거의 독점했다. 졸업식장에 만주국 황제 溥儀(부의)가

나와서 치사를 했다. 일본군 장교가 일본어로 통역을 하는데 완전히 창작이었다. 황제의 연설에는 들어 있지 않은 말들을 멋대로 지어 내서 이야기해 버리는 것을 본 중국인, 조선인 생도들은 현실을 직시하게 되었으리라.

大地의 야망

박정희가 만주로 온 그 무렵 김일성은 관동군과 만주군의 집중적인 공격을 받아 만주를 떠나고 있었다. 나중에 한반도의 두 주인공이 되어 대결하게 되는 두 사람이 바라본 만주는 같지 않았으나 민족이 처한 모순을 자각하도록 한 대지였다는 점에서는 공통점이 있다. 김일성 빨치산 부대가 소련으로 후퇴하게 된 데는 다른 이유도 있었다.

간도의 용정에서 독립군의 신화를 흠모하며 소년기를 보냈던 만주군 관학교 1기생 방원철은 1930년대에 들어서서 독립군의 주력이 공산화되면서 조선인 마을로부터도 민심이 떠나게 되었다고 했다. 빨치산이 마을로 내려와 너무 자주, 너무 많이 공출과 헌금을 요구하고 말을 안들으면 동포 유지들을 살해했기 때문에 존경의 대상에서 공포의 대상으로 바뀌어 갔다는 것이다.

"우리 마을에 밤손님들이 내려와서는 삼촌을 불러 醵出(갹출)할 돈을 통보하고 갑니다. 그러면 마을 사람들이 돈을 거둬 300원, 400원씩 모아 주곤 했습니다. 이 마을에서는 저의 친구 아버지가 너무 잦은 갹출 요구에 대해서 잘 협조를 해주지 않자 이분의 머리에 대못을 박아 죽이기도 했습니다. 나중에 만주군 장교가 되어 팔로군을 상대로 싸워 보니 그들은 민폐를 끼치지 않는 신사들이었습니다. 그런데 김일성 계열의 빨치산들은 마적단같이 인민들을 약탈하고 다녔습니다. 이들의 그런 모습을 더욱 자세히 느낄 수 있었던 것은 해방된 뒤 김일성 일파와 함께 잠시 인민군 창설에 관계했을 때였습니다."

이 김일성 계열의 유격대를 공격하기 위해서 만들어진 간도 특설대는 2개 대대규모의 부대였다. 부대장만 일본인이고 장교들과 병사들은 조선인들이었다. 공산주의자들의 입장에서는 민족반역자들인데, 이 부대에 장교로 근무했던 崔楠根(최남근), 강재호는 비밀 항일 조직을 만들어 놓고 기회를 엿보고 있었다. 최남근은 광복 뒤 국군에 들어와서는 좌익의 우두머리가 되었으니, 당시 만주에서 살아간 사람들을 단순히 무슨 색깔의 군복을 입고 있었느냐로 평가하기에는 상황이 너무 복잡한 것이다. 박정희 등 2기 생도들은 1941년 여름 내몽골지역인 興安西省(홍안서성)의 葛根廟(갈근묘)로 2주간의 야영훈련을 나갔다.

주로 농경지로 이루어진 만주의 대지와는 분위기가 또 다른 대초원이었다. 지평선에 산이 솟아 있는 것이 아스라이 보여 달려가 보면 아무 것도 없곤 했다. 워낙 평탄하여 조금만 불룩해도 멀리서는 산처럼 보이는 것이었다. 눈을 감고서 한두 바퀴 맴돌면 방향을 잃어버릴 정도였다. 1기생의 훈련 때는 일본인 생도 두 사람이 부대 宿營地(숙영지)를 떠나 척후로 나갔다가 행방불명이 되었다. 대초원에서 방향을 잃어버렸든지 늑대에 물려 죽은 것으로 추정되었다. 박정희와 생도들은 용변을 보러 나갈 때는 반드시 두 사람이 짝을 지어 한 사람은 총을 들고 늑대 떼가 나타나는지를 감시하도록 주의를 받았다.

박정희 일행의 숙소는 라마교 절이었다. 불당에는 소와 개가 여자들과 관계하는 망측한 모습의 조각품들이 진열되어 있었다. 몽골의 가정에서는 장남이 라마교의 승려가 될 수 있는 권한을 갖고 있다고 한다. 라마 수도승은 어디를 가든지 결혼하기 직전 처녀들의 정조를 먼저 대접받게 되어 있었다. 그러하지 않고 결혼생활을 하는 것은 불상에서 보듯이 소나 개의 생활과 같다고 가르치고 있었다. 수많은 몽골 여자들은 매독에 걸려 있었다.

생도 시절의 경험 중에서 박정희를 비롯한 조선인 생도들이 오래도록 추억거리로 간직한 것은 鐵嶺(철령)에서 한 측도연습, 大連(대련)에서의 수영, 이 흥안서성에서 한 야영훈련, 그리고 대련·무순·봉천의 중화학공업 시설 시찰이었다. 박정희는 광활한 만주의 대지를 온몸으로 느낄 수 있었고 공업력에 바탕을 둔 일제의 국력과 야망을 확인할 수 있었다.

박정희는 산으로 둘러싸인 문경에서 교사생활을 할 때 답답증을 느꼈었다. 이를 풀기 위해 나팔도 불어보고 제자들과 같이 병정놀이도 했으며 운동에 전념했었다. 이제 박정희는 曠野(광야)를 발견한 것이다. 노을에 물든 붉은 수수밭이 끝없이 뻗어나가고 폭이 100m나 되는 大路(대로)를 중심으로 대도시가 건설되며 만주 철도와 거대한 산업 시설이 동맥과 고동으로 다가오는 꿈틀대는 신천지. 박정희가 약 4년간 호흡하였던 이 만주가 그의 머리에 큰 그림을 집어넣어 주었을 것이다.

몸집은 작았지만 박정희는 우리 역사상 일찍이 본 적이 없는 스케일 감각을 가졌던 사람이다. 그가 건설한 포항제철, 현대조선, 고속도로, 신도시, 중화학공업 단지, 그린벨트는 좁은 한반도에는 넘치고 오히려 만주 같은 대륙에 어울릴 것 같은 규모였다. 우리의 역사적 전통과 국력에 비추어 예외적이고 과분하게도 보이는 것들이었다.

박정희가 문경이나 한반도 안에서만 살았더라면 그런 대담한 구상은 어려웠을 것이다. 인간은 자신이 보지 않은 것을 건설하기가 매우 어려운 존재이기 때문이다. 하물며 자신이 보지 않은 것보다도 더 크게 건설한다는 것은 불가능할지도 모른다. 일제가 내세운 5족 협화는 말장난이었지만 5족이 뒤엉켜 사는 만주는 박정희를 국제화시켰다.

박정희와 가장 가까운 친구가 된 동기생은 이한림(1군사령관·건설부장관 역임)이었다. 둘 다 강직한 면이 비슷했다. 다만 표현방법이 달랐다. 박정희는 과묵으로써, 이한림은 끊고 맺는 것이 분명한 언동으로써 표현했다. 이한림도 소년기에 박정희처럼 나폴레옹과 이순신의 전기를 읽고 군인의 길을 꿈꾸었다. 그는 자신의 회고록(《세기의 격랑》)에서 만주체험의 영향을 이렇게 설명했다.

〈(만주는) 국제사회와는 완전히 폐쇄되어 있으면서도 그런 폐쇄 속의 은근한 풍요를 자랑하고 있었다. 일본이 삼켜버리기에는 너무 광활한 땅이었다. 국가의 행정, 법, 질서가 미치지 못하는 空地(공지)는 사람들을 활달하게 만들었던 것 같다. 야생적이고, 야만적인 면도 있지만 텍사스적인 열기, 짙은 투전판의 분위기, 겨울밤 눈보라와 눈썰매, 독한 고량주, 일어·露語(노어)·중국어·조선어의 혼합, 우글거리는 강도단·비적·마적단의 횡행 등 남성적 약동성이 살아 있었던 것이다. 이런 만주땅의 특징은 소극적인 것, 우유부단한 것, 엉거주춤한 중간파 기질을 혐오하도록 만들었고 강렬한 것, 적극적인 것, 분명한 것을 열망하도록 (나를) 변화시켰다〉

수석졸업

박정희가 군인이 되려고 했던 기본적 동기는 무엇보다도 '긴 칼을 차고 말을 달리며 천하를 호령하는 대장이 되고 싶다'는 것이었다. 군인이 되어 독립 운동과 국가 건설의 힘을 비축하겠다는 정도의 생각을 처음부터 갖고 있었다는 증거는 없다. 총구의 힘을 이용하여 독립이나 국가 개조를 하려는 생각의 씨앗은 아마도 만주군관학교의 연병장에서 그 최초의 싹을 틔웠을 것이다. 군대를 단순히 전쟁 수단으로 보지 않고 정치의 수단으로 보게 되는 쪽으로의 시각 변화는 자연스럽게 이루어졌을 것이다. 그가 딛고 있었던 만주국이 우선 일제 관동군의 작품이 아니었던가. 관동군 작전참모로서 만주사변을 기획하였던 이시하라 간지 같은 청년 장교들에 대한 이야기가 신화처럼 전해지고 있던 때였다. 박정희가 대구사범 5학년 때 일어났던 1936년의 2·26 사건은 그에게 중요한 화두를 제공해 주었다.

이소베, 안도, 다케시마 같은 30대 초반의 가난한 농촌 출신 대위들이 주동이 되었던 이 거사는 그 동기가 군국주의적 책동과는 성격을 달리하는 것이었다. 대륙 침략 정책에 희생되고 있던 농촌의 현실을 농민 출신 부하 사병들의 비참한 경험담을 통하여 알게 된 이 청년장교들은 천황에 직접 호소하여 이른바 '昭和維新(소화유신)'을 단행함으로써 관료화된 군 상층부를 숙청하고 사회적 모순을 일거에 해결한다는 구상을 갖고 있었다. 이들은 군 내외의 상당한 지지를 받고 도쿄의 요충지를 점거하였으나 거사 초반에 사이토 내무대신(조선총독 역임), 와타나베 육군 교육총감, 다카하시 대장대신 등 요인들을 죽이고 스즈키 시종무관을 중상에 빠뜨림으로써 천황의 노여움을 샀다. 그들은 도쿄 근방의 부대에서 동원한 1,500명의 병력을 지휘하고 있었지만 천황이 '叛徒(반도)'라고 규정하자 자살하거나 투항해버렸다.

2·26 사건을 주동한 장교들은 만주사변을 주동한 엘리트 참모들과는 달리 농민 출신 사병들과 생활을 같이 하면서 그들의 애환을 동감했던 일선 부대의 장교들이었다. 이런 사건의 성격은 가난한 농민 출신의 장교 후보생인 박정희의 주의를 끌 만한 것이었다. 더구나 만주군관학교에는 2·26 사건에 연루되었다가 밀려나서 온 장교들이 교관이나 구대장으로 일하고 있었다. 이들은 침략적 군국주의와는 성격이 다소 다른 아시아주의자의 성향을 갖고 있어 민족차별 의식이 덜했다(2·26 주모자들은 만주사변의 주모자 이시하라 간지를 암살 대상자 명단에 넣어놓고 있었다).

박정희가 좋아했던 만주군관학교의 중대장 간노 히로시(管野弘)와 일본 육사의 사카키 구대장이 그런 장교들이었다. 이런 장교들과의 접촉을 통해서도 박정희는 '국가개조의 수단으로서 총구의 역할'에 대한 생각을 본격적으로 하게 되었을 것이다. 군대, 권력, 개혁이 하나의 화두로서 그의 가슴속 깊숙이 자리잡으면서 그는 더욱 과묵해졌다.

간노 히로시 小校(소교·소령)는 2·26 사건에 가담했다가 파면된 뒤 만주군 장교로 넘어온 사람이었다. 그는 조선인 생도들에게 관심이 많았다. 어느 날 1기생 방원철, 최창윤, 강재순을 자신의 관사로 초청했다. 점심을 대접하더니 이런 말을 하는 것이었다.

"너희들 조선독립을 원하지. 앞으로 독립운동을 열심으로 하게. 그러나 지금은 적당한 시기가 아니야. 일본이 승승장구하고 있는 이때 독립

운동을 하려면 목숨을 걸어야 해."

박정희의 동기생 이한림은 '또렷한 특색을 지닌 박정희 생도'에 대해서 이런 요지의 증언을 남겼다(회고록 《세기의 격랑》).

〈조그마한 체구이지만 어깨를 딱 벌리고 당당하게 걷는 것이 매우 인상적이었다. 가끔 둘이 만나면 조국의 비통한 현실을 개탄하면서 같이 울기도 하고 결심을 밝히기도 했다. 우리 사이는 血友(혈우)라고 할 만했다. 특히 나에게 감명을 준 것은 누구에게도 지기 싫어하는 그 불굴의 정신이었다. 동기생 이병주는 만날 때마다 나를 혼돈시켰다. 자신은 무신론자라고 하다가 끝에 가면 공산주의에 대한 찬양이었다. 그는 체질적으로 공산주의에 젖어 있었다. 나는 이병주에 대해서 좋지 않은 생각을 갖게 되었다. 그런데 박정희가 가끔 그와 어울리며 그의 말을 반박하지 않는 태도를 보고 이상하게 여겼다〉

만주계와 일본계의 교관이었던 오다카 가쓰에(大高勝江·뒤에 일본 국토관 전자센터 사무장)는 1941년 가을 종합 연습 때의 박정희로부터 깊은 인상을 받았다. 오다카 교관은 아침 8시부터 저녁 6시까지 계속되는 행군 훈련 때 소대장이었고, 박정희는 그 아래 분대장이었다. 오다카 교관은 박정희에게 진지 공격 명령을 내리곤 했는데 명령을 받아 실천하는 자세에 기력이 넘치는 것 같았다. 그러면서도 성실함이 느껴졌다. 투지를 가슴속 깊이 묻어 둔 사나이란 느낌이 들었다는 것이다.

1941년 12월 7일 진주만을 기습한 일본은 그 여세를 몰아 동남아시아로 쾌속의 질주를 계속하고 있었다. 석유자원을 확보하기 위한 남방작전이었다. 1942년 3월 23일 박정희 등 2기생은 만주군관학교 예과를 졸업했다. 이날의 졸업식 기사는 우등상을 받는 박정희의 사진과 함께 〈만

주일보〉에 실려 있다. 이날 군관학교 연병장에서 열린 졸업식에 부의 황
제는 참석하지 않았다. 국방부 장관에 해당하는 于(우) 치안부대신과 禹
(우) 시종무관이 참석했다. 만주군관학교 교장 나구모(南雲) 중장의 상
황 보고에 이어 열병식과 생도 대표의 강연이 있었다. 일본계 우등생인
오카미(岡見), 고야마(小山) 두 학생이 강연을 했다.

　禹 시종무관이 전달한 우등상장을 받은 5명의 명단에 오카미, 고야마
두 일본생도와 함께 다카키 마사오, 즉 박정희(조선계)와 劉(유), 張(장)
두 만주계 생도의 이름이 들어 있다. 누가 1등인지 이 기사는 밝히지 않
고 있다. 박정희의 동기생들 중 생존해 있는 두 사람 이한림과 김묵은
"박정희가 240명 만주·조선계 전체에서 수석을 했다"고 말하고 있다.
박정희의 이름이 두 만주계 생도보다도 먼저 나오고 수상자 사진도 박
정희가 대표로 받는 모습이라 두 동기생의 증언이 사실로 보인다. 일본
계의 수석은 아마도 강연을 한 두 사람이었을 것이다.

　박정희는 몇 달 뒤 고향에 들러 누님 박재희에게 "금시계를 상으로 받
았는데 나를 축하해 주는 가족이 곁에 없어 눈물이 날 뻔 했다"고 말했
다. 구미보통학교를 1등으로 졸업한 뒤 대구사범에서 꼴찌로 떨어졌던
박정희는 다소 늦은 나이에 다시 1등으로 복귀했다. 수년의 방황 끝에
정열을 쏟아부을 천직을 확실하게 붙들었다는 징표였다.

武士道

　1942년 3월 23일에 만주국 육군사관학교 예과를 만주계 수석으로 졸
업한 박정희는 그 뒤 다섯 달 동안 '다이츠키(隊村)' 교육을 받았다. 다이

츠키 교육이란 사관 후보생들이 일선 부대에 배속되어 사병과 하사관들의 생활을 체험한다는 취지였다. 이것은 독일軍制(군제)를 받아들인 일본군의 사관 양성법이었다. 박정희는 만주에 주둔하고 있던 관동군부대에서 교육을 받았다.

만주군관학교 2기 예과 졸업생들 중 일본계 전부와 만주계 생도들 중 성적이 우수한 70여 명이 선발되어 일본 육사로 유학을 가게 되었다. 만주계에 속했던 조선인 생도 11명 중 박정희, 이한림, 이섭준, 김재풍이 유학생으로 뽑혔다. 이들은 1942년 10월에 도쿄 근방 가나가와 縣(현)의 자마(座間)에 있던 일본 육사 본과 3학년에 입학하여 유학생대로 편성되었다. 사이타마 현 아사카(朝霞)에 있던 예과(1, 2학년) 교정은 振武臺(진무대), 본과(3, 4학년) 교정은 尙武臺(상무대)라 불렸다. 박정희가 속한 유학생대는 정규 일본 육사 57기와 같은 대우를 받으면서 같은 과정을 공부했다. 58기부터는 유학생대가 정규반에 통합되었다.

일본 육사에서는 한문공부를 많이 시켰다. 일본은 명치유신 직후 육군은 프랑스 제도를, 해군은 영국식을 모방하였다. 프랑스가 19세기 말 독일과의 전쟁에서 지자 육군은 독일 제도를 도입하게 되었다. 그러면서도 일본의 장교는 동양적인 교양과 무사도 정신을 지켜가야 한다는 뜻에서 중국의 고전을 읽게 하고 書道(서도)를 배우도록 하여 편지도 반드시 毛筆(모필)로만 쓰도록 했다. 和魂洋才(화혼양재), 즉 서양의 기술을 도입하되 어디까지나 일본의 정신을 바탕으로 한다는 주체적인 근대화의 전략이 깔려 있었다. 박정희의 동기생 이섭준은 한문교관이 이런 말을 하던 기억을 갖고 있었다.

"다카키의 작문에는 무슨 뜻이 숨어 있는데 뭔지 모르겠다."

그의 일기장을 검열한 교관도 비슷한 평을 했다. 박정희 생도의 하루
는 아침 6시에 일어나자마자 2km를 구보하여 신사에 참배하러 가는 것
으로 시작되었다. 여기서 군인칙유를 큰 소리로 외운다.

〈군인은 충절을 본분으로 삼는다

군인은 예의를 숭상한다

군인은 무용을 숭상한다

군인은 신의를 지킨다

군인은 質素(질소)를 本旨(본지)로 삼는다〉

박정희 같은 식민지 세대는 교육칙어도 달달 외워야 했다. '나라에 대
한 충성, 부모에 대한 효도, 형제 간의 의리, 부부 간의 相愛(상애), 朋友
(붕우) 간의 相信(상신)'을 강조한 이 내용 자체는 화랑도의 세속5계와
비슷하다. 교육칙어를 만든 사람들 중에는 至誠(지성)을 강조한 李退溪
(이퇴계) 사상을 연구한 이들도 있어 교육칙어에 퇴계의 철학이 많이 들
어 있다고도 한다. 박정희는 군인칙유나 교육칙어가 지향하는 '황민화'
에는 반감을 가졌지만 이 칙유나 칙어가 담고 있는 동양적인 혼과 도덕
관에는 동감했던 것 같다.

박정희는 일본 육사에서 무사도 정신의 정수를 발견했다. 그가 교육
을 받았던 1942~1944년에는 이미 태평양전쟁이 일본에 불리하게 돌아
가고 있었다. 박정희가 4학년이던 1943년 11월 23일 중부 태평양의 타
라와 섬에서는 상륙한 미군을 상대로 혈전을 벌이던 일본군 수비대가
敗色(패색)이 짙어지자 항복을 거부하고 집단자살(소위 玉碎)했다. 수비
대 5,500여 명 가운데 포로로 잡힌 것은 조선인 129명을 포함한 146명
에 불과했다.

타라와 옥쇄 하루 전 루스벨트 미국 대통령, 처칠 영국 총리, 蔣介石
(장제스) 중국 총통은 카이로에서 회담하고 일본의 무조건 항복을 요구
하면서 만주와 대만의 반환과 조선독립을 약속했다. 박정희도 이제는
일본의 패망은 조선의 독립을 의미한다는 것을 더욱 확신할 수 있었다.
일본 육사는 줄어들고 있는 장교들을 보충하기 위하여 每期(매기)의 생
도 수를 2,000명 이상으로 늘렸다. 박정희보다 1년 뒤에 졸업하여 전쟁
에 투입된 기간이 다섯 달밖에 되지 않는 58기 출신 가운데 항공사관
(당시 일본에서는 공군이 따로 없었다)은 약 800명이었다. 그 가운데 약
3분의 1이 주로 카미카제 자살공격에 동원되어 전사했다.

이런 비장한 분위기 속에서 육사 교육을 받은 박정희는 끊임없이 죽음
과 무사도에 대해서 생각하게 되었을 것이다. 박정희보다 1기 후배인 58
기 출신 丁來赫(정래혁·국방장관 역임)은 "무사도란, 즉 죽는 것이다"고
배웠다고 했다. 무사를 뚜렷한 사생관과 국가관을 가진 군인집단으로 정
의한다면 동양 3국에서 가장 오래된 무사團(단)은 서기 6~8세기에 삼국
통일의 주체 세력이 되었던 신라 화랑도였다. 어느 나라든 무사도의 본
질은 人命輕視(인명경시)가 아니라 한 번밖에 살 수 없는 인생을 어떻게
하면 大義(대의)를 위해서 값지게 쓸 것인가 하는 엄격한 자기 다짐이다.

박정희가 여러 번 죽음과 맞닥뜨렸을 때 보여준 초인적인 의연함은
이런 무사도 교육과 무관하지는 않을 것이다. 박정희가 재학 중일 때 육
사교장은 우시시마(牛島) 중장이었다. 가고시마 출신인 그의 셋째 아들
이 56기로 육사에 다니고 있었다. 아들이 전하는 아버지의 家訓은 이러
했다.

'무사도에 뜻을 두고서도 粗衣(조의·조잡한 옷), 粗食(조식)을 싫어하

는 자는 아직 멀었다. 항상 전장에 있어라. 다른 사람에 대해서 험담하지 말라. 다른 사람들이 싫어하는 것을 率先(솔선)하라. 남에게 폐를 끼치지 말라.'

우시시마 중장은 오키나와 주둔군 사령관으로 있다가 1945년 4월에 상륙한 미군 13만 명을 맞아 석 달간 싸웠다. 그는 6월 23일 동굴 지휘소에서 참모장과 함께 할복자살했다.

동기생들의 증언

일본 육사에 와서 비로소 박정희는 유학생대에 같이 들어간 만주군관학교 2기 일본인 생도들과 친해지게 되었다. 박정희와 같은 내무반에 있었던 다케자와(竹澤)는 박정희가 정권을 잡은 뒤 일본 기자들이 많이 찾아와서 일화를 이야기해 달라고 할 때마다 곤혹스러웠다고 한다. 과묵하고 성실했다는 것 이외에는 특별한 사건이 없었기 때문이다. 그가 겨우 기억해낸 사건은 어느 날 박정희가 외출 갔다가 술을 마시고 얼굴이 벌겋게 되어 귀대 시간에 맞추려고 헐레벌떡 뛰어들어온 일이었다. 동기생 노무라는 이렇게 말했다.

"사실인즉 우리도 차별을 받고 있었습니다. 당시 일본 육사는 전사자의 자제들을 우선적으로 합격시켜주었습니다. 이 때문에 합격 정원의 약 10%는 성적이 좋아도 밀려나게 되어 있었습니다. 그런 억울한 탈락자들이 우리인데 우리에게 만주군관학교로 가라고 한 것입니다. 그런 상처가 있기 때문에 우리는 결속력이 유달리 강합니다."

다른 동기생 오리구치(折口龍三)는 1961년 11월에 박정희 최고회의 의장이 케네디 대통령과 회담하기 위해서 미국으로 가는 길에 일본에 들렀을 때 만날 뻔했다. 외무성에서 전화가 왔는데 박정희 의장이 오리구치와 일본 육사 시절의 구대장 사카키를 만나고 싶어한다는 것이었다. 몇 시간 지나서 다시 연락이 왔는데 일정상 면담이 어렵게 되었다는 것이었다. 오리구치는 박정희가 왜 사카키 구대장을 만나고 싶어하는지 짐작되는 바가 있었다. 사카키는 머리가 비상하면서도 성격은 불 같았다. 생도들을 앞에 두고서 간 큰 소리를 해대는 것이었다.

"일본은 이제 틀렸다. 졌다, 졌어. 국민들한테는 이겼다, 이겼다고 하지만…."

戰時(전시)인 그때는 감옥에 갈 발언이었다. 놀란 생도들이 "그러면 우리는 어떻게 해야 합니까"라고 물었다.

"하여간 몸 하나는 잘 건사해야 한다. 끝까지 견디어 살아남도록 하라."

오리구치는 박정희가 2·26 사건과 같은 일본 청년장교들의 국가 개조 운동에 관심이 많았던 점과 사카키 구대장을 좋아한 것을 연결하면 박정희의 마음속에서 그때 어떤 생각이 꿈틀거리고 있었는지를 대강 짐작할 수 있을 것이라고 말했다. 그것은 정치인들의 부정 부패, 재벌의 횡포, 빈부의 격차에 대한 가난한 농촌 출신 청년 장교들의 쿠데타 기도에 대한 동감이었을 것이다. 이때부터 박정희는 군대를 독립 투쟁과 국가 보위의 수단만이 아닌 국가 개조의 방법으로 보는 생각을 키워 가고 있었다. 만주계 생도 吳學文(오학문)은 동기생 박정희에 대해서 이런 기억을 갖고 있다.

"그는 동기이지만 형뻘이었습니다. 일본 육사에 유학하고 있을 때 중국 생도들과 일본 생도들 사이에서 문제가 생기면 그가 중재에 나서곤 했습니다. 그는 워낙 말이 없어 무슨 생각을 하고 있는지를 짐작할 수 없었습니다. 다만 우리 중국 생도들이 이야기하고 있는 것을 듣는 그의 표정이나 눈동자에서 '우리 편이구나' 하는 것을 느낄 수 있었습니다."

오학문은 일본 육사를 졸업하고 만주로 돌아와서는 장개석 군대로 탈출해버렸다. 그는 중공정권이 설립된 뒤에는 周恩來(주은래)의 참모로 활약했다. 1970년대 초 신화사통신 일본 주재 기자로 나가서는 일본과 중국의 국교 교섭에서 부총리 膠承志(교승지)와 다나카 총리 사이의 연락책 역할을 했다. 그는 한·중 수교 교섭 때도 막후에서 활약했고 한국에 와서는 박정희의 생가를 찾았다. 지금도 베이징에서 활동 중인 그는 최근 기자와의 통화에서 "박정희가 경제를 발전시킨 것은 높게 평가하지만 그 과정에서 민주주의를 탄압한 것은 높게 평가하지 않는다"고 말했다. 유학 동기생 이섭준은 기자에게 이런 증언을 남겼다.

〈일본 육사 교육은 만주군관학교보다 더 정신적으로 쥐어짜는 것 이었다. 박정희는 여기서도 모범생이었다. 솔직히 말한다면 나는 그때 일본사람이 다 되어 있었다. 그런 나의 눈에 비친 박정희는 달랐다. 그는 특히 2·26 사건에 대해서 관심이 많았다. "이런 시대에 우리가 배울 것은 군사학뿐이다. 우리는 독립을 해야 한다"라고 말하기도 했다. 내가 "독립이 무엇인가"라고 했을 때 박정희는 간단하게 답하는 것이었다.

"독립이란 혼자 사는 것이다. 남의 간섭 안 받고 우리 스스로 사는 것이다."

자유시간에는 박정희가 혼자서 운동장을 거닐며 골똘한 생각에 빠져 있는 모습을 자주 볼 수 있었다. "무슨 생각을 그렇게 하는가"라고 물었더니 "귀찮게 굴지마!"라고 하는 것이었다. 그래서 대통령이 된 뒤에 내가 이렇게 말했다.

"너, 그때부터 혁명을 꿈꾸었지. 명치유신, 손문혁명, 그리고 터키의 케말파샤가 되고 싶었지."〉

박정희가 일본 육사에 다닐 때 일본은 아직 본격적인 미군의 공습을 받지 않고 있었다. 일본 군인들은 남방의 밀림, 중국 전선, 그리고 바다와 하늘에서 죽어 가고 있었으나 일본 국내는 평온했다. 박정희는 주말과 방학을 이용하여 일본 생활을 즐기고 있었다. 대구사범 동기생 金鍾吉(김종길·작고)은 그때 도쿄에서 중앙대학에 다니고 있었다. 김종길은 "이때가 박정희의 생애에 있어서 가장 홍겨운 시절이 아니었을까"라고 말했다.

박정희는 일본 조지(上智)대학에 유학 와 있던 대구사범 동기생 왕학수와 김종길의 하숙집에 자주 놀러갔다. 술, 담배를 좋아하는 것은 여전했다. 하루는 김종길과 술을 잔뜩 마시고 귀가가 늦어 외출금지 처분을 당하기도 했다. 이섭준의 누이동생은 일본에서 자취를 하면서 학교에 다니고 있었다. 이섭준과 한국인 동기생들은 주말에 외출을 나올 때는 도시락에 밥을 꼭꼭 눌러 담아 갖다 주곤 했다. 박정희와 단짝인 이한림은 일과만 끝나면 검도장으로 가서 땀을 뺐다. 이한림은 "조국을 잃은 조선인 생도로서의 생활은 그렇게 순탄하지가 않아 우리끼리는 눈물도 많이 흘렸다"고 했다. 이한림이 보기에 박정희는 교사를 하고 와서 그런지 세상 물정에 밝았다.

熱河省

일본 육사 본과 57기 졸업식은 1944년 4월 20일 가나가와 현 자마의 교정에서 있었다.

'대원수'로 불리기도 했던 히로히토(裕仁) 천황을 비롯하여 도조 陸相 (육상), 스기야마 원수 등 군 수뇌부 인사들이 참석했다. 박정희가 속한 유학생대 생도들도 함께 졸업했다. 이날 행사를 전한 신문기사를 보면 정규 생도들 가운데 15명이 우등상을 받았다. 유학생대 생도들에 대한 시상식은 따로 있었는데 수상자의 명단은 실리지 않았다. 동기생들은 이 유학생대에서 박정희가 3등으로 졸업했다고 증언하고 있다.

일본 육사를 졸업한 박정희는 동기생들과 함께 만주로 돌아왔다. 240 명의 일본계 졸업생들도 만주군으로 편입되어 이 허수아비 군대를 실질 적으로 지휘하게 되었다. 만주로 돌아오는 길에 중국인 생도 두 사람이 장개석 군대로 달아나 버렸다. 졸업생들은 여러 부대에 분산 배치되어 두 달간 견습사관 훈련을 받았다. 박정희와 이섭준은 소련-만주 국경지 대의 관동군 부대에 배속되었다. 이섭준의 기억에 따르면 이 부대에서 두 사람은 탈영한 만주계 동기생 때문에 혹독한 대우를 받았다고 한다. 모래주머니를 지고 8km를 달리는 벌을 받기도 했다.

견습이 끝난 다음에 2기 졸업생들은 다시 신경의 군관학교 교정에 집 합하여 2주간의 교육을 받았다. 만주국의 사정을 설명해주는 강의가 主 (주)였다. 마지막 날에 송별회가 있었다. 일본 육사에서 침대 친구였던 노무라가 보니 박정희는 술을 마구 마셔 대는 것이었다. 늘 조용하고 과 묵하던 박정희는 잔뜩 취한 채 노무라에게 다가왔다. 박정희는 친구를 와락 끌어안았다. 그리고는 울부짖듯이 소리치는 것이었다.

"나는 하고 말 거야. 반드시 해내고 말 거야."

노무라는 1961년 5월 텔레비전을 통해서 박정희 소장이 쿠데타를 지휘하여 정권을 탈취했다는 뉴스를 보았다. 그 순간 박정희의 "반드시 해내고 말 거야"란 울부짖음이 생각났다. 노무라는 "너는 기어이 해내고야 말았구나"라고 중얼거렸다고 한다.

박정희는 1944년 7월 러허성(熱河省 · 열하성) 싱룽현(興隆縣 · 흥륭현) 半壁山(반벽산)에 주둔하고 있던 보병 제 8단으로 배속되었다. 단은 연대규모의 부대를 가리켰다. 반벽산은 만리장성의 바로 북쪽 산악 지대에 있었다. 반벽산에서 북쪽으로 40km쯤 가면 淸朝(청조)의 離宮(이궁)이 있는 청더(承德), 북서쪽으로 가면 몽골이었다. 毛澤東의 팔로군 제17단이 만주군 8단의 주적이었다. 8단의 唐際榮(당제영) 단장은 중국인이었다. 上校(상교 · 대령)인 그는 박정희를 부관 겸 旗手(기수)로 임명했다. 부관이 하는 일은 작전참모의 보좌였다. 머리 좋은 장교가 맡는 자리였다. 박정희로서 반가웠던 일은 이 8단에 만주군관 1기 출신 조선인 장교 두 사람이 먼저 와서 근무 중이란 점이었다.

박정희에게 난생 처음인 군대 주먹 맛을 보여 주었던 방원철은 중화기 중대(連 · 연이라 불렀다)의 선임장교였다. 이주일은 대대 부관장교였다. 보병8단은 1944년 1월에 조선인들이 많이 살던 목단강 닝안(寧安)에서 러허성으로 이동한 부대였다. 그때는 장백산 밀림 지대에서 활동 중이던 중국 · 조선 공산계열의 항일 빨치산 부대가 소련으로 밀려난 뒤였으므로 8단은 작전지역을 바꾼 것이었다. 이주일, 방원철 두 조선인 장교도 이동하는 8단을 따라왔다. 만주와 중국의 접경지대를 관할하게 된 이 부대는 팔로군의 공격으로부터 촌락들을 방어하는 것이 임무였다. 만주국의 용병처럼 되어 중국 공산군과 싸우게 된 박정희로서는 신바람이 날 수 없는 임무였다.

방원철은 자신의 회고록(미발표)에서 이때의 陣中(진중) 생활을 자세히 기록하여 놓았다. 이 기록은 박정희가 처했던 상황을 간접적으로 짐작할 수 있게 한다. 방원철이 소속된 중대의 대장은 일본인 장교 오노키(大野木) 上尉(상위)였다. 방원철은 조선인으로서 일본인의 명령을 받아서 중국인 군인들을 지휘하여 또 다른 중국인을 공격해야 하는 자신의 처지가 곤혹스러웠다. 더구나 팔로군은 인민들 가운데 숨어 있고 전선이 뚜렷하게 형성되지 않아 사관학교에서 배운 군사학을 그대로 적용할 수도 없었다. 방원철은 한 경험을 통해서 현지 중국인들의 민심을 얻는 것이 가장 안전한 保身策(보신책)임을 알게 되었다. 8단 소속 6중대의 중국인 중대장이 唐泉(당천)이란 마을에 주둔하면서 민폐를 많이 끼쳤다.

이 중대장은 한 과부 집에 놀러갔다가 돌아가는 길에 팔로군 공작원에게 피살당하였다. 단본부에서는 6중대 병력을 물리고 방원철 중위로 하여금 1개 소대를 끌고 가 당천에 주둔하라고 명령했다. 주민들은 새 부대가 들어오자 겁을 먹고 있었다. 방원철은 마을의 유지들을 모이게 하고는 이렇게 말했다.

"일전에 있었던 중대장 피살 사건과 이 마을 주민들은 아무 관계가 없다고 믿습니다. 앞으로 우리 부대원들이 행패를 부리면 저한테 알려주십시오. 부대원들의 가슴에 번호표를 붙이도록 지시했습니다. 나쁜 짓을 하는 사람이 있으면 번호를 알려주십시오. 번호를 붙이지 않는 자가 약탈을 하면 때려죽여도 좋습니다. 마을에서 공출하는 땔감과 식품에 대해서는 월 2회씩 그 대금을 지불하겠습니다."

방 중위는 출입증을 유지들에게 주어서 부대로 놀러오도록 했고 자신도 마을에 놀러가서 마작도 하고 아편도 빨았다. 노인들이 가르쳐주는 요령대로 아편을 빨았더니 중독도 되지 않고 금단현상도 없어 오히려 건강을 유지하는 데 도움이 되었다. 하루는 중국인들과 마작을 하다가 불쑥 이렇게 떠보았다.

"내가 여기 놀러 나오는 것을 팔로군이 알고 있을 텐데 왜 안 잡아가는지 모르겠어."

"부대장님은 안심하십시오. 팔로군이 잡으러 오면 우리가 막겠습니다."

그때부터 방 중위는 마을사람들이 자신을 지켜주고 있다고 안심하게 되었다. 하루는 일본인 중대장 오노키가 저녁을 먹다가 호주머니에서 엽서를 꺼내더니 방 중위에게 보여주었다. 일본에 살고 있는 그의 여동생이 보낸 것이었다. 요지는 '오빠, 만주에는 쌀이 많다는데 다음에 고향에 오실 때는 좀 가져오세요. 쌀밥이 먹고싶어요'였다. 오노키는 "이 정도면 전쟁은 다 끝난 것이 아닌가"라고 했다.

"글쎄요, 그것 참 심각한데요."

"우리도 적당히 하면 돼."

申鉉俊 上尉

초대 해병대 사령관 신현준은 1944년 여름부터 1946년 5월까지 박정

희와 같은 부대에서 근무했다. 그는 오해와 과장이 많은 박정희의 광복
前後(전후) 행적에 대한 가장 확실한 목격자가 되었다. 신현준은 경북
金陵(금릉)에서 출생했다. 나이는 박정희보다 두 살이 많아 이때(1944
년)는 29세였다. 신경 만주군관학교의 전신인 봉천육군훈련처에서 1년
과정의 교육을 받고 만주군 장교가 되었다. 정일권과 동기였다.

　신현준은 1939년 3월 1일에 간도성 명월구에서 창설된 간도특설대에
근무했다. 간도특설대는 부대장만 일본인이고 장교들과 사병들은 조선
인들이었다. 이들의 주 임무는 장백산 일대에서 활동 중이던 공산계열
의 항일 빨치산을 토벌하는 일이었다. 1943년 12월 특설대는 만리장성
북쪽인 熱河省(열하성)으로 이동하여 毛澤東(모택동)의 팔로군에 대한
작전을 맡게 되었다. 東(동)만주의 항일 빨치산이 소련으로 밀려나 새로
운 전선을 찾아간 것이었다. 신현준 상위는 열하성에서 근무하다가 이
웃한 만주군 8단의 제6연장(중대장)으로 전보되었다. 1944년 7월 28일
오전 11시경 신현준은 흥륭현 삼도하 중대본부에 도착했다. 그때 전화가
왔다. 8단장 부관 박정희 소위였다. 그는 조선말로 이야기했다. 경상도
억양이었다. 만주군에 근무 중이던 조선인들은 거의가 함경도 출신이고
경상도 출신은 드물었다. 신현준이 간도특설대에서 근무할 때는 조선인
부대였는데도 부대장이 일본인이라 공용어는 일본어였다. 8단에 오니
중국어가 공용어였다. 그런데 조선어를 듣게 되니 반가웠다.

　"제6연장으로 부임하신 것을 환영합니다. 자세한 것은 오후에 직접
만나뵙고 말씀드리겠습니다."

　신현준은 두 시간을 걸어서 단본부가 있는 반벽산에 도착하여 중국인
당제영 상교에게 신고했다. 이어서 박 소위와 만났다. 박정희는 開口一

聲(개구일성)이 "형님!"이었다.

"형님! 이번에 부임하신 제6연은 문제가 있으니 주의를 요합니다. 전임자인 周(주) 상위는 팔로군 토벌임무는 소홀히 하고 무고한 양민에게 민폐를 끼쳤습니다. 주민들의 원성뿐 아니라 부하들의 신임도 잃어가고 있었습니다. 지난 6월에 부대 근처 식당에서 시중드는 여인과 아편을 피우고 놀고 있다가 기습을 당해서 죽었습니다. 이런 사정을 미리 알아두시는 것이 좋을 듯해서 말씀드립니다."

신현준의 눈에 비친 박정희는 말 한마디, 한마디가 빈틈이 없고 믿음직하게 느껴지는 후배였다. 박정희를 통해서 8단에 만주군관학교 출신인 이주일, 방원철 두 중위가 근무하고 있다는 이야기를 들으니 만리장성 북쪽의 황량한 열하성에서도 안도가 되었다. 신현준의 6연은 곧 만리장성 남쪽으로 이동했다. 하북성 준화시엔(遵化縣)에 있는 石門鎭(석문진)에 주둔하게 되었다. 이 마을은 지명 그대로 사방이 성벽으로 둘러싸여 있었다. 이 요새에는 6연을 지휘하는 제2영(營·대대)본부와 일본군 헌병대, 제2기관총연(連)도 주둔하고 있었다. 방어에 유리한 이 곳을 근거지로 삼아 팔로군과 싸우고 있었던 것이다.

9월 8일 팔로군 약 100명이 남쪽 마을에 나타났다는 정보를 입수한 제2영장 劉(유) 小校(소교·소령)가 신현준의 부대를 비롯하여 대대 규모의 예하 부대 전체의 출동을 명령했다. 앞장을 선 신현준의 부대는 팔로군이 숨어 있는 마을 전방 300m 앞에까지 접근했다가 기습을 당했다. 일본군 복장의 팔로군 부대가 일장기를 흔들면서 갑자기 왼쪽 강둑에 나타난 것이다. 협공을 당한 신현준 부대는 경기관총 사격으로 대응했으나 이것마저 고장이 나고 말았다. 중대 지휘반이 擲彈筒(척탄통·최대

사거리 180m)을 총동원하여 수류탄을 쏘면서 반격하고서야 겨우 탈출할 수 있었다. 신현준 중대는 전사 3명, 실종자 2명의 피해를 당했다. 신현준은 실종 2명도 전사했다고 속단하여 전사 5명이라고 보고했다. 다음날 팔로군은 실종자 두 명을 치료하여 들것에 실어서 돌려주었다. 신현준은 낭패했다. 허위보고를 한 셈이었다. 한때는 책임을 지고 자결할 생각까지 했다고 한다. 다행히 직속상관인 유 소교가 가벼운 문책으로 수습해주었다.

1944년 여름 연합군은 제2차 세계대전의 주도권을 확실하게 잡고 일본과 독일을 도처에서 패퇴시키고 있었다. 7월 7일 일본 대본영은 남태평양의 작은 섬 사이판이 미군에게 함락되었다고 발표했다. 일본수비대 3만 명뿐 아니라 현지 주민 1만 명도 운명을 함께했다.

〈섬 곳곳에서 회오리바람처럼 휘몰아친 돌격의 함성, 阿修羅(아수라) 같은 우리 용사들의 손에서는 총검이 번쩍이고 죽창, 곤봉까지 휘두르면서 적진에 돌입하였다. 必殺(필살)의 정신으로 무장한 五尺(오척)단신의 일본병은 나구모(南雲) 중장과 함께 산호초의 꽃잎처럼 흩어졌다〉

대본영 발표문은 미군의 과학 기술력에 대한 일본군 정신력의 허망한 도전을 스스로 고백하고 있었다. 미군은 사이판 섬 옆에 붙은 작은 섬 티니안에 비행장을 만들고 B-29 폭격기를 띄워 본토공습을 강화했다. 1년 뒤에는 이 섬에서 이륙한 '에놀라 게이' 호가 히로시마 상공에서 원폭을 투하하게 된다. 7월 13일 사이판 함락의 책임을 지고 도조(東條) 내각이 사임했다.

7월 20일 나치 독일의 히틀러는 동부 전선의 전방지휘소에서 작전회의를 주재하고 있었다. 슈타우펜베르그 대령이 놓고 나간 시한폭탄이 폭발했다. 참모 4명이 즉사했으나 히틀러는 생존했다. 히틀러는 독일 장교단에 대한 일대 숙청을 감행한다. 5,000명 이상의 '불순장교들'이 고통을 연장시키는 피아노 선으로 목이 졸리는 방식의 교수형에 처해졌다.

북중국의 산악지대, '인민'이란 물 속에서 유유히 헤엄치면서 만주군과 일본군을 괴롭히고 있는 毛澤東(모택동)의 팔로군과 대면하고 있었던 박정희 소위, 그리고 조선인 장교들. 이들도 일본의 패망이 돌이킬 수 없는 대세로 굳어졌다는 것을 인식하게 되었다. 일본의 패망은 곧 조선의 독립을 의미한다. 그러면 우리는 무엇을 할 것인가. 이런 물음이 그들을 괴롭히기 시작할 때였다. 8단의 방원철 중위는 팔로군으로 달아나는 방법을 심각하게 생각하기 시작했다. 8월 그는 봉천 육군훈련소에 가서 한 달간 폭파교육을 받고 오라는 명령을 받았다. 봉천의 어느 토요일 오후, 봉천 비행대소속 박승환 항공 중위가 찾아왔다. 육척 장신에 훤하게 생긴 얼굴이었다. 초면인 박승환이 말했다.

"내일 우리 집에서 저녁이나 같이 합시다."

朴承煥 중위

만주군 8단의 방원철 중위는 일요일에 봉천 西塔(서탑) 지구에 있는 봉천항공대 박승환 중위의 집을 찾아갔다. 무게가 있어 보이는 박 중위와 활달한 부인(金順子·김순자)이 반갑게 맞아주었다. 박 중위는 점심을 먹으면서 국제정세를 해설하기 시작했다. 맥아더, 아이젠하워, 롬멜 장군의 이름들이 나오고 戰況(전황)에 대한 설명이 있었다. 박 중위는 결론적으로 '미국의 거대한 국력에 밀려서 일본의 패전은 눈앞에 다가 오고 있다'고 말했다. 그러면 우리 조선인 장교들은 무엇을 할 것인가. 박승환 중위는 본론으로 들어갔다. 그는 李承晚(이승만), 金九(김구), 武亭(무정)의 활동에 대하여 자세하게 이야기했다. 무정은 모택동 군대와 함께 長征(장정)에도 참여한 조선인 포병장교였다.

무정은 1942년 여름, 중국공산당의 지원을 받아 그들의 치하에 있는 산서성을 근거지로 하여 金枓奉(김두봉), 崔昌益(최창익), 金昌滿(김창만), 朴一禹(박일우), 許貞淑(허정숙)과 함께 조선독립동맹과 그 산하에 조선의용군을 창설했다. 무정은 조선의용군의 사령관이 되었다. 당시로서는 해외독립운동세력 가운데서 실병력을 가장 많이 거느린 사람이었다. 박승환은 1943년에 呂運亨(여운형)의 명령을 받고 옌안(延安)으로 잠입하여 무정을 만나고 왔다. 만주군 중위 박승환은 만주군 내의 조선인 장교들과 무정의 세력을 연결시켜 일본의 패망이 임박한 시점에 국내로 進攻(진공)한다는 계획을 추진하고 있었다. 박승환은 "만주와 중국 전선에 있는 조선인 학병들이 탈출하여 백두산으로 집결할 준비를 하고 있다"고 말하고는 "조국 광복의 과정에서 우리가 피를 흘려야만 떳떳하게 독립을 쟁취할 수 있다"고 열변을 토하는 것이었다.

방원철은 가슴이 벅차올랐다. 팔로군과 싸우면서 느꼈던 모순과 갈등을 해소할 수 있는 방법을 찾은 것 같았다. 박승환은 "오늘부터 방 동지는 우리 비밀조직의 일원이 되었으니 절대로 경거망동을 하지 말라"고 당부했다.

특히 소영웅적인 행동을 하지 말 것과 개별적인 탈출을 금한다는 것을 강조했다. 박승환은 "같은 부대에 근무하는 조선인 장교들을 포섭하고 무기들을 구해서 봉천으로 보내달라"고 부탁했다. 방원철은 열하성의 8

단으로 돌아와서 이주일, 박정희, 신현준을 설득하는 일은 하지 않았다. 부대 사이가 수십 리, 수백 리나 떨어져 있어 만나기도 어렵고 그들도 자신과 한마음일 것이란 확신이 있었기 때문이었다. 그런데 박정희는 여운형–박승환 계의 만주군 내 비밀조직의 한 회원이었다는 증언들이 있다.

이 증언들의 진실성을 확인하는 과정에서 기자는 박승환이란 한 젊은 장교의 비극적이고도 영웅적인 삶과 만날 수 있었다. 박정희는 박승환에 대해서 존경하는 마음을 오래도록 간직하고 있었다. 朴命根(박명근·전 파주 출신 4선 국회의원)은 심계원에서 근무할 때인 1950년대 말 박정희 1군 참모장을 찾아가 "박승환의 조카입니다"라고 인사한 뒤부터 많은 도움을 받았다.

"삼촌 말씀을 하시면서 저를 따뜻하게 대해 주셨습니다. 삼촌의 딸 正根(정근)이 해운대로 피서 갔다가 익사하였을 때는 군수기지 사령관이시던 그분이 뒷수습을 다 해주셨지요. 제가 경제비서관으로 청와대에서 근무할 수 있었던 것도 그분이 직접 선택하신 때문입니다. 제가 지역구 의원 후보로 공천을 받을 때 일부에서 삼촌의 사상에 대해서 시비를 걸자 막아주시기도 했습니다."

박승환의 미망인 김순자(뒤에 김민행으로 개명) 할머니는 캐나다 토론토에 살고 있다.

"1963년에 박 의장이 대통령으로 출마했을 때 마산에 내려왔는데 지방 유지들과의 모임에서 처음 만났습니다. '박승환의 처입니다'고 인사했더니 갑자기 정자세를 취하더니 깍듯이 인사를 하여 주위 사람들이 놀랐습니다."

박 대통령 시절에는 아부꾼들이 박승환과 박정희의 관계를 과장하고 조작하여 박정희가 '비밀독립군이었다' 는 내용을 담은 책들을 펴냈다. 1980년 8월 18일에 육군본부가 펴낸 《創軍前史(창군전사)》란 자료집에도 박정희가 〈간도특설대에 장교로 근무하면서 비밀 광복군이 되어 북경을 비밀리에 오가면서 활약했다〉는 요지로 적혀 있다. 1991년에 중국 만주지방의 조선족 유지들이 발간한 《중국조선민족발자취 총서-결전편》에는 이렇게 적혀 있다.

〈특설부대에 참가한 자들은 모두 민족반역자들이다. 박정희는 특설부대의 중대장급 군관이었다. 그는 해방이 되자 시세에 편승하여 하북 지대 조선청년들을 묶어 세워 조선의용군에 참여하려 했다. 그러나 받아주지 않자 곧추 남조선으로 내뺐는데 그 뒤 우익세력을 긁어모아 나중에는 대통령으로까지 되었던 것이다〉

앞으로 밝혀지겠지만 박정희는 간도특설대에 근무한 적도, 비밀 독립군이었던 적도 없으며 독립투사를 잡아가든 정보장교였던 적도 없다. 미화와 격하의 교차점에서 헷갈리기 쉬운 '박정희의 만주군 행적' 을 좀 더 넓은 관점에서 바라보려면 박승환이란 인물의 연구가 필요하다. 박승환은 박정희보다 1년 늦은 1918년 경기도 파주군 월동면에서 태어났다. 대지주 朴禹鏞(박우용)의 둘째 아들이었다. 그는 경복고교의 전신인 경기제2고보를 졸업했다. 수영, 스케이트 선수였고 훤칠한 키에 힘이 셌다. 졸업한 뒤 1년간 집에서 쉬었는데 폐가 나빴던 것이다. 이때 몽양 여운형과 접촉하더니 열렬한 추종자가 되었다. 박승환이 1937년에 봉천군관학교 제7기생으로 들어간 것도 여운형의 권고에 의한 것이었다.

봉천군관학교에서는 2·26 사건에 연루되었다가 만주로 밀려온 일본인 교관 간노 히로시(菅野弘)의 지도와 격려를 많이 받았다. 졸업 후 박승환은 1년간 기병장교로 근무하다가 항공장교로 轉科(전과)했다. 조종사가 된 것이다. 그는 봉천항공학교에서 교관으로 일하게 되었다.

봉천에는 그때 金泰德(김태덕)이란 조선인이 공장들을 경영하여 돈을 많이 벌고 유지로서 현지 사회에서는 높은 신망을 얻고 있었다. 여운형은 洪思翊(홍사익) 장군에게 박승환을 김태덕의 둘째 딸 김순자에게 중매해 줄 것을 부탁했다. 여운형은 박승환의 조직 활동을 은폐하고 엄호해줄 보호막으로써 김태덕의 그늘을 빌리려 했던 것 같다. 그때 홍사익은 소장(별은 하나였다. 준장은 일본군제에는 없었다)으로서 길림성의 公主領(공주령)학교 부교장으로 있었다. 일본군 내의 조선인 장교로는 가장 선임자였을 뿐 아니라 존경받는, 즉 민족혼이 죽지 않은 분이었다. 박, 김 두 사람은 1942년에 봉천 신사에서 결혼식을 올렸다.

朴承煥과 朴正熙

박승환은 봉천항공학교에서 교관으로 근무하면서 많은 만주군 내 조선인 장교들을 만나 뜻을 확인하는 일을 계속했다. 아내 김순자는 "봉천 우리 집은 항상 조선인 장교들로 들끓었다"고 회고했다.

"그분은 양복이나 양말이 항상 한 벌, 한 켤레밖에 없었습니다. 친구, 후배들에게 다 나누어주는 것이었습니다. 어느 날은 귀찮아서 양말이 없다고 말한 뒤 나중에 하나 남은 양말을 내놓았더니 '이 양말에는 내 발만 들어가고 그 사람 발은 안 들어가는가' 하면서 막 나무라시는 것이었습니다."

그의 동지가 된 만주군 장교들은 文容彩(문용채·봉천군관 5기·육군 소장 예편), 崔楠根(최남근·봉천군관 6기·간도특설대 근무·광복 뒤 4연대장), 李相烈(이상열·봉천군관 7기·해군 대령 예편), 崔昌崙(최창륜·신경 만주군관 1기), 李奇建(이기건·만주군관 1기), 朴林恒(박임항·만주군관 1기), 金白一(김백일·봉천군관 5기), 朴俊鎬(박준호·만주군 항공장교), 朴東均(박동균·만주군 군의관·육군 소장 예편) 등 수십 명이었다. 박승환은 창씨개명도 하지 않았다. 그는 1943년쯤 꾀병을 냈다. 장인 김태덕은 만주군과 일본 관동군 수뇌부에 인맥이 넓어 사위가 장기휴가를 받도록 해주었다.

박승환은 장교 복장인 채로 病暇(병가)를 얻어 고향인 파주로 왔다. 그는 여운형의 지도를 받으면서 본격적인 공작 활동을 벌이게 되었다. 이때 중학생이던 조카 박명근(전 국회의원)이 심부름을 자주 했다고 한다. 삼촌이 하나씩, 둘씩 가져오는 수류탄을 보관하는 일도 맡았다. 그는 지붕 밑 천장 속에 모아둔 수류탄이 떨어질까 불안했다.

박명근은 닭장의 땅바닥에 구멍을 파고 그 속에 등겨를 채워 넣고는 수류탄 70여 개를 파묻었다. 박승환이 여운형의 밀명을 받아 중국 팔로군 지역으로 잠입하여 조선의용군 사령관 무정을 처음 만나고 온 것도 이 무렵이었다. 아내 김순자도 密書(밀서)를 전달하고 사람을 만나고 하는 데 있어서는 동지나 다름이 없었다.

캐나다 토론토에 살고 있는 김순자 할머니는 "홍사익 장군도 남편의 비밀조직 활동을 엄호해 주었다"고 기억한다. 홍사익은 경기도 안성 사람으로서 일본 육사 26기 출신이다. 3·1운동이 일어나자 일본 육사선배인 金光瑞(김광서) 중위, 동기생 李靑天(이청천) 중위, 1년 후배인 李

鍾赫(이종혁) 중위가 일본군 부대에서 탈출하여 만주로 건너가 독립군이 되었다는 소식을 들었다. 홍사익은 번민하다가 일본군에 남아 있기로 했는데 항상 죄책감과 부담감을 갖고 있었다.

그는 약 8년간 만주와 상해에서 근무하면서 우리 동포와 조선인 장교들을 접촉할 시간이 많았다. 홍사익이 그들을 감싸 주었다는 것은 여러 사람들의 증언으로 확인되고 있다. 1944년 3월 홍사익은 관동군 군사학교 부교장에서 필리핀 포로수용소 소장으로 전보되었다.

김순자 할머니는 "홍사익 소장께서 필리핀으로 떠날 때 아버님, 남편, 그리고 제가 봉천역에 전송나갔지요. 홍 장군은 남편의 손을 잡더니 '자네에게 모든 것을 부탁하네'라고 말하면서 등을 두드려주시던 기억이 생생합니다"라고 했다. 박정희에게는 대구사범 선배이기도 한 宋南憲(송남헌·김규식의 비서실장 역임)은 《해방 3년사》란 저서에서 이렇게 썼다.

〈여운형은 1943년에 출옥한 직후 해방에 대비한 국내외 조직규합에 나서 박승환을 통해 만주군 내 조선인 장교들을 포섭하도록 하는 한편 1944년 8월 10일에는 趙東佑(조동우) 등 국내외 노장 사회주의 일파와 함께 조선건국동맹을 조직했다. 여운형과 박승환의 국내진공 계획에 주동적으로 참여했던 장교들 가운데는 박정희 전 대통령도 있다〉

박승환이 약 7년간 닦아놓은 인맥을 중심으로 조직화하기 시작한 것은 1945년 4월 봉천에서였던 것으로 확인된다. 박승환, 이상렬, 박준호, 최창륜, 문용채는 여운형의 건국동맹 산하 조직이란 뜻에서 '조선건국동맹 滿洲分盟(만주분맹) 군사위원회'란 명칭에 합의하였다. 박준호의 기억에 따르면 이 조직의 대표는 박승환, 연락책은 錦州(금주) 주둔 만주군 헌병대 문용채 상위, 군관학교 출신 장교 담당은 최창륜, 재정은 김순자의 형부인 평양갑부 최기영이었다.

이들은 지역별로, 또 기수별로 조직대상 장교들을 추리게 되었다. 박준호는 생전에 기자에게 "신경 비행대에 있던 최창륜이 1기 후배인 박정희를 2기생 대표로 추천한 것으로 기억된다. 박정희와의 연락은 그가 맡았을 것이다. 박승환이 광복 전에 박정희를 직접 만난 적은 없다고 본다"는 증언을 남겼다. 간도 용정 광명중학교 출신의 쾌남아 최창륜은 생도 시절에는 후배 박정희를 구타하여 눈물을 맺히게 한 적도 있었으나 졸업한 뒤에는 친해졌다.

연령초과인 박정희가 만주군관학교에 입학 시험을 치를 수 있도록 도와주었던 강재호 상위는 간도특설대에 있었다. 간도특설대는 1개 대대 규모의 부대였지만 부대장을 제외하고는 거의 전부가 조선인이었으므로 국내 진공 작전을 위해선 가장 중요한 병력이었다. 이 부대에선 최남근, 강재호 두 장교가 버티고 있으면서 박승환과 완전히 호흡을 같이 하고 있었으므로 따로 공작을 할 필요가 없었다.

박정희가 강재호, 최창륜 같은 핵심 장교들과 믿고 지내는 사이였고 그의 평소 성향이 민족적이었다는 점들로 미루어볼 때 '만주분맹'의 회원이 되었다는 것은 자연스럽다. 그러나 박정희는 주동적 참여자나 활동가는 아니었다. 박정희가 중도좌파로 분류되는 여운형 계열에 광복 전부터 동조했다는 것은 광복 후 그에게 닥쳐올 험난한 역정을 예고하는 것이기도 했다.

김순자 할머니의 기억에 따르면 박승환은 1945년 여름 재차 중국전선을 뚫고 연안으로 들어가 조선의용군 사령관 무정을 만나고 왔다고 한다.

　박승환은 봉천으로 돌아오자마자 만주군 내 동지들과 연락을 취하려고 분주하게 돌아다니더니 여운형에게 보고차 아내와 함께 서울로 갔다. 박승환은 여운형에게 "이제 곧 일본이 망할 것 같다. 시간이 촉박하니 국내, 연안, 중경의 민족 지도자들이 중국에서 만나 거사 날짜를 결정해야 한다"고 촉구하고 여운형에게 중국행을 권유했다는 것이다. 원자폭탄이 히로시마와 나가사키에 떨어지고 소련이 만주로 진격하기 시작한 지 며칠 뒤 박승환은 '일본이 항복을 결정했다'는 극비정보를 입수한다. 8월 14일 박승환은 아내와 함께 서울역에서 봉천행 특급열차에 올랐다.

광복의 그 날

　박승환–김순자 부부가 탄 특급 '히카리' 호가 압록강을 지나 안동역에 도착한 것은 8월 14일 늦은 밤이었다. 기차는 더 갈 수 없다고 서버렸다. 역은 燈火管制(등화관제)로 캄캄했다. 8월 9일 소련군이 참전하여 만주로 물밀듯이 밀려들고 있었다. 그 피란민들이 안동역에 몰려들어 발 디딜 틈도 없었다. 박승환 부부는 일단 기차에서 내렸다.

　일본이 항복하기 전에 무엇인가를 보여주어야 한다고 초조하기만 했던 것이 박승환이었다. 그는 기차를 기다리는 동안 안동역에 와 있던 조선 건국동맹 군사분맹의 연락책 문용채 만주군 헌병상위와 재정담당인 최기영을 만났다. 8월 15일 박승환 부부는 다시 봉천을 향해서 출발했다. 봉천 못 미쳐서 어떤 역에 도착했을 때였다.

일본 천황이 항복방송을 했다는 것이었다. 역은 텅 비어 있었다. 저녁에 봉천역에 도착했다. 봉천거리는 조용했다. 일본 사람들은 어디로 가버렸는지 중국 사람들만 거리를 서성대고 있었다. 둘은 걸어서 시타 지역에 있는 집에 도착했다.

박승환은 낙담해마지 않았다. 만주군 내 조선인 장병들을 끌어 모아서 국내로 진격한다는 꿈은 너무 빨리 온 일본의 항복에 의해 물거품이 되고 말았다. 박승환은 만주에서 할 일이 별로 없다는 판단을 했다. 서울로 돌아가서 여운형을 돕는 길밖에 없다고 생각했다. 여운형은 건국준비위원회 발족을 선포한 뒤 일본으로부터 정권을 인수하겠다고 서두르고 있었다.

박승환은 이제는 건국과 建軍(건군)으로 행동 방향을 돌려야겠다고 판단한다. 하루빨리 서울로 돌아가야 하는데 이미 철로는 끊겨버렸다. 박승환은 조선인 장교들을 이해해주던 만주군 장교 간노 히로시를 찾았다. 비행기를 하나 내어달라고 부탁했다. 8월 17일 낮에 박승환, 최창윤, 양국진 등 조선인 장교 일곱 명을 태운 군용기가 봉천 비행장을 이륙하여 약 두 시간의 비행 끝에 서울 여의도 비행장에 내렸다.

만리장성 북쪽의 열하성에 포진하고 있던 만주군 8단의 네 조선인 장교들. 8월 9일 소련군의 참전을 가장 먼저 안 것은 반벽산의 단본부에 있던 단장부관 박정희 중위였다. 그는 7월 1일자로 중위로 진급했었다.

8단은 만리장성 북쪽에 흩어져 있는 전 병력(약 4,000명)을 싱룽에 집결시켰다가 상부의 명령에 따라 내몽골의 뚜어룬(多倫)으로 북진하라는 작전 임무를 부여받았다. 박정희는 이런 명령을 신현준의 제6연을 비롯한 예하 부대에 전달했다. 그때 방원철이 속해 있던 중화기중대는 만리장성을 넘어 남쪽으로 내려가 일본군과 합동작전을 벌이고 있었는데 통신이 되지 않았다.

당시 만주군은 대대급 부대만이 발전식 무전기를 갖고 다녔다. 한 30분간 발전기를 돌리고 통신기를 틀어야 송수신이 되는 퇴물이었다. 방원철이 선임장교로 있던 중화기 중대가 만리장성 남쪽에서 작전을 마치고 반벽산에서 20리쯤 떨어진 孤山子(고산자)의 본부로 돌아온 것은 8월 13일 오후. 목욕을 하려는데 박정희 중위가 전화를 걸어왔다. 긴장된 목소리였다.

"형님, 고생하셨습니다. 지금부터 기밀유지를 위해서 조선어를 쓰겠습니다. 지난 9일 소련군이 침공하여 전면전에 돌입하였습니다. 우리는 상부의 명령에 따라서 싱룽에 집결했다가 뚜어문으로 진격하게 되었습니다. 내일 새벽 5시까지 반벽산에 도착해주십시오. 반벽산에서 부대를 정비하여 싱룽으로 향합니다. 장비를 최대한 가볍게 꾸려주십시오."

이 순간 방원철도 아차 했다. 그 한 달 전 平泉(평천)에 주둔하던 헌병 상위 문용채가 엽서를 보내왔던 것이다. '건국동맹 군사분맹'의 연락책인 문용채는 이 엽서에서 '나는 持病(지병)을 치료하기 위해서 봉천으로 간다. 방 중위도 몸이 좋지 않은 것을 내가 잘 알고 있는데 휴가를 얻어서 우선 건강을 회복하도록 하는 것이 어떨까'라고 했다. 방 중위는 이 편지를, '이제 일제의 패망이 임박했으니 휴가를 내어 후방으로 빠졌다가 거사하자'는 취지로 이해했다. 그래서 상부에 휴가를 신청했더니 일본군과의 합동작전이 끝난 뒤 한 달간의 휴가를 주겠다는 약속을 받았던 것이다.

방원철의 중화기 중대 약 250명은 당나귀 50마리에 짐을 싣고서 14일 새벽에 반벽산으로 출발했다. 폭우가 쏟아지기 시작했다. 반벽산에 집결한 8단 병력은 행군대열로 재편성하여 바로 싱룽으로 출발했다. 반벽산-싱룽은 약 60km의 거리였지만 강원도 산악지대처럼 험했다. 차는 다닐 수 없었다.

당나귀와 보병으로 구성된 긴 행렬이 연일 계속되는 폭우를 뚫고 걸어갔다. 절벽과 계곡을 따라 난 길을 걷자니 하루 50리가 고작이었다. 방원철의 중대에서는 졸면서 걷던 병사가 절벽 아래로 떨어져 죽기도 했고 급류를 건너다가 떠내려가기도 했다.

신현준의 중대도 식량과 탄약을 실은 당나귀가 물에 떠내려가는 사고를 당하는가 하면 정체불명의 부대로부터 야간기습을 당하기도 했다. 알고 보니 우군부대가 오인사격을 해온 것이었다. 8월 15일, 16일도 행군이었다. 일본이 항복한 사실도 모르고 그들은 걷고 있었다. 폭우를 맞으면서 잠을 자고 깨어나면 또 걸어야 하는 상황에서 발전기를 한참 돌려야 작동하는 무전기를 켤 여유도 없었던 것이다. 8월 17일 방원철의 부대가 싱룽에 거의 당도했을 때 무전기를 작동시켰다. 아무 방송도 잡히지 않았다. 이리저리 돌리고 있는데 중국어 방송이 나오는 것이었다. 그 순간 장개석의 육성연설이 방송되고 있었다. 방원철은 그 연설을 지금도 생생하게 기억하고 있다.

"일본은 14년에 걸친 중국 침략전쟁에서 완전히 패망하여 항복하였습니다. 동북지방에서는 조선 사람들이 우리보다도 더 심한 압제를 받았습니다. 조선 사람들 중에는 일본인에게 빌붙어 나쁜 짓을 한 사람도 있습니다만 일체의 보복행위를 금하는 바입니다. 東北辨事處(동북변사처)를 조직하여 왕 장군(중국군 소속 조선인 金弘壹·김홍일 장군을 지칭)

을 파견하기로 하였으니 자중자애해주시기 바랍니다."

뒤따라오던 신현준은 싱룽에 당도하여 중화민국의 청천백일기가 휘날리고 있는 것을 보고서야 세상이 바뀌었다는 것을 알았다. 신현준, 방원철의 증언에 따르면 중국인 8단장은 매우 원만하게 이 사태를 관리했다고 한다.

박정희 등 조선인 장교 네 명은 일본인 장교 13명과 함께 무장해제를 당했다. 당제영 단장은 일본인 장교들을 싱룽 소재 일본군 게도(下道)부대에 인계했다. 다른 만주군 부대에서는 일본인 장교들이 중국인 사병들에 의해서 피살되는 사고가 빈발하고 있었다.

朴正熙의 25時

만주군 중위 박정희가 일본인 장교들과 함께 그 만주군에 의해서 무장해제를 당했을 때 느꼈던 감상은 신현준 상위처럼 착잡했을 것이다. 그의 회고록 《노해병의 회고록》을 인용한다.

〈만주군 장교가 된 이래로 계속 소중히 아끼고 있던 손때 묻은 軍刀(군도), 권총, 쌍안경을 고스란히 바치게 되었을 때의 그 심정이란 마치 하늘을 날던 새가 날개를 잃은 것과 같은 것이었다. 그러나 나는 조국해방의 기쁨을 안고 희망찬 장래를 기대하면서 전진하기로 결의하였다〉

머나먼 만리장성 산중에서 그토록 고대하던 광복의 그날을 맞은 박정희, 아니 다카키 마사오는 그러나 잃은 것이 더 많은 자신을 발견하게 되었다. 교사라는 안정된 직장을 버리고 군인의 길을 결단했던 그는 일본이 항복하는 순간 자신이 서 있던 자리가 바로 일본 편이었음을 알게 되었다. 미국의 원폭과 소련의 참전에 의해 앞당겨진 광복이었기에, 그 광복의 소식조차도 이틀 뒤에야 알았듯이 이 결정적인 순간에 박정희는 역사의 격류 속에 무력한 존재로 내던져지고 말았다.

일제의 압제에 대해서는 그토록 반발한 그였지만 그 일본 장교들과 같은 취급을 받아 군도도, 계급도, 월급(약 150원)도 박탈당한 박정희였다. 이때야 비로소 그는 박상희 형이 그토록 말리던 만주행을 후회도 해보았을 것이다. 민족해방의 순간에 서서 기쁨보다도 걱정이 앞서게 된 박정희의 25시. 나라가 힘이 없으면 국민이 구차해진다는 이 실감, 광복이 몰고온 모순과 곤혹과 갈등의 이 체험이 박정희를 自主人(자주인)으로 빚어내는 원동력이 된다.

한편 소련 하바로프스크 북동 약 70km 아무르 강변 부야츠코에 마을에 있던 88특별저격 여단 본부에서 광복을 맞은 金日成(김일성) 소련군 대위는 박정희 만주군 중위와는 처지가 뒤바뀌었다. 쫓는 편에 서 있던 박정희가 오히려 쫓기는 입장에 서게 되었고 김일성은 북한으로의 금의환향을 꿈꾸게 되었던 것이다.

김일성은 한의사인 아버지를 따라 만주로 이주한 뒤 중국인 학교에서 공부하고 19세에 중국공산당에 가입했다. 중국공산당이 지도하던 東北抗日連軍(동북항일연군)의 중대장급 지휘관이 되어 빨치산 투쟁을 하던 김일성은 1941년 무렵 만주군과 일본군의 공격을 피해 소련으로 건너갔다. 소련 극동방면군은 이 중국인·조선인 혼성부대를 88여단이란 첩보부대로 재편성하였다.

여단장은 중국인 周保中(주보중), 김일성 대위는 제1대대장이었다. 소련군은 조선어까지도 서툴던 이 33세의 대위를 신화 속의 김일성 장군으로 조작하여 평양으로 데리고 들어간다. 김일성은 조국을 떠난 지 20여 년간 줄곧 중국과 소련 공산주의자들의 부하로 있음으로 해서 조선 사람들의 생활과 애환과는 유리되었다. 그는 사실상 중국화된 조선인이었다.

김일성·김정일 집단의 심리적 특징이 된 마적단적 시각, 즉 북한을 점령지로, 동포들을 노획물로 생각하고 자신들의 변태적 호화판 생활에는 아무런 양심의 갈등을 느끼지 않는 특징은 외세에 소속되고 외세에 조종된 만주 경험에서 우러난 바 크다.

박정희, 김일성 두 사람 모두 비슷한 시기에 만주를 경험하고 비슷한 시기에 조국으로 돌아왔다가 15년 뒤에는 서로 대결자의 입장에 서게 된다. 두 사람이 만주를 어떻게 경험했는가 하는 것이 그 뒤 한반도의 운명에 적지 않은 영향을 끼치게 된다.

만주군 8단은 싱룽에 주둔하고 있던 일본군 게도부대를 무장 해제시키고 장비를 접수했다. 그런 뒤 당일 밤으로 싱룽 지역에서 퇴거할 것을 명령했다. 당제영 단장이 예하부대에 하달한 훈령은 이런 요지였다고 신현준은 지금도 기억하고 있다. 그 내용이 양반스러웠기 때문이다.

〈1. 오늘 밤에 한해서 초병들은 사전 허가 없이는 일체의 사격행위를 금한다.

2. 우리 8단이 오늘 작별하는 일본군 게도부대와 재회할 때는 적대관계에 놓이게 될지도 모른다.

3. 그럼에도 우리는 오늘까지 동맹 관계를 맺고 생사고락을 함께해온 전우였다는 사실을 저버릴 수는 없다.

4. 의리를 존중함이 인간의 도리일진대, 우리는 마지막 순간까지 그

도리를 다해야 하느니라〉

8단의 당제영 상교(대령)는 박정희 등 조선인 장교들을 직위해제한 뒤에도 8단에 손님처럼 남아 있게 해주었다. 그런 상태에서 8월을 다 보내고 벌써 만리장성으로 남하하는 가을 기운을 느끼게 해주는 9월 어느날, 박정희와 이주일이 신현준을 찾아왔다. 방원철은 봉천을 향해서 떠난 뒤였다. 박정희가 입을 뗐다.

"이제 세상이 완전히 바뀌었습니다. 우리가 택할 진로에 대하여 의견을 나누었으면 합니다. 중국 사정은 형님이 제일 잘 알고 계실 터이니 귀국을 위해서 어떤 노선을 선택해야 할지 말씀해 주십시오."

"군자는 대로행이라고 하는 말을 명심해야 하네. 봉천을 경유하여 귀국하는 길은 소련군이 점령하고 있는데다가 봉천까지의 철로가 두절되어 있네. 북경을 경유하는 길이 멀기는 하지만 가장 안전하지 않을까."

만주국이 망했으니 만주군 8단은 고아처럼 되어버렸다. 당제영 단장은 장개석과 모택동을 놓고 어느 편에 붙을까 저울질을 하고 있었다. 8단은 부대를 정비한 뒤 미원(密雲)이라는 도시까지 이동하여 사태를 관망하기로 했다. 박정희 등 세 사람은 이 기회에 미원까지만 동행한 다음 헤어지기로 했다. 세 조선인은 당 단장에게 작별인사를 하고 기차편으로 북경으로 향했다. 신현준은 회고록에서 9월 21일에 북경에 도착했다고 쓰고 있다. 박정희 일행은 동포가 경영하던 음식점 덕경루에서 며칠을 묵으면서 앞날을 걱정했다.

만주·중국 전선에서 광복을 맞은 조선인 장병들은 북경으로 몰려들고 있었다. 수십 명이 덕경루에서 寄宿(기숙)했다. 상해 임시정부는 崔用德(최용덕) 중국군 소장을 동북판사처장에 임명하여 이들을 광복군

산하에 편입시키려고 했다. 신현준, 이주일, 박정희는 이 광복군에 들어
가기로 했다. 북경 시내 北新橋(북신교)라는 곳에 제지공장이 있었다.
이 공장 건물과 마당이 광복군의 병영이 되었다. 박정희는 광복된 뒤에
광복군에 들어간 것에 대해서 쑥스러워했다고 전한다.

동무

　광복된 뒤에 일본군·만주군 출신 장병들로 편성된 북경의 광복군은
대한민국 임시정부 산하의 '광복군 제3지대 駐平津大隊(주평진대대)' 로
불리게 되었다. 평진은 北平(북평)과 天津(천진)에서 따온 단어였다. 이
부대의 대대장에는 신현준 전 만주군 상위, 1중대장에는 이주일 전 만주
군 중위, 2중대장에는 박정희 전 만주군 중위, 3중대장에는 尹瑛九(윤영
구) 전 일본군 소위, 정훈관에는 鄭弼善(정필선) 광복군 공작원, 군의관
에는 嚴在玩(엄재완)이 임명되었다.
　이 부대를 관리한 사람은 장개석 군대의 소장 출신 최용덕이었다. 최
소장과의 연락책임자로 李成佳(이성가) 중국군 중위가 평진대대에 주재
했다. 원래 상부에서는 이 평진대대를 박정희 중위에게 맡겨 지휘하려
고 했었다. 그가 만주군관학교와 일본 육사를 우등으로 졸업했다는 사
실로 해서 평가가 높았기 때문일 것이다.
　박정희는 상부에 대해서 "나이로 보나 계급으로 보나 신현준 상위가
나보다 위인데 내가 지휘관이 되면 질서가 잡히지 않는다"고 사양했다.
박정희는 그렇게 해놓고 신현준을 찾아와서 "형님께서 이 부대를 맡아
야 하니 부디 다른 의견을 제시하지 마시고 받아주십시오"라고 간청하

더란 것이다.

약 200명의 이 평진대대원들은 귀국 날짜를 기다리는 것이 주된 임무였다. 학병 출신으로서 이 광복군에 속했던 朴基赫(박기혁·연세대 부총장 역임)은 "고향으로 돌아가기 위해서 그런 집단을 만든 것이다. 배편을 기다리면서 규율이 있어야 했고 그래서 군사편제로 조직된 것이다. 광복군이란 말에 어울리는 이념이 있었던 것도 아니었다"고 했다. 광복군의 일과는 훈련이었지만 가장 큰 문제는 먹는 것이었다. 신현준, 박정희 등 간부들은 최용덕과 함께 북경에 있는 동포들에게서 식량을 얻어와서 부하들을 먹이느라 애를 먹었다.

신현준은 회고록에서 '구걸해오다시피 하였다' 고 했다. 병영으로 쓰고 있던 제지공장 안에는 식당도 없었다. 병사들은 숙소에서 식사를 했고 간부 요원들은 취사장 옆에 한 20명이 앉을 수 있는 식탁을 마련하여 먹었다. 의자가 없어 식탁 주변에 둘러서서 담소하면서 먹었다. 신현준은 "밥도 먹고 죽도 먹고 굶을 때도 있었다"고 했다. 이때 박정희는 노래 하나를 작사, 작곡하여 혼자서 콧노래로 부르곤 했다. 신현준은 하도 이 노래를 많이 들어서 50여 년이 지난 요새도 기억한다.

〈조팝 깡다리에 / 소금국만 먹어도 / 광복군 정신만은 / 씩씩하게 살아 있다〉

박정희가 대통령이 된 다음에 지은 '새마을 노래'와 비슷한 경쾌한 곡이다. 박정희는 평생 울분이나 고통을 나팔 불기, 노래 부르기, 기타 치기, 단소 불기 같은 음악을 통해서 위로받으려고 했다. 음악까지도 그는 아주 실용적으로 이용하였다.

박정희나 신현준은 이 평진대대 안에서 친일시비에 휘말린 적은 없다고 한다. 광복군 병사들은 계급장은 떼고 일본군, 만주군 군복을 개조하여 그대로 입고 다녔다. 진짜 광복군 출신 張俊河(장준하·전 사상계 사장·작고)가 이때 박정희와 만나 나쁜 사이가 되었다는 풍설은 사실이 아니다. 신현준에 따르면 좌·우익 대립이 벌써 이 평진부대 안에서 벌어지고 있었다고 한다.

"눈에 안 보이는 38선이 부대원들 사이에 그어지는 것 같았습니다. 그들이 밤을 새워 사상문제로 토론을 벌이는 일도 잦았어요. 박정희 중대장이 어느 이념에 경도되어 있었는지 뚜렷한 기억은 없지만 하나 기억에 남는 것은 여운형 선생을 줏대 있는 지도자라고 평가하던 일입니다."

신현준은 그 사건을 1945년 12월 10일 오전 10시에 일어났다고 기억하고 있다. 평진대대의 전 병력을 이끌고 야외에 나가서 훈련을 하고 있는데 갑자기 전방에서 기관총 사격소리가 들렸다. 위협사격이었다. 이어서 일단의 중국군(장개석 파) 부대가 나타났다.

그들은 "모두 훈련을 중지하고 손을 들고 나오라"고 하더니 아무 설명도 없이 北新區(북신구)의 병영으로 행진시켰다. 그리고는 신현준, 박정희, 이주일 등 장교 출신 간부진을 몽땅 영창에 집어넣고는 문을 잠그고 사라져버렸다. 영문을 알 수 없었다. 신현준은 평진부대를 편성할 때부터 중국공산당 계열의 조선인 공작원들이 몇 사람 묻어온 것을 알고 있었다.

이들은 집회를 갖고 부대원들에 대한 포섭활동도 거의 공공연히 벌이고 있었다. 이 공산주의자들이 협조를 해주지 않는 간부진을 혼내주기 위하여 중국군에게 모략을 하여 이런 일이 일어났다고 신현준은 생각했다. 간부들은 몇 시간 지난 뒤 풀려났으나 이 경험은 박정희에게 오래 기억되었다. 훗날 둘째 딸 박근혜에게 박 대통령은 북경에서의 일화를 들려주면서 이국 땅에서도 단결하지 못하고 분열한 조선인의 민족성에 대해서 개탄하였다. 박정희는 평진대대에서 처음으로 공산당과 실체적인 접촉을 할 수 있었고 그 첫 경험은 매우 기분 나쁜 기억이 되었다. 하루는 박정희가 중대를 훈련시키고 있는데 몇 사람이 앞으로 나오더니 "당의 회의 때문에 먼저 가봐야겠다"고 말하는 것이었다.

"잔말 말고 훈련이나 받아!"

박정희는 일부러 더 고된 훈련을 시켰다. 그날 저녁 공산주의자들은 박 중대장을 규탄하는 회의를 소집했다. 그들은 자고 있는 박정희를 불러내는 것이었다.

"중대장 동무는 당의 중대한 회의를 무시했으니 책임을 지시오."

이런 선동에 "옳소!"라고 외치며 동조하는 사람들도 많았다. 박정희는 "옳기는 뭐가 옳아. 돌아가 잠들이나 자!"라는 말을 남기고는 나와 버렸다. 숙소에 돌아온 박정희는 '동무'라는 말을 곱씹으면서 화를 삭이느라 애를 먹었다고 한다.

동양적·무사적 서열의식과 예절에 철저한 박정희로서는 나이와 계급을 무시하고 맞먹으려는 공산주의식 인간관계에 生來的(생래적)인 거부감을 느낀 것이다. 박 대통령은 김종신 공보비서관에게 "그때 보니까 이놈 저놈들이 나서서 군대를 팔아먹으려 하더군"이라고 말하기도 했다.

우리끼리는 좌·우익으로 갈리고 중국과의 관계에서는 親(친)장개석파, 親(친)모택동 파로 또 한번 찢겨져 서로 평진대대의 주도권을 잡으려고 싸우는 조선인들의 심성에 절망한 것이 박정희였다. 이 절망은 곧 거대한 문제의식으로 자라난다.

제5장

兄의 죽음

朴正熙

조국에의 절망

북경의 광복군 제3지대 평진대대 간부숙소에서 박정희와 여덟 달 동안 같이 생활했던 군의관 엄재완은 그에 대한 기억이 별로 없다고 했다. 워낙 무뚝뚝하고 말이 없는 사람이었기 때문이다. 미국 뉴욕 근방 롱아일랜드에 살고 있는 엄 씨는 자신의 결혼식 때 들러리를 선 박정희가 양복을 빌려 입으면서 "난생 처음 이런 일을 한다"고 어색해했던 기억이 남아 있을 뿐이다.

'박정희' 하면 바로 뒤따라오는 '과묵함' 이란 단어는 '생각이 많음' 이란 뜻의 다른 표현이다. 말이 적었던 만큼, 아니 말이 적었기 때문에 박정희는 생각을 많이, 깊게 하게 되었다. 고민, 계산, 구상, 상상, 계획, 반성 등등의 과정을 담은 이 생각에 시간을 많이 보낸 이가 박정희였고 그의 힘은 바로 이 생각의 축적량이 엄청나다는 데서 나왔던 것이다.

엄재완은 경희의대의 전신인 경성동양의전을 졸업한 뒤 일제의 징집을 피하기 위해 부모들이 살고 있던 북경으로 피신했다가 광복을 맞았다. 광복 직후 동포들이 '애국부인회'를 조직하여 젊은이들을 상대로 광복군에 들어가라고 권유하고 다닐 때 이 광복군에 지원했다.

동포들의 성원이 대단하였다. 매일 통돼지 잔치를 벌일 정도였다. 시간이 갈수록 지원이 줄어들고 동포들도 귀국하기 시작하자 하루 세 끼의 해결이 골칫거리였다. 광복군은 이렇게 되니 훈련은 거의 할 수 없게 되고 오로지 귀국선이 올 때까지 젊은이들을 먹이고 재워주는 곳이 되었다.

원래 평진대대를 만들 때 상해 임시정부에서는 10만 명 규모의 광복군을 편성하여 단체로 입국한다는 생각을 하고 있었다. 미군이 임시정부 요인들까지도 개인 자격으로 입국하도록 조건을 단 마당에 그런 구상은 애당초 실현 불가능이었다. 당시 북경을 비롯한 중국에는 수십만 명의 한국 사람들이 모여서 귀국의 배편을 기다리고 있었다.

미 군정 당국은 수송선단을 배치하여 열심히 실어 날랐다. 평진대대 사람들은 1946년 4월 29일 북경을 떠났다. 천진의 塘沽(당고)항에 도착하여 1주일 간을 대기하다가 5월 6일에 미 해군 수송선에 올랐다. 5월 8일 부산항에 도착한 수송선에서 귀국자들은 이틀을 더 기다려야 했다. 그때 한국에서는 콜레라가 무섭게 번지고 있었다.

박정희도 다른 下船者(하선자)들과 함께 미군 검역 당무자들로부터 디디티(DDT)가루를 뒤집어쓰는 전신소독을 받았다. 이 가루를 밀가루로 오인하여 "왜 그 아까운 것을 버리느냐"고 항의하는 사람들도 있었다. 미 군정 당국에서는 약간의 귀향비도 나누어 주었다.

5월 10일에 부산항에 상륙한 박정희는 신현준, 이주일 등 다른 귀국자들과 함께 서울로 올라갔다. 장충단 근처에 있던 귀국자 임시수용소에서 며칠 머물다가 구미로 향했다.

당시 박정희의 눈에 비친 조국은 어떤 모습이었을까. 일제라는 구질서는 무너졌지만 미 군정이란 신질서는 한시적이란 숙명으로 해서 뿌리를 내릴 수 없었다. 한국 사람들은 권력의 무중력 상태에서 가난과 무질서, 그리고 사상대결이란 일대 혼란에 빠져들고 있었다. 1932년 대구사범에 입학한 이래 박정희는 단련과 훈련, 질서와 절도의 생활을 14년 동안이나 했다. 정리 정돈, 청결과 정직을 생활화한 그였기에 실망도 남달랐을 것이다. 대체로 일본, 만주로부터 귀환한 동포들은 조국의 혼란상에 더 큰 충격을 받았다. 박정희의 만주군관 동기생 이한림은 이런 요지의 느낌을 기록했다(회고록 《세기의 격랑》).

〈나는 서울의 조잡성과 무질서에 놀랐다. 이것이 내가 그리던 조국의 참모습이었는가. 이렇게 낡은 집들이 서울 한복판에 있다니. 탁 트이고 넉넉한 만주 땅에서 청년시절을 보낸 나에게 있어서 서울의 모습은 초라하고 왜소하기만 하였다. 길거리 벽마다 다닥다닥 붙은 선전물, 2층 이상의 집집마다 너덜너덜하게 걸쳐 있는 플래카드. 방향 감각을 잃은 것 같은 서울 시민들의 우울한 표정. 서울역은 더딘 열차를 한없이 기다리는 손님들로 법석이었고 시내 전차는 다니다 말다 하는 식이었다.

'신탁통치 반대'를 외치는 시민들과 '찬성'을 외치는 시민들이 거리를 누비고 그들은 무질서 속에서 하루하루를 살아가고 있었다. 만주 땅 신경의 게시판에서 보았던 이승만 박사의 환국 소식을 접하고 느꼈던 조국에의 그리움은 결국 조국의 현실에 부닥치게 되자 꿈이었구나 하는 허탈감에 사로잡혔다〉

기자는 1945년 10월에 일본 사이타마 현에서 출생했다. 우리 가족은 박정희보다 한 달 먼저인 1946년 4월에 부산항을 통해서 귀국하여 고향인 경북 靑松(청송)으로 돌아왔다.

박정희보다 다섯 살 위인 아버지는 "부산항에 내리자마자 '야, 이거 잘못 왔구나' 하는 절망감에 빠져들었다"고 생전에 회고한 적이 있다. 귀국자들을 상대로 물건을 파는 소년들이 서로 남의 물건은 엉터리고 내 것만 좋다고 외쳐 대는 것을 보고 충격을 받았다. 경부선 기차를 탔더니 의자에 붙은 모든 것들이 뜯겨 없어지고 승객들은 서로 내 자리라고 아귀다툼을 벌이고 있었다.

일본의 전후도 혼란과 무질서였지만 '시민윤리가 이토록 땅에 떨어진 적은 없었는데…' 하는 것이 아버지의 느낌이었다. 아버지의 증언에 따르면 사이타마 현의 마을 촌장은 딸을 미군 점령부대장의 愛妾(애첩)으로 보내더라고 한다. 이 미군 장교는 흑인이었다. 이 촌장의 딸은 흑인장교를 구워삶아 미군 장병들이 마을 사람들을 상대로 행패를 부리지 못하도록 하는 역할을 맡았다. 마을의 어느 누구도 그 딸을 욕하지 않고 고맙게 생각하더란 것이다.

아버지는 "귀국한 뒤에 다시 일본으로 돌아갈까 하다가 너희들을 생각해서 눌러앉기로 했단다"라고 말하곤 했다. 아마 박정희의 충격도 이 한림이나 아버지의 그것과 대차가 없었을 것이다.

"(신현준)형님, 아무리 恒産(항산)이면 恒心(항심)이라카지만 조선사람은 풀어놓으면 모두가 지 잘났다는 것뿐이고, 지 멋대로가 아닙니까. 와, 그 왜놈들이 잘 카던, 조센진도 멘타이…(조선인과 명태는…)카는 말이 있지 않습니까. 나는 그 소리를 들을 때마다 왜놈들을 패주고 싶었습니다. 그런데 오늘 이 꼬라지를 보니 그런 히니쿠(비야냥)를 들어도 싸다 싶습니다. 누군가 매를 들고 두들겨주기 전에는 이런 무질서는 百年河淸(백년하청)일낍니다. 형님, 지 말이 틀립니까."(정영진이 지은《실록소설 · 청년 박정희 2권》에서 인용)

歸鄕

경상북도 선산군 구미면 구미역 근처에서 박정희의 어머니 백남의는 막내며느리 김호남, 손녀 박재옥과 함께 살고 있었다. 바로 옆집에 사는 박정희의 셋째 형 박상희가 마련해준 집이었다. 박정희의 작은누님 박재희도 남편 한정봉과 함께 옆집에서 살고 있었다. 상모리에는 박정희의 큰형 동희, 무희가 살고 있었다. 이들은 박정희가 북경에서 부쳐온 편지로 무사함을 알고 있었다. 박정희가 갓난아기일 때부터 그를 귀여워해주어 정이 들었던 박재희는 기차 소리만 나면 구미역으로 나가보곤 했다.

1946년 5월 박재희는 마당에서 일을 하고 있었다. 누가 사립문을 툭툭 치는 소리가 들렸다. 고개를 돌려보니 박정희가 씨익 웃으면서 들어오고 있었다. 밀짚모자, 반바지, 반소매 옷, 운동화 차림이었다. 손에는 막대기를 들었는데 장교의 지휘봉 같았다. 그것을 휘휘 휘두르고 있었다. '거지' 꼴이었다. 불과 2년 전 일본 육사를 졸업하고 오는 길에 별 달린 軍帽(군모), 긴 칼, 망토 입고 구미역에 내렸을 때 모여든 주민들로부터 온통 부러움의 대상이었던 박정희는 지휘봉 하나만 달랑 들고 해방된 조국에 나타난 것이다.

"오빠들은 동생에게, '그냥 교사 자리를 지키고 있었으면 좋았을 텐데 고집대로 했다가 거지가 되지 않았느냐'고 면박을 주기도 했습니다. 동생은 제 집에는 가지 않고 우리 집에서 먹고 자는 일이 많았어요."

몇 년 전에 타계한 박재희는 귀향한 직후의 박정희에 대한 가장 확실한 목격자이다.

"그때가 여름이었는데 동생은 우리 집을 근거지로 삼아 별 하는 일 없이 소일했습니다. 마을에 나갔다가 돌아와 보면 동생이 읽던 신문으로 얼굴을 덮고 자고 있는 모습을 자주 보게 되었습니다. 그런 꼴을 보니 눈물이 나더군요. 누구보다도 동생을 아껴주던 상희 오빠는 바로 옆집인데도 식사하자고 부르지도 않았습니다."

광복 직후 여운형이 조직한 건국준비위원회 구미 지부를 이끌었던 박상희는 이즘 구미면의 좌익 활동을 주도하고 있었다. 한 번은 박정희가 상희 형과 토론하는 것이 조카 박재석에게 목격되었다. 박상희는 여운형 노선을 옹호하면서 이승만을 비난하는데, 박정희는 좀처럼 그 주장에 수긍하려 들지 않는 것이었다. 박정희는 "이승만 박사도 해외에서 평생 독립운동을 해오신 훌륭한 분이십니다"라고 정색을 하고 말하는 것이었다. 대통령 시절에 박정희는 김종신 공보비서관에게 이런 증언을 남겼다.

"상희 형에게 북경의 광복군에 들어갔다가 귀국이 늦어졌다고 했더니 굉장히 못마땅하게 생각하는 거야. 그때서야 비로소 '아, 형님이 좌익으로 돌았구나' 하는 판단이 서게 되더군."

박정희는 광복군에서 공산당 프락치들로부터 시달린 경험이 생생해 상희 형의 활동에 선뜻 동조할 마음이 아니었다. 그럴수록 박상희는 친척들에게 "정희한테 돈 주면 안 돼"라고 말하는 등 방관자적 태도를 취하는 동생을 탐탁지 않게 생각했다. 이낙선이 최고회의 의장 공보비서로 있을 때인 1962년에 작성한 비망록에는 이 즈음의 박정희 모습이 그려져 있다.

〈형들의 집을 전전하는 고독한 신세였다. 간혹 竹馬故友(죽마고우)를 만나면 酒席(주석)이 하나의 낙이었다. 친우들로부터 과거지사에 대해서 질문을 받을 때는 "그런 것은 알아서 무얼 하나. 술이나 마시게"할 정도로 극히 말이 적었고 웃는 것을 본 사람도 없다. 청년들이 좌우로 갈려서 정쟁을 일삼아도 그는 마땅찮은 표정을 지으면서 말리지도 가담하지도 않았다. 어떤 친우가, "이제 군생활을 잊고 정당생활이 어떻겠느냐"고 물었더니 "귀찮다"고 거절하는 것이었다. 고향에서 허송세월하던 중 서울에 다녀왔는데 "세상은 썩었어. 더러워"하면서 불평만 했다〉

박정희는 구미보통학교에 다닐 때 동급생이던 이준상의 사랑방에 자주 놀러갔다. 마음 편한 친구와 어울려 그는 집안사람들의 냉대와 마을 사람들의 嘲笑(조소)를 피하고 있었다. 이준상은 박정희가 오면 열 살 아래인 宋在旭(송재욱·향토사학자)을 부르곤 했다.

구미국민학교 음악 교사이던 송재욱은 기타와 만돌린, 유행가 악보를 들고 간다. 박정희는 막걸리 잔을 옆에 두고 벽에 상체를 비스듬히 기댄 채 줄담배를 피우고 있었다. 이준상, 송재욱 두 사람이 연주하는 유행가를 듣고 있다가 박정희는 "나도 좀 해보자"라고 한다. 박정희는 기타를 前奏(전주), 間奏(간주), 後奏(후주)까지 다 연주하는데 나무랄 데가 없이 깔끔하였다. 그는 '황성옛터', '귀국선' 같은 곡을 좋아했다.

박정희는 경부선을 타고 대구로 내려가 대구사범 동기생들을 만나곤 했다. 권상하는 그때 대구일보 사회부 기자였다. 그를 찾아온 박정희는 "위로의 말부터 꺼내게 만드는 옷차림이었다"고 한다. 대구 번화가에 개업한 '백조'란 다방에서 만나곤 했던 박정희에게 권상하가 해줄 수 있는 것은 차나 우동을 사주는 정도였다.

"박정희가 '이제 올라가야지'라고 했을 때 나는 '차비는 있나'라고 묻습니다만 벌써 제 호주머니에 손이 들어가 돈을 꺼내고 있지요. '차비가 없을 게 뻔한데 괜히 물었구나' 하는 생각이 들곤 했습니다."

큰딸 박재옥은 그때 여덟 살이었다. 구미국민학교 1학년생. 오랜 만에 아버지와 어머니가 함께 식사도 하고 말도 하고 하는 것이 좋았다. 아버지를 이렇게 오래 곁에 두고 볼 수 있다는 것이 신기하기도 했다. 무뚝뚝한 박정희는 아내와 情談(정담)을 나눌 사람이 아니었다. 그럴 시대도 아니었다. 아내는 아내대로 박상희, 박재희 집안일을 돕는다고 바빴다. 박재옥은 아버지가 "담배 사오라"고 심부름을 시킬 때가 좋았다. 잔돈은 자신의 몫이었기 때문이다. 아버지는 앉으나 누우나 늘 책을 읽고 있었다. 어느 날 어머니가 방을 걸레질하면서 딸에게 한숨 섞인 말을 하는 것이었다.

"야, 너희 아버지는 또 서울로 가신단다. 형님하고 뜻이 안 맞는다는 건지, 원."

세 번째 사관학교

만주군관학교와 일본 육사 유학동기인 이한림은 1946년 2월에 미 군정청이 창설한 국군의 전신 남조선국방경비대에 들어갔다. 그해 여름 이한림 副尉(부위·중위)는 5월 1일에 창립된 남조선국방경비사관학교의 교관 겸 학생대장으로 부임하였다. 이때 서울로 올라온 과거의 단짝 박정희를 만났다. 을지로 5가의 어느 허름한 여관에서였다.

박정희는 "우리 군대가 어떤지 한번 알아보려고 왔다"고 말하는 것이 입대할 마음이 있는 것 같았다.

"되도록 빨리 들어오게. 시골에 틀어박혀서 이때까지 뭘 했나."

"세상 구경했지. 아무리 봐도 세상 돌아가는 것이 수상한 걸."

"그래 시골은 어때."

"난장판이야. 어떻게 돌아가는 판인지 알 수 없군. 서울 구경도 할 겸 올라왔는데 군대에 다시 들어갈 생각이 내키는군."

"어서 들어오게. 잘 생각했네. 나는 그 사이 이북·이남을 두루 살펴봤는데 이 길밖에 없겠어. 이북은 일사천리야. 공산주의자들이 사전에 딱 정해놓고 밀고나가고 있어."

고향으로 돌아온 박정희는 박재희 누님에게 말했다.

"구미에서 무슨 취직을 하겠어요. 아무래도 서울에 올라가서 알아 봐야겠어요."

그 다음날부터 박정희는 자전거를 빌려 타고 다니면서 노잣돈을 마련하고 있었다. 진실 누님(큰누나인 박귀희) 댁에 갈 때 박정희는 "돈을 빌리면 하루 자고 오고 못 빌리면 저녁에 돌아오겠다"고 했다. 저녁에 돌아온 그는 "에이, 돈이 있으면 내가 보태주고 싶더라"고 하는 것이었다. 박재희의 남편 한정봉이 여비를 마련해주어 서울로 떠나게 된 전날 밤 박재희는 열병에 걸려 누워 있었다. 상희 오빠가 무엇을 들고 들어오더니 머리 쪽 선반 위에 올려놓으면서 "야, 이것좀 잘 간수해두어라"고 말하는 것이었다. 다음날 아침 박정희가 나타나더니 선반 위를 더듬었다. 무엇을 내리는데 카메라였다.

"누님, 나 이것 가지고 갈 테니 형님한테는 내가 기차 탄 뒤에나 이야기하세요."

"그것 비싼 거야."

"갖고 가서 필요하면 팔아서 쓸 거예요."

카메라가 없어진 것을 안 박상희는 애꿎게도 재옥이 어머니를 불러 호통을 쳐 눈물을 쏟게 만들었다. 박정희가 서울로 간 지 한 열흘이 지나 박재희에게 편지가 한 통 날아왔다. 박정희가 보낸 것이었는데 사관학교에 들어갔다는 보고였다.

　박정희는 1946년 9월 24일 조선경비사관학교 제2기생으로 입학했다. 만주군관학교, 일본 육사에 이은 세 번째의 사관학교이자 만주군, 일본군에 이은 세 번째의 군복이었다. 입시경쟁률은 2 대 1, 입학생은 263명이었다. 중국군, 만주군, 일본군에서 장교로 근무한 경력자가 35명이었다. 나이 분포는 20세에서 30대 초반까지, 평균연령은 22.3세였다. 2기생들은 나이와 경력의 차이가 가장 큰 생도들로 꼽힌다. 박정희는 당시 29세로서 나이나 경력면에서 최상층부에 속했다. 생도대는 2개 중대로 편성되었고 중대장 요원은 趙炳乾(조병건·당시 20세), 吳一均(오일균·당시 21세) 參尉(참위·소위) 등이었다. 조, 오 두 사람은 일본 육사 60기 출신으로서 박정희보다 3년 후배. 박정희는 나이가 8~9세나 어린 중대장 밑에서 생도로서의 훈련을 묵묵히 잘 받았다. 박정희와 같은 중대에 속했던 孫熙善(손희선·육군 소장 예편·국가안보회의 상임위원 역임)은 키가 비슷한 沈興善(심흥선·총무처 장관·육군대장), 박정희와 함께 대열의 끝에서 뛰어 다녔다. 박정희는 불평 한마디 없이 늘 꼿꼿한 몸가짐을 흐트러뜨리지 않았다.

　일제 때 조선 지원병훈련소로 쓰였던 泰陵(태릉)의 경비사관학교 건물은 창틀은 있으나 유리는 끼워져 있지 않은 데도 있었다. 도끼가 없어 구석기 시대 사람처럼 돌로써 장작을 패어 취사를 하기도 했다. 모포에는 이가 버글버글했다. 내무생활은 일본식이었다. 토요일마다 빈 병으로 내무반 바닥을 닦아 번쩍번쩍 빛이 나도록 했다. 흉년이 들어 강냉이밥과 고구마를 많이 먹어야 했다. 그래서 변비로 고생하는 사람들도 많았다. 박정희로서는 6년 전 만주군관학교에서 겪었던 고통이었다. 겨울에 거행된 졸업식에 여름옷을 입고 참석해야 할 만큼 피복 보급이 원활하지 못했다. 그래도 독립국가의 기반이 되는 국군을 만든다는 뜨거운 가슴들이 있었다.

일제의 군국주의적 대륙 침략과 태평양전쟁 도발은 수십만 명의 조선 사람들을 군인으로 만들어 놓았다. 광복이 되었을 때는 실전 경험이 풍부한 아주 큰 병력 자원이 존재하게 되었다. 특히 일본군, 만주군의 군복을 입고서도 조국의 문제로 고민했던 많은 장교들이 배출된 것은, 일제가 의도한 것은 아니지만, 건군과 6·25 동란에 대비한 인력 양성이란 의미를 갖게 되었다. 이들은 식민지 출신자로서의 군대 경험을 통해 군대가 독립 국가를 유지하는 데 있어서 가장 중요한 기반임을 실감했다. 국가와 군대의 관계에 대한 이런 直視(직시)와 각성은 문약한 문민통치의 전통이 유구하게 흘러오던 우리나라에서는 이례적인 것이었다. 일본 육사 56기 출신으로 군번 1번을 부여받았던 李亨根(이형근·육군참모총장 역임)은 이렇게 회고했다.

〈일본 천황이 항복을 선언한 바로 그 날 나는 일본 육군 대위로서 도쿄에 있었는데 바로 英親王(영친왕) 李垠(이은)을 찾아갔다. 조국이 없는 군인으로서 충성을 바칠 대상을 찾아 헤매던 나는 가끔 (고종의 아들인) 그분을 찾았는데 그때마다 일본말을 쓰고 일본식으로 응대해주어 기분이 별로 좋지 않았었다. 그런데 이 날은 달랐다. 뜻밖에도 청산유수와 같은 유창한 우리말로 열렬하게 충고하는 것이었다.

"조선과 일본은 다 같은 유교국가이면서도 일본은 尙武(상무) 정신을 발전시켜 무사도를 전통으로 삼았는데 조선은 武(무)를 천시하여 문약에 빠지고 文尊武卑(문존무비)라는 폐습을 이어 오다가 결국은 무사를 존중하는 일본에 병탄당하고 말았소. 나는 언젠가는 우리 조상들, 즉 조선 왕가를 대표하여 문약풍조를 없애지 못하여 망국을 초래한 잘못을 우리 동포들 앞에서 깊이 사과하고 싶었소."〉

이상한 군대

영친왕 이은의 열변은 이형근 대위에 대한 당부로 끝났다.

"그러니 이 대위는 급히 귀국해서 독립을 수호할 국군 창설에 힘써주길 바라오. 처음부터 無에서 有를 창조할 각오가 단단해야 할 것이오."

이형근은 이은의 이 고백이 '일생 잊지 못할 교훈'으로 남았다고 말했다. 일본 육군 포병대위이던 이형근은 일본에 있던 한국인 장병 1,200명을 데리고 1945년 10월 2일에 부산에 상륙하였다. 이형근은 일본 육사 선배인 李應俊(이응준·일본군 대좌 출신)의 권유로 국방경비대에 들어가게 되었다. 1946년 1월 15일 이형근이 미 군정청에 가서 다른 임관자들과 같이 사령장을 받아보았더니 계급은 正尉(정위·대위), 군번은 1번이었다. 일본 육사의 29년 선배 되는 사람의 군번이 4번, 7년 선배는 2번이었다. 이형근이 "이는 동양적인 예절을 무시하는 것이다"고 미군 담당자에 항의했으나 이런 말을 들어야 했다.

"귀관은 우리가 도대체 할 일이 없어서 한국에 일본군을 재건하기를 기대하는가. 이제는 일본 시대의 서열은 하등 의미가 없어요. 오직 우리 명령에만 복종하시오."

자주국방을 못 해서 망한 우리나라에서 근대식 군대를 만드는 데는 '무에서 유를 만드는' 고통과 시행착오, 그리고 혼란이 따랐다. 1945년

11월 13일 주한 미군사령관 하지 중장이 군정 법령 28호를 공포하여 국방 사령부를 설치한 것은 미군이 한국군의 산파가 되겠다는 뜻이었다.

미군은 그 해 12월 5일 서대문의 감리교 신학교 내에 군사영어학교를 설치했다. 일본군, 만주군의 간부 경력자들을 모집하여 영어를 가르치고 장교로 임관시켰다. 약 200명에 이르는 이 軍英(군영) 출신자들이 건군을 주도하게 된다. 북한 인민군의 창설도 평양 露語(노어)학교 창설에서 출발하였다. 점령군의 언어를 배우는 것에서 남북한 군대의 창설작업이 시작되었다. 이것은 군대 제도도 미군과 소련군식을 추종한다는 것을 의미했다. 1946년 1월 15일 미 군정당국은 남조선 국방경비대를 창설하였다. 초대 사령관에는 마셜 육군 중령이 임명되었다.

미군은 같은 날 태릉에 1개 대대 병력으로 제1연대를 발족시켰다. 초대 연대장은 일본군 병기장교 출신인 蔡秉德(채병덕)이었다.

1월 21일 미 군정청은 모든 사설 군사 단체에 대한 해산명령을 내렸다. 1월 29일에는 5연대가 부산에서, 2월 10일엔 7연대가 충북에서, 15일에는 4연대가 전남에서, 18일엔 6연대가 대구에서, 26일엔 3연대가 전북 이리에서 창설되었다. 2월 28일에는 2연대가 대전에서, 4월 1일엔 8연대가 춘천에서 창설되었다. 4월 8일에는 국방사령부가 국방부로 改稱(개칭)되었다. 4월 15일에는 해군의 모체로서 인천에 해안경비대 기지를 설치하게 되었다. 5월 1일에는 국방경비사관학교가 문을 열었다.

초기 장교 입대자들의 성분에는 뚜렷한 특색이 있었다. 광복군, 중국군 출신들도 있었지만 주류는 만주군, 일본군 출신이었다. 광복 직후 김일성 집단의 압제를 피해서 내려온 이북 출신들도 군에 많이 들어왔다. 이로써 군대의 헤게모니를 反共(반공) 의식이 강한 북한 출신자들이 잡게 된 것이다.

한편 창군의 실무를 맡은 미군 측은 '사상의 자유'라는 원칙을 적용하여 입대자의 전력을 문제 삼지 않았다. 좌익사상을 가진 사람들의 군입대를 제어할 수 없었다. 당시 남한에서는 월남한 북한 청년들이 조직한 서북청년회가 반공투쟁 과정에서 일부 사람들로부터 원망을 살 만한 일을 더러 하고 있었다. 이들에 반감을 품은 젊은이들과 친일경찰 출신의 발호를 증오하는 청년들이 많이 입대하였다. 미 군정은 치안유지의 주력을 경찰로 두고 군을 경찰의 보조수단 정도로 생각하는 경향이 있어 군내의 反(반)경찰 감정도 대단하였다. 국방경비대는 우익과 좌익이 뒤섞인 조직이 되었다. 남북한의, 그리고 남한 내의 사상대결이 심각해질수록 군내의 이런 모순은 언젠가는 해결되지 않으면 안 되는 과제가 된다.

창군과정의 모순을 적나라하게 반영하는 것이 박정희가 다시 생도로 들어간 조선 경비사관학교 2기생들의 구성이었다. 2기 출신인 朴重根(박중근·육군 대령 출신)은 이렇게 말했다.

"박정희를 비롯한 엘리트 그룹은 '우리나라의 군사적 독립'이라는 뚜렷한 목표 의식으로 뭉쳐 있었습니다. 이런 생도들이 3분의 1, 나머지 3분의 1은 보통사람들, 그 나머지 3분의 1은 심하게 말해서 무식한 사람들이었습니다."

일본군 기병대의 말을 관리하던 馬夫(마부) 출신도 있었고 글도 제대로 못 쓰는 하사관들이 부대장의 추천으로 입교한 경우도 많았다. 미군이 만든 학교였지만 교육은 일본군식과 뒤섞였다. 일본군이 두고 간 군복을 꺼내 고쳐 입었고 일본군대가 쓰던 99식, 38식 소총과 공랭식 경기관총으로 훈련했다. 박정희로서는 친구나 후배가 교관이었으니 한심

했을 것이다. 생도들은 교관들이나 중대장에게 공식석상에서는 말을 높였지만 사석에서는 나이를 따져 반말을 하고 있었다. 가장 많은 시간이 제식훈련에 투입되었다.

일본군식의 '우향 앞으로 가'와 미군식이 달랐으니 미군식으로 바꾸는 훈련을 받아야 했다. 日政(일정)하에서 엘리트 장교였던 박정희로서는 이런 미국화교육에 적지 않은 불만이 있었을 것이다. 그때까지 박정희는 미국과 유감을 가질 이유가 별로 없는 생애를 보냈다. 나중에 그가 갖게 되는 미국에 대한 거부감의 최초의 씨앗은 이 육사 교정에서 뿌려졌다. 박정희가 존경하던 원용덕 교장은 원만한 성격의 소유자인데 미 고문관과의 불화로 8연대장으로 전출되었다. 나름대로의 엘리트 의식을 가졌던 일본군, 만주군 출신 장교들일수록 미 고문관들과 충돌이 잦았다.

하나 흥미로운 것은 만주군 출신 생도들이 혼란스런 창군과정에 잘 적응했다는 점이다. 대체로 원칙주의자들인 일본군 장교 출신 생도들은 상황이 정상일 때는 능력을 발휘하지만 비정상일 때는 어리둥절해지는 반면 만주라는 혼란상황에 익숙했던 만주군 출신들은 오히려 요령과 임기응변을 잘 부리고 미군들과도 잘 사귀었다. 이것은 만주군 출신이 초창기 한국군의 헤게모니를 잡게 되는 한 원인이 된다.

박정희는 일본군 출신의 원칙주의와 만주군 출신의 유연성을 다 갖고 있었다. 박정희가 입교한 지 열흘 뒤 그의 운명을 바꿔놓는 한 사건이 대구를 중심으로 폭풍처럼 일어난다.

10월의 폭풍

광복과 함께 표면에 나온 공산주의자들은 우리 민족에게 '증오와 위선의 과학'을 가르쳐주었다. 그들은 '계급 해방'이란 명분 아래 부모, 사제, 상하 간의 인간관계를 파괴하는 것이 더 큰 휴머니즘이요 역사의 발전이라고 가르쳤다. 인륜을 파괴하는 행동에 죄책감이 아니라 사명감을 부여한 이 '악마의 논리'는 지금까지 계속되는 동족상잔과 내분의 씨앗이 되었다. 계급적 이익을 민족애와 국익보다도 더 중시하는 공산주의자는 본질적으로 소련의 국제공산주의 전략에 민족과 국가를 파는 사대주의자였다(그런 점에서는 이들이 증오했던 친일파와 같다).

金桂澈(김계철)은 대구사범 학생으로 10월 폭동에 가담했다가 越北(월북)하여 공산주의의 실상에 절망한 뒤 중국으로 탈출했다. 1994년에 44년 만에 귀향했다.

그는 대구사범 선배 박정희 형제의 운명을 바꿔 놓은 사건의 내막을 소년의 눈으로 지켜본 사람이다. 김계철은 광복이 되자 좌익 학생들이 대구사범 김용하 교장을 연단으로 끌고 나와 여러 학생들이 보는 데서 '민족반역자'라고 몰아세우는 것을 보았다. 학생들은 특별하게 친일행동을 한 적도 없는 김 교장의 머리를, 신발짝을 벗어 때리는데 교사들은 물끄러미 구경만 하고 있었다.

1946년 9월 하순 한 좌익 선배가 김계철에게 쪽지를 봉투에 넣어 주면서 대구의대 학생 대표에게 갖다 주라고 했다. 김 군은 봉투를 들고 가다가 쪽지를 펴 보았다. '시체 네 구를 준비하라'로 시작되는 메모였다. 쪽지를 전달받은 학생 대표는 읽어보더니 옆에 있는 학생에게 "되는

가"하고 물었다. 그 학생이 김 군을 데리고 해부실로 가더니 약물에 담겨 있는 시체와 붕대에 감겨 있는 송장들을 보여 주면서 "본 대로 전하라"고 하는 것이었다.

10월 1일 대구에서 좌익 노동자들이 '쌀 배급', '일급제 반대', '박헌영 선생 체포령을 취소하라' 는 구호를 내걸고 폭력시위를 벌였다. 경찰의 자위적인 발사로 시위대원 한 사람이 맞았다(이 사람의 신원은 확인되지 않아 과연 사망했는지조차 확실하지 않다). 다음날 흰 가운을 입은 대구의대 학생들이 들것에 들고 나와 시위를 선동하는 데 써먹은 시체는 전날 경찰의 총격을 받은 사람이 아니었다. 이것은 김계철 소년이 보았던 해부실 시체였음이 확실하다.

이날 대구경찰서는 폭도화한 시위 군중에 항복하고 경찰관들은 달아났다. 무기를 탈취하고 수감자들을 풀어준 좌익 극렬 세력은 동족을 상대로 한 살육의 祭典(제전)을 벌인다. 표적은 경찰과 지주들이었지만 무고한 사람들이 더 많이 죽었다. 살육의 방법도 그 뒤의 동족상잔의 과정에서 되풀이되는 전형적인 공산당식이었다. 가족들이 보는 앞에서, 때로는 그 가족까지 때려 죽이고 찔러 죽이고 찢어 죽이고 찍어 죽였다. 공산당이 加虐(가학)취미적 학살을 즐긴 것은 이른바 '반동학살' 을 '위대한 혁명적 행위' 로 합리화했기 때문에 양심을 마취할 수 있었기 때문이다.

좌익이 선동한 폭동에는 깡패와 양아치, 그리고 부화뇌동한 민중이 대거 참여하여 절제되지 않는 살육에 도를 더했다. 좌익 의대생과 의사들이 인명살상에 중요한 역할을 했다.

경북도립의원에 실려온 부상 경찰관들은 화단 주변에서 폭도들에 의

하여 맞아죽었다.

"그중 몇 사람은 고통으로 몸부림치고 죽음 직전에 경련을 일으켰다. 이를 보고 청년들은 '저놈들 아직 덜 죽었다'고 확인 타살을 했다(당시 대구의대 3년생 김만재 증언)."

"어떤 부상한 경찰관이 살려 달라고 병원의 계단을 올라가는데 폭도들이 그 사람을 끄집어 내리려고 했다. 그 경관은 계단의 모서리를 쥐고 안 내려오려고 하는데 위에서 그 병원 의사가 떠밀었다. 아래로 굴러 떨어진 경관의 머리를 폭도들이 돌을 번쩍 들어 내리쳤다. 머리는 박살이 나고 흰 것이 튀어나왔다(이원만 《나의 政經50년》)."

이 날(10월 2일) 오후 미군은 대구 일원에 계엄령을 선포하고 사태를 장악했다. 좌익 폭도들은 그러나 대구 근교로 진출하여 살상의 피바람은 경북으로 번져가기 시작한다. 박정희 일가가 한때 살았던 칠곡군 약목면에서는 이런 일이 일어났다.

〈폭도들은 약목지서를 먼저 습격하여 주재 중인 세 경관을 기둥에 결박한 다음 낫과 도끼로 전신을 참살했다. 또 왜관경찰서를 습격하여 서장 사택을 파괴하고 서장, 수사과장 외 4명의 경찰관을 도끼로 참살했다. 특히 장 서장은 두부로부터 밑으로 절반을 째 죽였다(〈대구시보〉 1946년 10월 13일자)〉

박정희의 셋째 형 박상희가 주동한 구미폭동은 위에 묘사된 살육극과는 다소 다른 모습을 보였다. 〈대구시보〉 정치용 기자가 쓴 기사에 따르면 '선산군 民戰(민전·공산주의자들의 통일전선조직) 사무국장이자 선산 인민위원회 내정부장이던 박상희는 2,000여 명의 군중들을 이끌고 적기가를 부르면서 (구미에 있는) 선산경찰서를 습격하여 백철상 서장에게 전 기능을 인민위원회에 이양하라고 요구했다'는 것이다. 金聖東(김성동·전 통일원 비상계획국장) 소년은 경찰서 옆에 살고 있었는데 이때 구경삼아 거리로 나왔다. 폭도들이 곡괭이와 쇠스랑을 둘러메고 경찰서로 들어가고 있었다. 이종술 경사가 경찰서 뒤편 철조망을 넘다가 곡괭이에 얻어맞아 피를 흘리면서 쓰러지더니 달아나는 것이 보였다.

일제 때 기마부대에 근무한 경력이 있는 민전간부 김정수가 무기고를 열고 총과 실탄을 나누어주었다. 좌익폭도가 처음으로 쳐들어간 곳은 대성당 약방 주인 송대헌의 집이었다. 폭도들은 송 씨와 그의 아버지를 끌어내더니 기름통을 가져와 2층 건물 현관에 석유를 붓기 시작했다. 불을 붙이려는 찰라 "야, 이놈들아!" 하는 우렁찬 목소리가 들렸다(송대헌의 아들 송재욱은 구미초등학교 음악선생으로 이 사건을 목격했다). 박상희였다.

"누가 이 집에 불 지르라카더노. 어느 놈이 시켰노. 앞으로 투쟁과업을 계속하다가 보면 부상자들도 나올낀데 약방을 태우면 느그들은 어데 가서 약 바를 거야."

청년들은 호랑이 같은 박상희의 호통에 꿀먹은 벙어리처럼 눈만 껌벅였다.

"약방은 있어야 된다. 그 다음에 송재욱 선생은 학교에서 노래 가르치지 느그들한테 욕 가르치나. 이 할아부지(末秉根 목사)는 독립 운동했는데 느그들한테 뭐 잘못한 거 있노. 그런데 왜 불질러. 집에 안 가나."

박상희는 청년들이 흩어지자 멍하니 서 있는 송재욱을 향해서 야단을 쳤다.

"조사부 차장은 여기서 뭘 하노. 신분도 안 밝히고."

송재욱은 광복 직후 박상희의 지도 하에 결성된 건국준비위원회 구미
지부의 조사부 차장이었다.

朴相熙의 최후

박정희의 셋째 형 박상희는 일제 때 조선, 동아일보의 구미지국장 겸
주재기자로 일했고 신간회 간부로서 항일 투쟁에 앞장섰었기 때문에 그
의 권위는 대단했다. 송재욱(당시 구미국민학교 교사)의 증언에 따르면
박상희는 구미에 있던 선산경찰서 유치장에서 광복을 맞았다고 한다.
예비 검속되어 있었던 것이다. 8월 16일에 박상희는 마을 청년들을 이끌
고 일본인이 경영하던 通運(통운) 회사 건물을 인수하여 '건국준비위원
회 구미지부' 간판을 내걸었다.

박상희는 구미국민학교에 주둔하고 있던 일본 군인들의 무장해제도
지휘했다고 전한다. 박상희의 활약 덕분에 적어도 구미에서는 이승만보
다는 여운형의 존재가 더 알려져 있었다. 송재욱에 따르면 구미국민학
교 교사 20여 명 가운데 3분의 2가 좌익화되었다고 한다. 이들은 10월
폭동 때도 앞장서고 대부분 6·25 동란 중 월북하고 만다. 송재욱은 몇
안 되는 우익 교사 중 한 사람이었는데 좌익들의 아지트로 끌려가 더러
매를 맞았다.

박상희는 신탁통치 반대 시위도 지도했는데 좌익들이 贊託(찬탁)으로
돌아버리자 그는 침묵을 선택했다. 6척 장신에 힘은 장사이고 인간적인
포용력이 컸던 박상희가 구미폭동을 지휘한 덕분에 이곳에서는 유혈 사

태가 빚어지지 않았다는 것이 구미사람들의 한결같은 견해이다. 박상희가 구미폭동을 기획했는지 아니면 사건이 터진 뒤에 수습하는 과정에서 자연스럽게 지도자가 되었는지는 확실하지 않다. 구미에서의 폭동도 "면사무소에서 오늘 쌀을 나누어 준다더라"는 소문이 발단이었다. 구미 면사무소로 몰려간 사람들이 쌀을 달라고 요구하자 직원들은 어리둥절했다. 흥분한 주민들 사이로 파고든 좌익분자들이 선동하여 쌀 창고를 탈취하게 되고 이때 박상희가 등장한다. 그는 군중들을 지휘하여 선산 경찰서와 면사무소를 점령한다. '구미 좌익 정권'을 세운 것이다.

폭도들이 선산경찰서를 접수한 뒤 맨 처음 시작한 일은 우익 유지들을 잡아들이는 것이었다. 구미 면장을 비롯하여 의용 소방대장, 이승만계 독립촉성회 간부들이 붙들려 왔다. 이들은 박상희의 마작 친구들이기도 했다. 이들을 경찰서로 데리고 온 청년들도 "좀 들어가 있으시오"하면서 곱게 밀어넣을 정도였다. 박상희는 선산경찰서 직원들을 포함하여 서른 명쯤 되는 우익인사들을 데리고 잡범들이 갇혀 있는 유치장 앞을 지나는데 잡범들이 풀려나는 줄 알고 환호성을 올렸다. 박상희는 꽥 소리를 질렀다(바로 뒤를 따르던 송재욱의 증언).

"임마들 나가면 또 못된 짓 한다. 여기 그대로 놔두라."

박상희는 경찰관들과 우익인사들을 경찰서 본관 뒤편에 있던 자동차 부품 수리 창고에 가뒀다. 송재욱은 자신의 부친과 조부가 갇히는 것을 지켜보아야 했다. 박상희는 폭도들을 향해서 말했다.

"이노무 자슥들, 니 편 내 편이 어딨노. 다 같은 조선놈들이. 단추만 바꿔 달면 일본 경찰도 조선 경찰이 되고 조선 경찰도 인민 경찰 안 되나. 이 사람들도 우리 사람으로 만들면 될 것 아닌가. 어느 놈이건 이 자물통에 손만 대봐라. 내 손에 맞아 죽는다. 알았제."

박상희는 청년들이 뒤로 물러나자 직접 자물쇠를 채우고 열쇠는 자신이 갖고 다녔다. 창고는 틈새가 벌어진 나무판자로 만든 것이어서 발로 차면 부숴질 정도였다. 이 날 밤 수사과장 朴學林(박학림)은 창고를 빠져나와서 대구까지 걸어갔다. 박상희는 경찰서로 돌아와서 책상 위로 뛰어올라가더니 소리쳤다.

"우리는 이제 성공했다. 이제 치안을 유지하자."

다음날(10월 4일) 오후 충청도 경찰병력을 태운 트럭 두 대가 구미 역에 도착했다. 박상희의 부하인 金鼎洙(김정수)는 청년들을 데리고 가서 공포를 쏘아대기 시작했다. 경찰은 대구 쪽으로 떠났다. 이 날 밤 구미, 선산 곳곳에는 횃불이 올랐다. 폭도들은 삼삼오오 짝을 지어 마을들을 오가곤 했다. 그러나 대구와 왜관이 미군과 진압 경찰의 개입에 의해서 질서가 회복되었다는 소식이 전해지면서 박상희의 기가 꺾이기 시작했다. 그는 창고에 감금했던 경찰관들을 풀어주고는 사무를 보도록 했다.

10월 5일 새벽 대구에 파견되었던 충청도 경찰 병력이 군용트럭을 타고 구미로 쳐들어오기 시작했다. 이들은 대구-영천-왜관을 거쳐 오면서 경찰관들이 무참하게 학살된 것을 목격하여 흥분 상태였다.

경찰은 총을 난사하면서 구미로 진입했다. 거리로 나왔던 민간인 수명이 사살되었다. 총 소리가 나자 경찰서를 지키던 폭도들은 달아났다. 허술한 창고에 갇혀 있던 사람들은 총 소리에 용기를 얻어 문을 박차고 바깥으로 뛰쳐나왔다. 사람들은 서장실로 뛰어들어갔다. 하루 전에 석방되었던 白喆相(백철상) 서장 옆에 박상희가 멍하니 앉아 있었다.

"상희, 자네는 도망가지 말게. 우리 생명을 구해준 사람이니까. 우리가 보증을 서겠네."

유지들은 그렇게 말했다고 한다. 총소리는 점점 가까이 다가오고 있었다. 이윽고 경찰서로 진입하는 소리가 들렸다. 박상희는 갑자기 창문을 밀어올리더니 몸을 날려 뛰어나가는 것이었다. 1층에 있던 서장실 바깥은 높이 3m쯤의 축대였고 그 아래는 누런 벼가 고개를 숙이고 있는 논. 박상희는 논바닥으로 떨어져 엉금엉금 기고 있었다. 그보다 먼저 뛰어내린 사람들도 함께였다. 유지들은 그를 향해서 소리치고 있었다.

"돌아온나, 뭐하러 도망가노."

"우리가 다 말해줄 거라예."

그 순간 서장실로 밀려든 경찰관들이 박상희를 향해서 집중사격을 했다. 그는 누런 벼 위로 쓰러졌다. 이걸 보고 있던 우익인사들이 모포를 들고 뛰어나갔다. 박상희의 가슴과 배에서 피가 솟아나고 있었다. 그의 오른손을 만졌다는 김성동(64·전 통일원 비상계획국장)은 "숨은 붙어 있었는데 온기가 느껴지지 않았다"고 기억한다. 선산경찰서 경찰관들이 박상희의 여동생 박재희의 집으로 뛰어가 알렸다. 박재희는 열병을 앓고 있었다. 그녀의 남편 한정봉이 따라나가더니 이불에 둘둘 말린 박상희를 업고 들어왔다.

"경무대를 포격한다면"

모포에 둘둘 말려 피투성이인 채로 여동생 집으로 업혀들어온 박상희는 숨이 붙어 있었다. 여동생 박재희는 "당시 오빠가 가슴과 옆구리에 세 발을 맞았던 것"으로 기억했다.

"제가 녹두물을 달여서 떠먹이는데 한 모금 마시고는 곧 숨이 넘어갔습니다."

몇년 전 작고한 박재희 할머니는 "오빠 가족은 피신해서 임종을 못했다"고 증언했다. 박상희의 아내 조귀분이 유복자 박준홍에게 들려준 이야기는 다르다. 임종을 했고 남편이 숨을 거두면서 "내가 왜 죽어. 내 뒤는 있을 것이다"라는 마지막 말을 남겼다는 것이다. 조귀분은 딸 넷을 낳은 뒤 박준홍을 임신하고 있었다. 친척들 사이에서 '대통령감'으로 일컬어졌던 박상희가 죽을 때 나이는 42세였다.

구미국민학교 교사로서 구미폭동 때 줄곧 박상희를 따라다녔던 송재욱의 증언에 따르면 구미에서는 좌익 폭도들에 의한 인명피해는 한 사람도 없었다. 충북 경찰이 마을로 진입하면서 박상희와 함께 달아나던 金光岩(김광암) 郡農組(군농조) 위원장, 張達守(장달수) 민청 간부가 사살되고 6~7명의 비무장한 주민들도 사망했다. 경찰에 의한 공개 총살은 없었다. 구미를 장악한 경찰은 그 날부터 폭도들을 붙잡아들여 분류하는 일에 착수했다. 송재욱은 아버지와 할아버지가 폭도들에 의하여 구금되었던 덕분에 '양민'으로 분류되었다. '양민 1호'란 완장을 차고서 그는 경찰서 연병장에 붙들려와 있는 수백 명 가운데서 '양민'을 골라내는 임무를 부여받았다. 양손을 깍지낀 채 머리 위로 올리고 엎드려 있는 사람들 사이를 다니면 애절한 눈짓을 보내는 것이었다. 그가 "일어나"하면 그 사람은 당일로 석방이었다. 송재욱은 될 수 있는 대로 많은 사람들을 구해내려고 종일 왔다 갔다 했다.

5일장으로 치러진 박상희의 장례식은 그의 생전 위상에 비교하면 쓸쓸한 편이었다. 공직에 있는 사람들은 한밤중에 몰래 문상을 다녀가곤 했다. 구미 사람들은 지금까지도 박상희의 원만한 인격으로 해서 희생자가 적었다고 말하고 있다. 박상희의 큰딸 영옥은 구미국민학교 교사로 있었는데 아버지의 사망 후 해직을 시키라는 압력이 내려왔으나 裵永度(배영도) 교장이 이웃한 高牙(고아)국민학교로 전출시키는 것으로 수습했다고 한다.

조선경비사관학교에서 교육을 받고 있던 박정희가 형의 죽음을 어떻게 들었는지는 확실치 않다. 장례식에 참석하지는 못했고, 그 며칠 뒤 조용히 왔다가 조용히 올라갔다고 한다. 박정희는 대통령이 된 뒤 가족들에게 "내가 그때 형의 죽음에 대하여 알아보러 다녔다고 해서 나중에 金昌龍(김창룡)으로부터 추궁을 당한 적이 있다"고 말했다. 그는 또 박준홍에게 "형님은 공산주의자가 아니었다. 사람이 좋고 여러 사람들이 따르다가 보니까 그 사건에 휩쓸려 든 것이다"고 말하더란 것이다.

박정희가 마음속으로 어렵고 고맙게 생각하면서 존경했던 박상희의 비극적 죽음은 그에게 큰 충격을 주었다. 그때까지 박정희는 사상문제에 있어서는 방관자의 입장을 견지하고 있었다. 여운형의 중도좌파 노선에 대해서 좋은 평가를 하면서도 공산당식 행태에 대해서는 강한 거부감을 가지고 있었다. 형의 죽음은 그러한 박정희를 왼쪽으로 확 밀어버리는 역할을 했다. 박정희는 형의 죽음을 가져온 우익경찰과 그 배후인 미군에 대한 증오심을 품게 되었다. 박정희는 장교가 된 뒤에는 미군들과 부딪치면서 그런 증오심을 직설적으로 표현하게 된다. 그에게는 미군이 일제를 代替(대체)한 또 다른 외세에 지나지 않았다. 심정적으로 왼쪽으로 기운 그를 공산당 조직으로 엮어버린 것은 박상희의 친구들과 만주군 출신 좌익인맥이었다.

박정희의 달라진 모습에 대한 1차적인 증언자는 만주군관학교와 일본 육사의 동기생 이한림이다. 박정희가 생도일 때 이한림 부위는 사관학교의 행정부장이었다. 만주군관 동기생 李丙胄(이병주) 부위는 1연대 중대장이었는데 1연대는 경비사관학교 내에 주둔했다. 만주군관 동기생 세 사람은 자연히 자주 어울려 다녔다. 이병주는 이한림을 따라서 명동성당에 미사를 보러 나가곤 했다.

어느 날 이병주가 이한림에게 육사의 숲 속을 같이 산책하자고 했다. 함께 걸으면서 이병주는 무신론과 공산주의를 찬양하는 방향으로 대화를 유도해갔다. 그동안 성당에 따라다닌 것은 "이한림 너의 진실을 알기 위해서였다"면서 "죽은 예수에 대한 제사인 미사가 무슨 의미가 있겠나"라고 말하는 것이었다. 이한림은 우정을 생각하여 듣기만 했다. 박정희가 생도로 들어온 뒤에는 3자 대화에서 이병주와 박정희가 합세하여 이한림을 설득하는 형국이 되었다.

이병주가 말하는 요지는, 남한은 부패하고 혼란하여 민족통일을 이룰 수 없고 북한에 오히려 희망이 있다는 것이었다. 10월 어느 날 명동 입구에 있던 제일호텔 다방에서 박정희는 먼저 와 두 사람을 기다리고 있었다. 이한림이 먼저 왔다. 박정희는 이한림이 앉자마자 정치와 사상문제를 꺼내는 것이었다. 이한림이 시큰둥하게 앉아 있으니 박정희는 '이병주 칭찬'으로 말머리를 돌렸다.

"병주는 지난 날 吳下(오하)의 阿蒙(아몽)이 아니야."(《삼국지》에 나오는 이야기로서 오나라의 呂蒙(여몽)이 공부를 많이 하여 사람이 달라진 것을 魯肅(노숙)이 감탄하여 한 말이다)

이한림은 박정희와 이병주가 작당하여 자신을 사상적으로 세뇌시키려 한다고 판단했다. 이 부위는 한마디를 던지고 일어났다.

"너희가 사상적으로 서로 대립하는 대화로써 나를 세뇌시키려고 한다면 앞으로 안 만나겠다."

이런 일이 있고 나서도 박정희는 이한림과 자주 만났다. 하루는 두 사람이 남산으로 산책을 가서 중앙청이 내려다보이는 곳에 이르자 불쑥 입을 열었다.

"한림이. 이곳에 포를 설치하고 저 景武臺(경무대·현재의 청와대. 당시엔 하지 미군 사령관의 숙소) 쪽을 포격하면 나폴레옹이 소요 진압 사령관으로서 파리를 제압했던 것과 같이 경무대 장악은 문제없겠지."

"정희야. 그런 농담하지마. 너는 농담이 지나칠 때가 있어."

이한림은 박정희의 농담 같은 진담을 막았다.

"미국놈"

대구 10·1 폭동은 조선경비대를 좌경화시키는 한 계기가 되었다. 경찰에 쫓기던 많은 좌파 젊은이들이 피난처 삼아 군에 입대했다. 경찰에 대한 증오심으로 무장한 이들은 좌익의 비율이 가장 높았던 하사관들에 의해서 공산주의자로 교육되었다. 박정희가 생도 2기로서 교육을 받고 있던 1946년 11월 태릉 주둔 1연대에서 사병으로 근무했던 金春根(김춘근·뒤에 특무대 장교)은 이렇게 말했다.

"밤엔 전기공급이 되지 않아 병영에 촛불을 켰습니다. 그러면 좌익세포들이 쏘다니면서 포섭 활동을 벌이곤 했습니다. 군내의 남로당 거물 崔楠根(최남근)은 '우리 군내의 좌익은 32%다'라고 했는데 과장이 아니었습니다."

이런 분위기에서 교육을 받고 있던 박정희의 2기생 중에는 대구사범 후배가 한 사람 있었다. 徐億均(서억균). 성격이 괄괄한 그는 공석이던 교장의 대리자 이 모 생도대장에 대한 불만이 많았다. 일본군 소위 출신인 이 부위는 군기확립을 강조하면서 생도들에게 깐깐하게 대하고 있었다(《創軍前史(창군전사)》). 12월 들어 졸업을 한 열흘 앞둔 날 이 부위는 생도들을 모아 놓고 서억균 등 생도들의 이름을 불러가며 경고했다고 한다(2기생 박중근의 증언). 그 며칠 뒤 한밤중에 서억균은 목총을 들고 생도대장이 자고 있는 방으로 들어갔다. 이 부위의 머리를 난타하여 인사불성으로 만든 뒤 목총을 철조망 밖으로 버리고 내무반으로 돌아왔다. 이 부위는 병원으로 후송되어 소생했고 서억균 등 5명의 생도가 퇴학당했다. 박정희는 정권을 잡은 뒤 서억균을 많이 도와주었다고 전한다.

박정희의 2기 생도들은 1946년 12월 14일에 졸업했다. 교육 중 69명이 탈락하고 194명이 졸업했다. 성적순으로 군번을 받았다. 1등은 辛在植(신재식·육군소장, 군수기지사령관 역임), 박정희는 3등이었다(군번은 10166). 같은 조건에서 경쟁하는 박정희의 육사 성적은 1등(만주군관학교 예과) 아니면 3등(일본육사 유학생대). 이는 박정희의 지능지수가 매우 높다는 것을 암시한다.

박정희 소위는 춘천에 본부가 있던 8연대에 배속되었다. 8연대는 1947년 2월, 미군이 38선 경비업무를 일부 이관하자 다섯 곳에 경비초소를 설치하게 되었다. 경비중대장은 경비사관학교 1기 金點坤(김점곤·육군소장 예편) 부위였다. 원용덕 연대장이 장교들을 소집하여 경비

초소(CP)의 위치와 소대장의 배치장소를 의논하는데 미군 고문관 브라운이 "소대장의 서열에 따라 배치하면 되지 않느냐"고 말했다. 박정희가 면전에서 버럭 신경질을 냈다.

"미국놈이 왜 간섭을 하나."

브라운은 '미국놈'이란 욕을 알고 있었다. 원용덕 연대장이 "미국놈은 애칭이지 욕이 아니다"고 변명해도 통하지 않았다.

"내가 타이피스트한테 들어서 아는데 미국놈은 욕이다."

브라운은 박 소위의 징계를 요구했으나 원만한 원용덕이 적당히 달랬다. 원용덕이 한 번은 장교들에게 "장교들도 이제는 영어를 배워야 한다"고 훈시했다.

박정희 소위가 정색을 하고 "이것이 미국 군대입니까, 한국 군대입니까"라고 대들었다. 제4경비 초소장 박정희 소위는 松靑(송청) 지역의 38선 경비를 맡았다. 주요 임무는 38선을 넘어 오는 북한 사람들을 조사하는 일이었다. 그때는 38선에 철책이 쳐있지도 않았고 병력이 깔려 있지도 않아 남북간 왕래가 꽤 이루어지고 있었다. 술과 줄담배가 취미인 박정희는 지휘소가 있는 폐광촌에서 막걸리를 직접 제조하여 마시고 있었다. 막걸리를 병에 넣어 책상 옆에 두고 물 마시듯 하였다. 한 번은 김점곤 중대장이 청주 한 병을 사가지고 왔다가 박정희의 이런 모습에 놀라 물었다.

"아니, 술 담글 줄 압니까."

"제가 문경에서 선생질할 때 하숙을 했는데 하숙집 여주인이 주막을 하던 사람이었습니다. 그 여주인으로부터 막걸리 담그는 법을 배웠지요."

8연대 소대장 박정희가 38선을 지키고 있던 1947년 4월 5일 강릉에 있던 같은 연대 제3대대에서 고급하사관 수십 명이 작당하여 송요찬 대대장을 습격했다. 송 대위는 달아났다. 하사관들은 장교들을 두들겨팬 뒤 감금하고는 병기고를 열어 무장했다. 송 대위가 지나치게 훈련을 엄격하게 시키고 외출을 금지시킨 데 대한 불만을 이용하여 강릉 지역의 남로당 세포가 하사관들을 선동하여 일어난 準(준)반란이었다. 미군이 출동하여 겨우 진압할 수 있었다. 주모자 30여 명은 월북했다. 이런 類(류)의 항명사건은 부대마다 頻發(빈발)했다. 근대식 군대를 가져보지 못한 우리나라 청년들은 군대 규율을 잘 이해하지 못하고 감정적으로 불만을 풀려고 했다. 하사관과 장교들의 부하 통솔 수준도 문제였고, 여기에다 좌익의 선동이 끼어들었다. 당시의 군대는 노사분규 현장 같은 느낌을 줄 때도 있었다.

8연대의 38선 경비임무는 1947년 5월에 끝났다. 박정희 소위는 춘천의 연대본부로 돌아와서 작전참모대리로 임명되었다. 이즈음 박정희는 남로당 간부인 李在福(이재복)과 접촉하고 있었다. 김점곤은 "박정희가 친척이라고 속여 이재복을 자연스럽게 술자리에 초대한 뒤 원용덕 연대장과 나에게 소개한 적이 있었다"고 했다.

김점곤은 "뒤에 생각하니 이재복이 우리를 포섭하러 왔던 것 같았다"고 덧붙였다. 이재복은 좌익이 결성한 경북도 인민위원회에서 선전부장 黃泰性(황태성)과 함께 보안부장을 지냈다. 대구폭동 후에는 도피 중이었다. 그는 동년배인 박상희와도 친분이 있었다. 평양신학교를 나온 뒤 목사로도 일했다는 이재복은 군대 내의 남로당 조직을 관리하는 軍事部責(군사부책)이었다.

여러 가지 가명을 쓰고 있던 그는 박상희가 경찰한테 죽은 뒤 박정희에게 접근한 것으로 보인다. 춘천에서 박정희 소위는 봉급을 받으면 박상희 유족에게 거의 전액을 송금했다고 한다. 보기가 딱하여 김점곤 중위는 자주 술을 사주곤 했다. 박정희가 구미에 내려가 보니 이재복이 박상희의 유족을 도와주고 있었다는 것이다(숙군 수사때 박정희의 자술서를 읽은 김안일 특무과장 증언). 박상희의 유족은 이재복의 지원설을 부인하고 있다.

崔楠根

박정희 소위가 춘천에 있던 8연대 본부에서 작전참모대리로 근무할 때 친하게 지냈던 사람은 김점곤(육군 소장 예편) 중위였다. 두 사람은 춘천시내에 있던 일본식 목욕탕에 가끔 들러 신상문제를 이야기하곤 했다. 박정희는 본처와 헤어졌다면서 재혼할 뜻을 비치기도 했다. 원용덕 연대장은 박정희를 결혼시키려고 애썼다. 원용덕의 아버지는 목사였는데 원 목사가 철도청 직원의 딸을 소개했다. 원용덕, 김점곤, 박정희가 함께 용산에 있던 철도청 관사에 가서 그 딸과 선을 보았는데 박정희가 퇴짜를 놓았다.

김점곤에 따르면 박정희는 여자를 고르는 審美眼(심미안)이 꽤 높았다고 한다. 원 목사는 좋은 처녀를 놓친다고 못내 아쉬워했다. 하도 그러니까 원용덕은 "그렇게 아까우시면 아버님께서 장가드시지요"라고 우스개를 했다. 원용덕은 나중에 박정희의 큰딸 재옥과 한병기의 결혼식에서 주례를 보게 된다.

박정희 소위가 작전참모대리로서 한 일 가운데 기록으로 남아 있는 것은 조선경비대 창설 이후 처음으로 실시한 야외 기동 훈련이다. 7월에 박정희는 1주일간 연대 장교단에 대한 특별교육을 실시했다. 교관이 되어 혼자서 교안을 만들고 소대 전투 훈련, 분대 전투 훈련, 진중 근무, 수류탄 투척 훈련을 시켰다.

그때는 장교들의 다수가 일제시대의 學兵(학병), 하사관 출신들이어서 사병들에 대한 교육을 할 수준이 되지 못했다. 만주군 8단에서 작전장교 역할을 하여 실전 경험이 있는 박정희의 능력을 원용덕이 높게 샀던 것이다. 장교단 교육을 마친 8연대는 7월 22일부터 3일간 강릉—厚浦(후포) 사이의 동해안에서 야외 기동 훈련을 펼치면서 모의 전투를 벌였다.

이 연습의 계획서와 평가보고서는 박정희 소위가 작성했는데 원본이 남아 있다. 세밀한 지도 그림과 치밀한 계획서 내용은 읽는 이들로 하여금 경탄하게 만든다. 박정희는 '교육실시 후 소감' 란에서 장교들의 低質(저질)을 개탄하고 있다.

〈군대 지휘관으로서 치열한 책임감이 결핍함. 매사에 진취 적극성이 부족함. 울진 방면 연습에 있어서 병사는 한 명도 낙오자가 없었음에도 장교가 먼저 낙오하였다는 것은 병사에 대한 장교의 권위의 실추임에 더함이 없으리라. 야비한 언어, 低級(저급)한 취미를 가지고 장교로서의 위신을 훼손한 점이 많은 것을 볼 때 장교단 교육의 不振(부진)을 痛感(통감)하지 않을 수 없음. 건군의 초석이 되겠다는 것을 군인으로서 신앙시할 만큼 투철한 신념이 있느냐 없느냐, 문제는 여기에 歸一(귀일)할 것임〉

박정희 소위는 중위를 거치지 않고 바로 대위로 승진한 뒤 1947년 9월

27일에 조선경비사관학교 중대장으로 옮겼다. 박정희는 10월 23일에 입교한 5기생(420명) 때부터 가르치게 된다. 사관학교의 틀이 잡히기 시작한 것이 5기생부터였다. 교육기간도 3개월에서 6개월로 늘었다.

5기는 주로 민간인만을 대상으로 모집한 첫번째 期(기)였다. 5기생의 약 3분의 2가 월남한 북한 출신 청년들이었다. 나중 5·16 쿠데타 때 박정희에게 핵심적으로 협조한 지휘관들 중에는 박정희 중대장의 인격에 감복했던 5기 제자들이 많았다. 혁명군 지휘소로 쓰였던 6관구사령부 참모장 金在春(김재춘), 서울에 진입한 5사단의 蔡命新(채명신) 사단장, 해병여단과 함께 한강을 건넌 공수단장 朴致玉(박치옥), 육군본부를 장악했던 6군단 포병사령관 文在駿(문재준)이 5기생이었다.

사관학교는 박정희에게 미래에 소용이 될 인맥을 마련하여 주는 한편 그를 좌익 조직에 묶어놓는 인맥도 제공하였다. 박정희가 5기생을 맡았을 때 사관학교 교장은 金白一(김백일) 중령, 생도대장은 崔昌彦(최창언) 소령, 행정처장은 張都暎(장도영) 중령이었다.

박정희는 1중대장, 그 아래 2구대장은 黃澤林(황택림) 중위, 2중대장은 姜昌善(강창선) 대위, 그 아래 2구대장은 金學林(김학림) 대위였다. 박정희를 포함한 이 네 장교는 모두 남로당에 포섭되어 있었다.

이들은 1년 뒤 肅軍(숙군) 수사 때 체포되고 박정희만 살아난다. 남로당은 군대 내부에 공산당 세포를 심는 가장 효율적인 방법이 생도들을 가르치는 사관학교 장교들을 포섭하는 것이라고 판단했다. 김종필은 1986년 〈월간조선〉과의 인터뷰에서 "강창선이 군대 내의 좌익 두목이었는데 박 대통령을 포섭하려고 자꾸 끌고다니면서 술을 같이 마시고 해서 술 좋아하는 분이 술 얻어먹다가 의심을 받게 된 걸로 압니다"라고 했으나 사실은 그렇게 간단하지 않다.

강창선은 박정희의 만주군관학교 동기생으로서 그때도 유일하게 창씨개명을 거부하고 버틴 사람이었다. 순박하기 이를 데 없는 사람이었다고 전한다. 이 강창선은 두목이 아니었고 군부 내의 두목급이라면 단연 최남근이었다. 그는 新京(신경·지금의 장춘)에 있던 만주군관학교의 전신인 봉천육군훈련처 출신으로서 광복 때는 간도특설대의 신병교육대 부대장이었다. 그는 박정희와 함께 박승환이 조직한 여운형 계열의 만주군 내 비밀항일조직에 들어 있었다. 박정희의 좌익 인맥은 만주군 시절로 그 뿌리가 올라간다.

몸과 마음의 통이 큰 최남근은 광복 뒤 일찍 군사영어학교에 들어간 덕분에 박정희가 육사 중대장일 때는 대구에 주둔한 6연대장이었다. 박정희는 이때 남로당 군사부책 이재복, 최남근과 자주 접촉하고 있었고 많은 목격자를 남겼다. 박정희는 강창선 정도가 아니라 처음부터 남로당 對軍(대군) 공작부서의 지휘부와 연결되어 있었다.

박정희는 사관학교로 부임해 온 뒤 잠시 서소문의 한 여관에 묵고 있었다. 이때 경비사관학교 동기 韓雄震(한웅진) 중위(육군 소장 역임)가 6연대 헌병대장으로 있으면서 법무관 교육을 받기 위해서 서울로 와서 박정희와 함께 한 달쯤 머물렀다. 6연대장 최남근은 매주 한 번 꼴로 박정희를 찾아와서 데리고 나가는 것이었다. 어느 날 최남근이 "한 중위도 같이 나가지"라고 했다. 박정희가 얼른 "저 친구는 공부하도록 내버려두고 우리끼리 갑시다"라고 말렸다. 몇 년 뒤 박정희는 한웅진에게 "그때 최남근이 너를 포섭하려고 했는데 내가 말린 것이다. 너무 어리다고. 나와 최남근은 그때 효자동 이재복의 집을 출입하고 있었다"고 말하더란 것이다(한웅진의 1987년 증언).

한웅진은 이재복, 박정희와 셋이서 술자리를 같이 한 적이 있었다. 그
자리에서 이재복은 "내 조카에게 신경을 써주어서 고맙다"고 말하더란
것이다. 박정희의 외삼촌으로 행세하고 있던 이재복이 한 말은 그 몇 달
전 한웅진이 박정희를 친척 처녀에게 중매한 일을 두고 한 것이었다.

1 軍人의 길

朴正熙 1 - 軍人의 길

지은이 | 趙甲濟
펴낸이 | 趙甲濟
펴낸곳 | 조갑제닷컴

초판 1쇄 | 2007년 4월16일
개정판 2쇄 | 2018년 5월23일
개정판 3쇄 | 2022년 1월22일

주소 | 서울 종로구 새문안로3길 36
전화 | 02-722-9411~3
팩스 | 02-722-9414
이메일 | webmaster@chogabje.com
홈페이지 | chogabje.com

등록번호 | 2005년 12월2일(제300-2005-202호)

ISBN 979-11-85701-13-4

값 12,000원